AF540110

कबीर : एक नई दृष्टि

कबीर : एक नई दृष्टि

डॉ. रघुवंश

पूर्व विभागाध्यक्ष, हिन्दी विभाग

इलाहाबाद विश्वविद्यालय, प्रयागराज

लोकभारती प्रकाशन

लोकभारती प्रकाशन
पहली मंजिल, दरबारी बिल्डिंग, महात्मा गाँधी मार्ग
प्रयागराज-211 001
वेबसाइट : www.lokbhartiprakashan.com
ईमेल : info@lokbhartiprakashan.com
शाखाएँ : 1-बी, नेताजी सुभाष मार्ग, दरियागंज
नई दिल्ली-110 002
अशोक राजपथ, साइंस कॉलेज के सामने
पटना-800 006 (बिहार)
1, अनमोल सोराबजी संतुक लेन, मरीन लाइंस
मुम्बई-400002

मूल्य : ₹ 500

प्रथम संस्करण : 1993
वर्तमान संस्करण : 2024

आस्था पेपर कन्वर्टर
प्रयागराज द्वारा मुद्रित

KABIR : EK NAI DRISHTI
by Dr. Raghuvansh

ISBN : 978-93-5221-037-4

मेरे अभिन्न

आत्मन् के लिए

भूमिका

कबीर का प्रस्तुत अध्ययन प्रचलन से भिन्न दृष्टि से शुरू किया गया है। शिमला के उच्च अध्ययन संस्थान में कार्य करने के लिए मेरा विषय रहा है—'मानवीय संस्कृति की अभिव्यक्ति का रचनात्मक आयाम : हिन्दी भक्ति-काल के प्रमुख सन्दर्भ में'। इसमें मुख्यतः अध्ययन के लिए चार प्रमुख—कबीर, जायसी, सूर और तुलसी—कवियों को केन्द्रीय दृष्टि में रखा गया। इस अध्ययन का पहला भाग—'मानवीय संस्कृति की अभिव्यक्ति का रचनात्मक आयाम' शिमला के संस्थान ने नेशनल पब्लिशिंग हाउस, दिल्ली के माध्यम से प्रकाशित किया है। दूसरे भाग के अन्तर्गत इस मूल दृष्टि से भक्ति-काल के प्रमुख कवियों का अध्ययन किया गया है। प्रकाशन की सुविधा की दृष्टि से और उपयोग के महत्त्व के आधार पर इन प्रमुख चारों कवियों का अध्ययन इस आधार पर स्वतन्त्र रूप से भी किया है। कबीर पर यह पुस्तक इसी क्रम में प्रकाशित हो रही है।

सिद्धान्तपरक अध्ययन की मूल दृष्टि इस परिकल्पना पर विकसित हुई है कि मनुष्य अन्य समस्त प्राणियों से इस स्तर से भिन्न है कि वह न केवल बुद्धि में विशेष है, वरन् उसमें इस आधार पर सजग रचनात्मक प्रतिभा भी है। इसी कारण उसकी संस्कृति में समाज-व्यवस्था, अर्थ-व्यवस्था, राजनीतिक संयोजन अपनी-अपनी मूल प्रक्रिया में समाहित होते हैं और धर्म, दर्शन और आचरण की मूल्यपरक रचना प्रक्रिया मानवीय संस्कृति की आन्तरिक प्रकृति है। और जैसा हमने अध्ययन-क्रम में देखा है, इसकी अभिव्यक्ति उसकी विभिन्न कलाओं और साहित्य में होती आयी है।

हमारे भक्ति-काल के प्रमुख कवियों की विशेषता है कि उन्होंने अपने जीवन से लेकर अपनी रचनाओं तक में संस्कृति की रचना-प्रक्रिया को आत्मसात् किया है। अपने युग और परिवेश के सामाजिक, आर्थिक और राजनीतिक जीवन को अभिव्यक्त करने में इन क्षेत्रों की मूल-प्रक्रिया को व्यंजित किया गया है। साथ ही अपनी रचना के स्तर पर उन्होंने धर्म, दर्शन, साधना के उच्च-स्तरीय मूल-बोध की निरन्तर अभिव्यक्ति की है। इन कवियों में भी अपने-अपने क्षेत्र में तुलसी और कबीर की स्थिति विशेष है। तुलसी ने राम-कथा का आधार लेकर प्रबन्ध से मुक्तक काव्य तक की रचना की है। उनको मानवीय संस्कृति के विभिन्न पक्षों-स्तरों पर रचनाशील होने का अवसर मिला है। इस प्रकार उनके काव्य में मूल-प्रक्रिया के सभी आयामों का सहज ही समाहार हुआ है। एक ओर अगर पारिवारिक जीवन के कर्त्तव्यों में इस मूल्य-दृष्टि को व्यंजित देखा जा सकता है, तो दूसरी ओर दर्शन और साधना (भक्ति) की मूल्य-प्रक्रिया को रचना के स्तर पर अभिव्यक्ति मिली है।

इसी प्रकार कबीर अपनी वाणी के विभिन्न अंगों के अन्तर्गत व्यक्तिगत जीवन, पारिवारिक-सामाजिक सम्बन्धों, आर्थिक-राजनीतिक परिस्थितियों से धर्म, साधना और

अध्यात्म क्षेत्र तक के मूल्य-बोध को अनेक स्तरों पर, नाना रूपों तथा विभिन्न आयामों में अभिव्यक्त करते हैं। जहाँ उन्होंने इन समस्त क्षेत्रों की प्रचलित परम्परित रूढ़ियों, मान्यताओं, विकृतियों-विडम्बनाओं तथा मूल्यहीनताओं का प्रभावी शैली में खण्डन तथा विघटन किया है, वहाँ प्रायः साखी (दोहा) शैली का उपयोग हुआ है। और जब वह इन समस्त मूल्यों को अनुभव के रूप में अभिव्यक्त करते हैं, तब शब्द-शैली (पदों) का प्रयोग करते हैं। वह अधिक है, परन्तु कवि के रूप में उन्होंने समग्र मानव-जीवन को अपने अनुभव का क्षेत्र स्वीकार किया है और उसकी अभिव्यक्ति अपने काव्य में की है। उनके काव्य से उपदेश ग्रहण किया जाता है, शिक्षा मिलती है, सत्यासत्य का बोध होता है, पर उनका मौलिक व्यक्तित्व कवि का है और यह सब अनुभव तथा सहज बोध के स्तर पर ही वह सम्प्रेषित करते हैं।

प्रस्तुत पुस्तक में इस दृष्टि को केन्द्र में रख कर कबीर के काव्य के सभी पक्षों पर विचार किया गया है। विभिन्न प्रकरणों में कवि के जीवन, दार्शनिक चिन्तन, उसकी आध्यात्मिक दृष्टि, साधना की भाव-भूमि और मानवीय जीवन के सामाजिक-आर्थिक-राजनीतिक परिवेश के साथ उसकी सारी मूल्य-प्रक्रिया के विविध पक्षों को विवेचित किया गया है। अन्त में काव्य की रचना दृष्टि के आधार पर सम्पूर्ण काव्य पर विचार हुआ है। इस प्रकार यह सारा कबीर का अध्ययन अपने आप में एक विशेष दृष्टि से प्रस्तुत करने का प्रयत्न है। कहाँ तक इस कार्य में सफलता मिल सकी है, इसका तो सुधी पाठक-वर्ग ही प्रमाण है।

3, बैंक रोड **—रघुवंश**
इलाहाबाद

अनुक्रम

——————

प्रकरण प्रथम

मूल दृष्टि : परम्परा और युग-परिवेश

(1 : 1) कबीर कवि हैं, रचनाकार हैं। वह सन्त और साधक हैं, दार्शनिक द्रष्टा हैं या क्रान्तिकारी समाज के निर्माता हैं, इससे पूर्व स्थापना का विरोध नहीं है। हम कबीर के रूप में जिस व्यक्तित्व से परिचित होते हैं, वह उनकी अभिव्यक्ति में हमारे सामने प्रकट होता है, उसके जिन भिन्न आयामों का हम आविष्कार-साक्षात्कार करते हैं, वे उनके काव्य में ही अभिव्यक्ति हैं। कवि या रचनाकार जीवन को समग्रता में ग्रहण करता है। इस ग्रहण-प्रक्रिया में जीवन के हर स्तर के मूल्यों की रचनात्मक अभिव्यक्ति भाषा में रूपायित होती है। यह मनुष्य के जीवन की सांस्कृतिक भूमिका का सर्वाधिक संवेदनशील स्तर है। इसके दार्शनिक चिन्तन में, साधना में उसके ज्ञान का, अनुभव का परात्पर आयाम होता है, माना जा सकता है; पर मनुष्य के सांस्कृतिक परिवेश की सारी संवेदनशील अनुभूतियाँ काव्य में अभिव्यक्त एवं सम्प्रेषित हो पाती हैं। मानवीय संस्कृति की मूल-प्रक्रिया का सूक्ष्म और रचनात्मक रूप-विधान इसी अभिव्यक्ति में देखा जा सकता है। वस्तुतः इसके दो स्तरों को लक्षित किया गया है—एक स्तर देश, काल, युग-परिवेश की सापेक्षता में सामाजिक जीवन का है, जिसमें प्रत्ययों, रूप-विधानों तथा संरचनाओं की मानसिक प्रक्रिया में विभिन्नताएँ, विशेषताएँ और अन्तर लक्षित-निहित होते हैं। दूसरे स्तर पर इस मानवीय संस्कृति की प्रक्रिया को देश-काल-युग और परिवेश से निरपेक्ष मूल्यों की व्यापक समग्रता में ग्रहण किया जा सकता है, जाता है। काव्य जीवन की इस मूल्यों के रचनात्मक रूप-विधान की समग्रता को व्यंजित करने का उपक्रम है। मानवीय समाज अपनी इस सांस्कृतिक विशिष्टता में अन्य प्राणि-समाजों से अलग है। संस्कृति का बोध आन्तरिक है, अपने इस बोध को मनुष्य मानसिक अनुभवों में सँजोता, रूपायित करता है और व्यवस्था देता है। इसका सबसे अधिक महत्त्व का विधान भाषिक है। यह अनुभव को अभिव्यक्त करने के क्रम में निर्मित-विकसित हुआ है। अपनी सारी कमियाँ-कठिनाइयों के बावजूद उसकी अभिव्यक्ति और सम्प्रेषण का यही रूप-विधान उसका सबसे बड़ा सहारा रहा है। भाषिक प्रतीक-विधान का यह मानसिक व्यापार उसके अनुभवों को प्रत्यक्ष प्रत्ययों और परिकल्पनाओं में रूप देता है, स्मृति में सुरक्षित रख कर कल्पना में उनसे नया रचना-विधान करता है। यही काव्य का क्षेत्र है। कवि भाषा के प्रतीक-विधान में कल्पना के स्तर पर अपने अनुभव-जगत् के प्रत्ययों तथा कल्पनाओं को अभिव्यक्ति का रूप देता है। हम जब कबीर को कवि-रचनाकार मानते हैं, तो वस्तुतः हमारे सामने एक ओर उनकी रचनाकार की क्षमता है तो दूसरी ओर भाषिक अभिव्यक्ति उनकी सीमा है। उनको अपने अनुभव को कहना है, अभिव्यक्त करना है, दूसरों को सम्प्रेषित करना है। और इसके लिए

उनका कवि भाषा का, उसके प्रतीक-विधान का, उसके रूपकों तथा उसकी व्यंजना का सहारा लेता है। पर उनके साधक की यह सीमा बन जाती है। वह बार-बार सजग होता है, अपने श्रोताओं को सजग करता है। भाषिक अभिव्यक्ति में जो कुछ कहा जा रहा है, व्यंजित हो रहा है, सत्य-अनुभव के सत्य, परम तत्त्व को इसके आगे और आगे समझना-पाना होगा। और फिर एकमेक होकर कुछ कह पाना सम्भव नहीं होगा। अजब विवशता है—कवि में अभिव्यक्त करने की बेचैनी है, दूसरे तक सम्प्रेषित करने की व्यग्रता है। और साधक उस परम अनुभव के बारे में कहता चलता है—"यह नहीं, वह व्यक्त नहीं हो पाता, वह तो अनुभव की समग्रता में ही पाया जाता है।"

(1 : 2) मनुष्य आदिम अवस्था में अपने को प्रकृति से स्वतन्त्र नहीं अनुभव करता था, यह प्रायः मानव-शास्त्रियों ने माना है। मिथकीय स्तर पर प्रकृति के दृश्य-रूपों एवं घटना-विधानों के मानसिक प्रत्यक्षों, रूपों तथा परिकल्पनाओं में किसी प्रकार का तार्किक क्रम या व्यवस्था हम नहीं देख पाते। इस स्तर पर भी वह स्वचेतन प्राणी है, और उसके मानसिक व्यापारों में तार्किक-क्रम लक्षित न होने का यह अर्थ नहीं है कि वे तर्कविहीन हैं, वरन् अतार्किक अथवा तर्कातीत मानना होगा। वह अपने व्यक्तित्व के प्रति पूरी तरह सजग रहा है, पर इस मानसिक स्तर पर प्रकृति के दृश्य रूपों को समग्रता में ग्रहण करता है। कवि-रचनाकार इसी समग्रता को अनुभव के अपने आज के सन्दर्भों की तार्किक विविधताओं-विषमताओं के बीच पुनः पाना और संयोजित करने का भाषिक रूप-विधान करता है। आज की तर्क-पद्धति, विश्लेषण की प्रक्रिया से हम मिथकीय स्तर के अनुभव की संश्लिष्टता को समझ पाने, ग्रहण कर पाने में असमर्थ हैं। हम कविता के अनुभवपरक रूप-विधान को भी इस प्रक्रिया से समझ नहीं पाते, व्याख्यायित करने में असमर्थ रहते हैं। आदिम स्तर पर मानव-संस्कृति की एकतानता या समग्रता को लक्षित किया जाता है। इस प्रकार मनुष्य अपनी रचनाशीलता के स्तर पर निरन्तर उसी समग्रता को अपने जीवन की विषम-जटिल युगीन परिस्थितियों में ग्रहण करने, अभिव्यक्त करने का प्रयत्न करता रहता है। आदिम मानव की मनःस्थिति में हम मानवीय अनुभव की समग्रता और उसका रूप-विधान लक्षित कर सकते हैं। यहाँ मनुष्य की रचनाशीलता के उस स्तर को देखा जा सकता है, जिसके प्रतीकीकरण से क्रमशः उसके चिन्तन और विचार की प्रक्रिया होती चलती है। बिम्बों में, प्रतीकों में परिवेश को ग्रहण करने के क्रम में वह अपने अनुभव का समग्र तथा सम्पृक्त मनःसाक्षात्कार करता है, और धीरे-धीरे इसी आधार पर वस्तुओं, व्यापारों और व्यवहारों के अनुभव में अलगाव एवं विश्लेषण की प्रक्रिया से उसने मानसिक प्रत्यक्षों तथा विचार के प्रत्ययों को ग्रहण करना सीखा। यह लक्षित किया जा सकता है कि मनुष्य का व्यक्तित्व प्रारम्भ से मानसिक रचनात्मक क्षमता से सम्पन्न रहा है। अपने प्राकृतिक परिवेश में वह सामाजिक व्यवहार को स्पष्ट होते पाता है और इस क्रम में अनुभव के अनेक रूप उसके मानसिक स्तर पर विचार के प्रत्ययों तथा परिकल्पनाओं में क्रम और व्यवस्था पा रहे हैं। परन्तु यह स्पष्ट है कि उस व्यवस्था में रचनात्मक स्तर पर वह अनुभवों को प्रकृति के समग्र एवं संश्लिष्ट रूपों तथा प्रतीकों में ग्रहण करने में सक्षम रहा है। मानवीय रचनाशीलता के इस आयाम में मिथकीय बिम्ब-विधान या प्रतीक-योजना अपने अर्थ-तत्त्व की दृष्टि से सिद्धान्त निरपेक्ष हैं। वस्तुतः उनका

यह अतिक्रम अनुभव के अनेक बिम्बों तथा प्रतीकों को छिपाये रहता है। वह अपने आप में समग्र एवं संश्लिष्ट होता है। हमारी रचनाशीलता के क्रम में कवि-रचनाकार सामाजिक जीवन के परिवेश की विविधताओं, भिन्नताओं, प्रत्ययपरक अलगावों में इसी अनुभव की समग्रता-संश्लिष्टता व्यंजित करता है। कबीर-जैसा साधक कवि अनुभव की समग्रता में परम तत्त्व के परात्पर अनुभव को व्यंजित सम्प्रेषित करने का प्रत्यत्न करता है। हम देखते हैं कि रचनाकार काल्पनिक जगत् की रचना करता है, और उसके माध्यम से हम वस्तु-जगत् के यथार्थ जीवन का अनुभव करते हैं। मिथकीय संसार एक कृत्रिम संसार जान पड़ता है, जैसे किसी दूसरे वस्तु-जगत् के लिए बहाना हो। कबीर-जैसे कवि की रचना-प्रक्रिया को समझने के लिए मिथ को विश्वास होने के बजाय विश्वास की कल्पना रूप में देखना सहायक होता है। कबीर को अपने अनुभूत सत्य को अभिव्यक्त करने के लिए निरन्तर उलटवाँसियों का, सन्ध्या-भाषा का, रूपकों-प्रतीकों का माध्यम स्वीकार करना पड़ता है। उनको वस्तुतः अपनी अभिव्यक्ति के लिए नये मिथकों का निर्माण करना पड़ा है।

(1 : 3) कवि के रचनात्मक मानस को मिथक का विरूप माना जा सकता है। मिथ ऐसा रूप-विधान है जिसमें बाह्य-प्रकृति के रूप-विधान के साथ मिथक-निर्माता मानस संश्लिष्ट रहता है; वह मूल प्रतिरूप है। इस दृष्टि से कवि की रचना-प्रक्रिया बौद्धिक प्रत्ययपरक परिकल्पना से अनुभव के संश्लेषपरक प्रतीक-विधान को रूपायित करती है, और वह इस अभिव्यक्ति में मिथकों का निर्माण करता है अथवा परम्परित मिथकों को नया अर्थ व्यंजित करने के लिए प्रयोग में लाता है। कॉण्ट के अनुसार रचना का सौन्दर्य वस्तुस्थिति के यथार्थ अस्तित्व या अनस्तित्व से निरपेक्ष होता है। कबीर-जैसा कवि जब अपने परात्पर अनुभव को अभिव्यक्त करने में संलग्न है, वह रचना के इसी विशेष आयाम का सहारा ले रहा है। भारतीय काव्य-चिन्तन में रचना के आस्वाद्य (अनुभव) को लोकोत्तर इसी अर्थ में माना गया है। हम देखते हैं कि यह निरपेक्षता मिथकीय कल्पना में पूरी तरह बाह्य-वस्तु है। मिथकीय कल्पना में यथार्थ के विश्वास की क्रिया सदा निहित होती है, जबकि रचनात्मक कल्पना इस विश्वास-अविश्वास के प्रति निरपेक्ष रह कर अनुभव की एकता, संश्लेष घटित करता है। हम इस बात को कबीर की रचना-प्रक्रिया में देख सकते हैं कि किस प्रकार रचनाकार मिथक की मूलभूत तथा अनिवार्य परिस्थिति से दूसरे छोर पर पहुँच जाता है। इस आयाम को कबीर के रचनात्मक व्यक्तित्व में स्पष्टतः लक्षित किया जा सकता है। सामान्यतः कवि का रचना-संसार हमारे युग-जीवन की यथार्थ स्थितियों, घटनाओं और भाव-स्थितियों के आधार पर निर्मित होकर भी हमारे प्रत्ययपरक व्यावहारिक एवं सैद्धान्तिक संसार से भिन्न होता है। वह हमारे अनुभव में घटित समग्र संसार है, जबकि मिथकीय संसार अपनी समग्रता में अधिक तरल एवं चंचल (अस्थिर) अवस्था में होता है। यह मिथकीय प्रत्यक्ष भावात्मक विशेषताओं से सम्पन्न बाह्य-जगत् के संश्लिष्ट अनुभव की समग्रता का होता है। मानवीय अनुभव के इन प्राथमिक रूपों की पुनर्रचना करना सम्भव है, क्योंकि सभ्य मनुष्य के जीवन में बाह्य प्रकृति एवं आन्तरिक जीवन के एकतान अनुभव करने की मौलिक क्षमता समाप्त नहीं होती। कवि व्यक्तित्व में यह क्षमता विशिष्ट होती है, वह अपने परिवेश के प्रत्ययपरक व्यावहारिक एवं तार्किक संसार से अनुभव के रचना-संसार में पहुँच सकता है। अनुभव के

इस प्रतीक-विधान को हम आज भी अस्वीकार नहीं कर सकते, भुला नहीं सकते, रचनाकार अपनी कल्पना के स्तर पर पुनः इस मौलिक संश्लिष्ट-समग्र अनुभव का रूप-विधान संयोजित करता है, और यह उसकी सजग प्रक्रिया है। रचनाकार के व्यक्तित्व को समझने के लिए उसके इस आयाम को दृष्टि में रखना अपेक्षित है, जिसमें प्रत्यक्ष अनुभव को संश्लिष्ट रूप में ग्रहण करने की उसकी क्षमता निहित है। साथ ही यहाँ मिथकीय परिकल्पना में व्यंजित समग्र दृश्य-रूप के प्रत्यक्ष का अनुभव समान के अर्थ में न होकर सार्थक रूप में है। इस प्रकार रचना में अनुभव की समग्रता को सम्प्रेषित करने के लिए मिथकीय परिदृश्य के उलटे क्रम से चलना पड़ता है। हम देखते हैं कि कबीर ने उलटवाँसियों और अपने प्रतीक-विधान में ऐसे उलटे परिदृश्यों के क्रम को प्रस्तुत किया है। जीवन के व्यावहारिक ज्ञान और अनुभव का इस प्रकार अतिक्रमण कर कबीर जैसा साधक कवि रचनात्मक स्तर पर अनुभव वैशिष्ट्य में अलौकिक परात्पर को व्यंजित करने का निरन्तर प्रयत्न करता दिखायी देता है। रचना के स्तर पर मनुष्य को पुनः प्रकृति और परिवेश के बीच तार्किक एवं गणितीय ज्ञान का अतिक्रमण कर कवि-कलाकार को अनुभव को प्रत्यक्ष एकतानता तथा समग्रता में वापस ले जाने के लिए मिथकीय परिदृश्य के उल्टे क्रम से चलना पड़ता है। इस अतिक्रमण के क्रम में कबीर-जैसा कवि अपनी रचना में बिम्ब-विधान, प्रतीक-विधान, सादृश्य-रूप और भाषा के लाक्षणिक-व्यंजक प्रयोग के माध्यम से समग्र अनुभव की एकतानता में जिस तर्कातीत मनःस्थिति को उपलब्ध करता है, उसमें ब्रह्म के परम साक्षात्कार को व्यंजित करने का उपक्रम है। काव्य के लोकोत्तर अनुभव के वैशिष्ट्य को यहाँ अलौकिक सन्दर्भ में व्यंजित करने का कवि-कर्म देखा जा सकता है।

(1 : 4) इस आधार पर विचार करने पर यह सूत्र लक्षित किया जा सकता है कि मिथकीय रूप-विधान से लेकर आध्यात्मिक जीवन के विभिन्न स्तरों तथा आयामों में विशिष्ट कवि-कर्म को मानवीय रचनाशीलता के हर स्तर पर व्यापक मानवीय भावभूमि के अनुसन्धान और उसमें क्रियाशील मूल्यों की अभिव्यक्ति के उपक्रम में संलग्न देख सकते हैं। कहा गया है कि मानव-जीवन समाज और संस्कृति की सारी विभिन्नताओं, जटिलताओं एवं विशिष्टताओं के बीच मनुष्य के अस्तित्व से लेकर उसकी सांस्कृतिक मूल-प्रक्रियाओं तक एकसमान संश्लिष्ट मानवीय स्तर लक्षित किया जा सकता है और काव्य की सर्जनशीलता में संस्कृति का यही संश्लिष्ट रूप और व्यापक मूल्य-प्रक्रिया व्यंजित होती है। वस्तुतः मनुष्य की भाषिक अभिव्यक्ति की सीमा में रचना के स्तर पर यही संश्लिष्ट रूप एवं व्यापक मूल्य-दृष्टि व्यंजित अभिव्यक्ति होती है। और आध्यात्मिक जीवन में प्रवेश पानेवाले साधक जब अभिव्यक्ति की प्रेरणा से प्रेरित होकर रचना-कर्म में प्रवृत्त होते हैं, वे इस भाषिक रचनाशीलता में भाषा-विधान से परे अनुभव के स्तर को व्यंजित करने का उपक्रम करते हैं। जिस प्रकार विभिन्न संस्कृतियों की मूल्य-प्रक्रिया का एक ऐसा स्तर अथवा आयाम लक्षित किया जा सकता है, जिसमें इन मूल्यों की शाश्वत एवं सार्वभौम स्थिति स्वीकार की गयी है, उसी प्रकार आध्यात्मिक जीवन के मूल्यों की स्थिति भी है। पर ये मूल्य ऐसे स्तर पर क्रियाशील नहीं होते जिसका सम्प्रेषण भाषिक रूप-विधान से सम्भव हो सके। इस स्थिति में साधना के क्षेत्र में कवि भाषा की रचनाशीलता तथा व्यंजना शक्ति का उपयोग भाषा की सामान्य

शक्तियों के परे अनुभव के आयाम की अभिव्यक्त के लिए करता है। सार्वभौम एवं शाश्वत मूल्यों की भावभूमि पर युगीन तथा एकदेशीय मूल्य भी गतिशील होकर रचनात्मक स्तर पर व्यंजित होते हैं, जबकि रचनात्मक गति से अलग पड़ कर हर स्तर के मूल्य जड़ रूढ़ियाँ तथा मान्यताएँ रह जाते हैं। इसी प्रकार इस स्थिति में आध्यात्मिक मूल्यों के अनुभव का प्रश्न ही क्या, उनका ज्ञान या परिचय भी सम्भव नहीं। उनका अनुभव उस भूमिका पर ही सम्भव है, साधक अपनी रचनात्मक अभिव्यक्ति में उसकी झाँकी, उस अनुभूति का संकेत भर दे पाता है, क्योंकि कहा गया है, "उसे जो पाता है, वही जानता है।" सार्वभौम तथा शाश्वत मूल्यों की एकतान संश्लिष्ट अनुभूति भी रचनात्मक स्तर पर ही सम्भव मानी गयी है। मिथक युग से विपरीत आज का व्यक्ति प्रत्ययपरक तार्किक ज्ञान-विज्ञान के क्षेत्र से जीवन एवं जगत् (प्रकृति के परिवेश) के प्रत्यक्ष अनुभव अर्थात् भाव-जगत् में प्रवेश करने में समर्थ होता है। किसी काव्य-कृति के सम्प्रेषित अनुभव या रसानुभूति को सामाजिक इसी आधार पर ग्रहण करता है। कवि या रचनाकार में प्रत्यक्ष अनुभव की क्षमता और सम्प्रेषित करने की योग्यता होती है। साधक कवि में इसी प्रकार अपने भिन्न आयाम के अनुभव को व्यंजित करने की प्रेरणा एवं प्रतिभा होती है। संस्कृति के पूर्ण प्रक्रिया का एक आयाम आध्यात्मिक जीवन का भी माना गया है। इस प्रक्रिया के जिन आयामों को कवि-व्यक्तित्व आत्मसात् करता है, उनकी रचनाशीलता में उन सबकी अभिव्यक्ति होती है, वे सभी रूपायित होते हैं। हमारे भक्त-युग के कवि साधना के क्षेत्र के व्यक्ति हैं, साधना उनके जीवन के अनुभव का महत्त्वपूर्ण आयाम है। इन कवियों की साधना के रूप में अन्तर है, जो उसकी प्रक्रिया में प्रतिफलित होता है। पर काव्य की अभिव्यक्ति की अपनी सीमा है, अतः कबीर जैसे साधक को अपनी रचनात्मक अभिव्यक्ति में अपने आराध्य को प्रिय के रूप में स्वीकारना पड़ा है। यह हम उनकी साधना के रूपों में देख सकेंगे।

(1 : 5) इतिहास में ऐसा भी देखा जाता है, जब एक ही देश-काल में विभिन्न समाजों तथा संस्कृतियों के मूल्यों, मान्यताओं, रीतियों तथा परम्पराओं को एक साथ प्रतिक्रियाशील पाते हैं। तब प्रश्न उठता है कि उस युग के साहित्य, काव्य में उनको एक साथ या समग्र रूप में किस प्रकार और किस सीमा तक अभिव्यक्ति मिल सकी है। और इस रचनात्मक अभिव्यक्ति में सांस्कृतिक मूल्यों के संश्लेष अथवा समन्वय का रूप क्या बन पाता है। हिन्दी साहित्य के मध्य-काल में भक्ति-काव्य के सन्दर्भ में महत्त्वपूर्ण प्रश्न है। भक्त-कवि इस युग की विभिन्नताओं तथा विशेषताओं की किस प्रकार अपने कृतित्व में समाहित कर सांस्कृतिक समन्वय के प्रतिरूप निर्मित कर सका, यह विचारणीय है। इस युग में हमारे कवि अपने समाज के विभिन्न वर्गों, जातियों, धर्मों, सम्प्रदायों की मान्यताओं, यहाँ तक कि धार्मिक मान्यताओं तथा मूल्यों में न केवल विलगाव वरन् विरोध पाते हैं। हमारा रचनाकार अपनी व्यापक संवेदनीयता के स्तर पर समाज के जीवन को अभिव्यक्ति देता है, अतः युग-जीवन के सभी पक्षों के प्रति उनमें सहानुभूति होना सहज है और फिर वे विभिन्न स्तरों एव दृष्टियों से अलग विरोधी लगनेवाली मान्यताओं एवं मूल्यों को व्यापक मानवीय सन्दर्भ में अभिव्यक्त कर सार्थकता देते हैं। परन्तु युग की इस सांस्कृतिक संघर्ष-संघात की परिस्थिति के बीच अपनी रचना की भाव-भूमि इन कवियों ने अपनी निजी दृष्टि से आविष्कृत की है, इसी कारण उनके

काव्य का रचनात्मक स्वरूप तथा अभिव्यक्ति की शैली अलग-अलग है। उनके काव्य में व्यापक मूल्यों की संरचना की समानता है, पर जिन सामाजिक सन्दर्भों से मानवीय मूल्यों को विकसित करने की उन्हें अपेक्षा रही है, वे उनसे भिन्न रहे हैं। साथ ही अपने युग-जीवन की विषमता, मूल्यों के विघटन और उनको स्थापित करने की दृष्टि को विकसित करने की उनकी पद्धति तथा शैली भिन्न रही है। जायसी किसी से विरोध भाव नहीं रखते, जीवन में प्रचलन के स्तर पर सबके प्रति स्वीकार भाव रखते हैं। पर युग-जीवन के प्रति गहरी संवेदना के स्तर पर वह मानवीय जीवन की आन्तरिक करुणा के साथ मानवीय भावशीलता के स्तर पर व्यापक मूल्यों की अभिव्यक्ति करने में सफल हुए हैं। तुलसी अपनी परम्पराओं की अंन्तर्निहित धारणा करने की क्षमता को पहचानते हैं, और अपने कवि व्यक्तित्व के स्तर पर रचना-प्रक्रिया के संवेदनशील मार्मिक अनुभव के क्षणों में व्यापक मूल्य-दृष्टि को अभिव्यक्ति देते हैं। सूरदास ने प्रेम-साधना की भावशीलता के माध्यम से सहज जीवन की मूल्य दृष्टि को आविष्कृत किया है, अभिव्यक्ति दी है। पर कबीर की स्थिति इन रचनाकारों से भिन्न है। वह ऐसे अप्रतिम रचनाकार हैं, जो अपने युग तथा समाज के विघटित होते मूल्यों, विरोधाभासों, अन्धविश्वासों, विजड़ित मान्यताओं के विरुद्ध खड़े होकर ललकारते हैं। साथ ही व्यापक तथा सार्वकालिक मूल्यों की रचनात्मक गतिशीलता को लक्षित-व्यंजित करते हैं। उनके व्यक्तित्व की इस विशेषता के कारण प्रायः उन्हें क्रान्तिदृष्टा, विद्रोही, समाज-सुधारक आदि मान कर उनके रचनाकार की उपेक्षा की गयी है। पर उनके व्यक्तित्व की इस प्रखरता को हम उनके काव्य की रचना-शक्ति के रूप में लक्षित करते हैं, यह तत्त्व महत्त्वपूर्ण है। वह जितनी गहरी आन्तरिक अनुभूति के स्तर पर भाव-व्यंजना तथा प्रेम के विभिन्न आयामों को अभिव्यक्त करने में समर्थ हैं, उतनी ही रचनात्मक क्षमता और प्रतिभा के साथ सामाजिक जीवन के विभिन्न क्षेत्रों-स्तरों के अन्तर्विरोधों को उद्घाटित करने में सफल हुए हैं।

(1 : 6) मानव संस्कृतियों के इतिहास में सारी घटनाओं, उपक्रमों तथा प्रयत्नों के पीछे व्यापक मूल्यों के आधार को पाने की भावना रही है। इस आधार पर अपने सामाजिक जीवन को सही दिशा देने का उपक्रम रहा है। पर व्यापक मूल्यों को व्याख्या तथा स्थापना के साथ उसकी प्रतिक्रिया में पुनः उनका विघटन होता है और उनको विजड़ित एवं कुण्ठित रूप में स्वीकार करने का क्रम चलता रहता है। सिद्धान्त चर्चा, मतों के विवेचन, आदर्शों के ऊहापोह के क्रम में ही उनमें निहित भावना कुण्ठित होती जाती है। मूल्यों के रचनात्मक तथा भावसम्पन्न जीवन के बजाय जड़ मान्यताओं तथा रीतियों में व्यक्ति जीने लगता है। वह इस समाज में कुण्ठित एवं अवरुद्ध जीवन यापन करता है और गतानुगतिक जीवन में सार्थकता स्वीकारता है। इस स्थिति का मूल कारण है कि तर्कवाद और बौद्धिक विवेचन के क्रम में मूल्यगत अनुभव की संश्लिष्ट एकतानता को निर्दिष्ट मात्र किया जा सकता है, इसके आगे इस प्रक्रिया से कुछ पाया नहीं जा सकता और निर्देशन मात्र से सामाजिक जीवन में मूल्यों का गतिशील रह पाना सम्भव नहीं होता। अनुभव सन्दर्भ से जुड़ा रह कर ज्ञान फिर भी मूल्य के रचनात्मक स्पन्दनों को व्यंजित कर पाना है। लेकिन ज्ञान की सामान्य प्रकृति तर्क एवं विभेदमूलक है, अतः शीघ्र ही रचनात्मक मूल्य संस्पर्श से अलग हट जाना उसके लिए स्वाभाविक है। इस मूल्य के केन्द्रीय भाव-संस्पर्श से जुड़े रहने के लिए वस्तुतः रचनात्मक स्तरों

पर क्रियाशील रहना अनिवार्य है। इस दृष्टि से भारतीय संस्कृति की मूल-प्रकृति को समझना यहाँ के व्यक्तियों के ऐतिहासिक महत्त्व को जानने-परखने के लिए जरूरी है। यहाँ यह अवधारणा व्यापक रूप से स्वीकृत रही है कि मानव का तथ्यमूलक यथार्थ महत्त्व का नहीं होता। उसकी घटनाएँ, परिस्थितियाँ, उसका आचरण और व्यवहार उसी सीमा तक सार्थक है और इसलिए सुरक्षित रखने योग्य है, जिस सीमा तक मूल्यवान् है। समाज और पूरी मानवता इनसे सम्पन्न होती है और यह सार्थकता मनुष्य की स्मृति में सुरक्षित रखने योग्य है। यूरोप में मानवीय इतिहास को मनुष्य की सांस्कृतिक रचनात्मक तथा मूल्यपरक उपलब्धियों के सन्दर्भ में परिकल्पित करने का विचार क्रमशः विकसित हुआ है। इसके विपरीत भारत में मानव के जीवन-प्रवाह को व्यापक निरन्तरता में देखा गया। युग-विशेष के पात्र, घटनाएँ, कृतियाँ अपने आप महत्त्व नहीं रखते, सम्पूर्ण मानवीय मूल्यवत्ता एवं सार्थकता के सन्दर्भ में उनका मूल्यांकन किया गया है। हमारे इतिहास तथा पुराण के पात्र-चरित्र तथा परिदृश्य-घटनाएँ मिलजुल कर एकरूप हो गये हैं। सब मिलाकर वे मानवीय जीवन व्यापार के नानाविध रूपों, मूल्य के स्तरों, नैतिक मान्यताओं के प्रतीक जैसे हो गये हैं। उनके द्वारा मनुष्य के समस्त प्रयत्नों की सफलता-विफलता, मर्यादाओं की प्रतिष्ठा एवं स्खलन, मूल्यों की रचनात्मक उपलब्धि तथा निष्क्रिय परम्परित जड़ता को व्यंजित करने का प्रयास है। जब हम अपने साहित्य के मध्ययुग, भारतीय इतिहास के मध्ययुग के उत्तरार्द्ध पर विचार करते हैं तो इस मूल दृष्टि को सामने रखना होगा। इस युग के हमारे प्रमुख कवियों के सामने अपने युग की क्या परिस्थिति रही है और उसमें वे अपने व्यक्तित्व से किस स्तर पर और रूप में प्रतिक्रियाशील हुए। उनके रचनाकार का व्यक्तित्व उसी परिवेश में निर्मित हुआ है और मूल्यों के विघटन एवं संक्रान्ति की युगीन परिस्थिति में वे अपने रचना-कर्म में संलग्न रहे हैं। यह अवश्य है कि इन कवियों में अपने व्यक्तिगत जीवन के प्रति समान उपेक्षा भाव है, पर रचना के स्तर पर मूल्यों के अन्वेषण एवं प्रतिष्ठा की दृष्टि उनकी अलग-अलग है।

(1 : 7) हमारे महान् भक्त कवियों के जीवन में इतिहास-पुराण तत्त्वों का सम्मिश्रण-संयोजन इस प्रकार जन-मानस में हुआ है कि तथ्यों के प्रमाण के आधार पर उसे समझना सम्भव नहीं है। तथ्यों के संकलन के स्रोतों की प्रामाणिकता ही सन्दिग्ध है। सीमित और सांकेतिक सामग्री ही विश्वसनीय मानी जा सकती है। इस सामग्री के आधार पर कवि के व्यक्तित्व का आभास मिल सकेगा, जो अपने परिवेश, युग तथा समाज में विशिष्ट दृष्टि से सम्पन्न है तथा सारे युग-बोध से अपने रचनात्मक अनुभवों को संयोजित करने में सक्षम हो सका है। जीवन-सूत्रों का ताना-बाना पूरनेवाली अनेक जनश्रुतियाँ इनके जीवन के बारे में प्रचलित हैं, जिनके माध्यम से कवि के जीवन को चमत्कारों-रहस्यों से महिमा-मण्डित करने का प्रयत्न किया गया है। पर इनमें कतिपय ऐसे सूत्र खोजे जा सकते हैं, जो कवि के व्यक्तित्व को रूपायित करने में सहायक हो सकते हैं। लेकिन इन कवियों के व्यक्तित्व पर प्रकाश डालनेवाले अनेक प्रसंग, सन्दर्भ तथा अनुभव उनकी आत्मपरक काव्याभिव्यक्तियों में निहित हैं। ये सारे प्रसंग-सन्दर्भ स्पष्ट तथा सीधे रूप में उसके जीवन पर सदा प्रकाश नहीं डालते, पर इनके माध्यम से कवि-जीवन की अनेक परिस्थितियों को देखा-समझा जा सकता है, कवि के व्यक्तिगत सम्बन्धों को परखा जा सकता है। विशेष परिस्थितियों की मानसिक स्थितियों का

अनुभव किया जा सकता है। जीवन के दुःख-सुख, सम्मान-असम्मान के सन्दर्भों को इन प्रसंगों में व्यंजित देखा जा सकता है। उसकी भाषा-शैली, भाव-व्यंजनाओं, कथन-उक्तियों आदि के माध्यम से भी कवि के व्यक्तित्व को समझा जा सकता है। पर कवि की रचना-प्रकिया को गहरे स्तर पर समझाने और व्याख्यायित करने के लिए हमको उसके व्यक्तित्व की उस ऊँची भूमिका को व्यापक सांस्कृतिक मूल्यों की अभिव्यक्ति के रूप में देखना होगा, क्योंकि वह रचनात्मक अनुभव में सीमित युगीन संवेदनाओं को व्यापक एवं युगनिरपेक्ष रूप में ग्रहण करता है। भक्तिकाल के प्रमुख कवियों में कबीर सबसे अधिक फक्कड़ तथा मुक्त स्वभाव के रहे हैं। उनकी आत्माभिव्यक्ति में व्यक्तिगत जीवन के सन्दर्भ भी इसी स्तर पर मिलते हैं, अन्यथा अपने परिचय को व्यक्त करने की प्रवृत्ति का नितान्त अभाव है। अध्येयताओं ने इन सन्दर्भों का उपयोग उनके जीवन के सूत्रों को संयोजित करने के लिए किया है। साथ ही कवि के बारे में प्रचलित अनेक किंवदन्तियों, जनश्रुतियों और परम्पराओं का उपयोग इन सन्दर्भों के परिप्रेक्ष्य में प्रायः किया गया है। साथ ही कबीर के विद्रोही भाव और स्वतन्त्र प्रकृति का मध्य-युग की मूल्यों के विघटन, ह्रास तथा विडम्बनाओं की परिस्थिति में समझना सम्भव है। संघ धर्म इस्लाम का भारत में प्रवेश, प्रभाव-विस्तार के क्षण यहाँ की सांस्कृतिक संक्रान्ति के बीच इस कवि के अक्खड़-दबंग व्यक्तित्व को समझना अधिक सम्भव है। युग में सामाजिक स्तर पर मूल्यों का विघटन हो रहा था और उस समय विकृत एवं विजड़ित मूल्यों को धर्म स्वीकार किया जा रहा था। इस स्थिति का अनुभव करते हुए और इस्लाम के प्रभाव में विकसित होनेवाले धार्मिक मूल्यों के विरोधाभासों के बीच कबीर जैसा कवि इन परिस्थितियों और विघटित-विभ्रमित मूल्यों की कटु आलोचना करता है, उनकी असंगतियों तथा विडम्बनाओं को उद्घाटित करता है। साथ ही वह व्यापक मानव-मूल्यों को अपने जीवन के आधार पर व्यंजित करने में प्रयत्नशील रहा है।

(1 : 8) धार्मिक मत और सम्प्रदाय जब मूल्यों के स्वीकार पर प्रतिष्ठित रहते हैं, उनके आधार पर व्यक्ति और समाज का सम्बन्ध दायित्व बोध के स्तर पर क्रियाशील रहता है। मध्य-युग के भक्त कवियों ने साधना की उच्च भूमिकाओं को इस धार्मिक मूल्यों की भूमिका पर प्रतिष्ठित माना है। पर उस समय ऐसे अनेक मत और सम्प्रदाय प्रचलित होते जा रहे थे, जो इस सामाजिक भूमिका से कट कर मुख्यतः साधनापरक होते गये। इनकी ये साधनाएँ व्यक्तिपरक, गुह्य तथा रहस्यमयी रही हैं, उनके लिए मूल्यों के जीवन की अपेक्षा नहीं रह गयी। यहाँ तक कि हठयोगियों, सिद्धों तथा अघोरपन्थियों की साधना-पद्धतियाँ मूल्य-विरोधी रही हैं। मूल्यों पर आधारित धर्म-भावना के निरर्थक हो जाने से व्यक्ति और समाज के दायित्व का आधार भी असंगत हो जाता है। ध्यान देने की बात है कि गीता में ज्ञान, योग और कर्म को एक साथ स्वीकार किया गया है—यह प्रशस्त साधना मार्ग है। इन्हें मानवीय मूल्यों की भूमिकाओं पर ही प्रतिष्ठित स्वीकार किया गया है। कबीर की दृष्टि इस स्वीकार पर निरन्तर रही है, आत्मोपलब्धि तथा ब्रह्मानुभव की उच्च भूमिकाओं तक पहुँचने के लिए आधार रूप में मूल्यों के जीवन को उन्होंने स्वीकार किया है। हम देखते हैं कि कबीर श्रुति-सम्मत परम्परा से अलग हैं। लेकिन उनके व्यक्तित्व और उनकी वाणी से यह भी निरन्तर स्पष्ट हुआ है, व्यंजित होता रहा है कि वह ऐसे मत-मतान्तरों, मार्ग-सम्प्रदायों के कटु

आलोचक रहे हैं, जो इस परम्परा सम्मत का उनके समान ही विरोध करते आये थे। वस्तुतः श्रुति-सम्मत मार्ग के नाम पर अनेक कर्म-काण्ड तथा कुरीतियाँ प्रचलित हो चुकी थीं और बौद्ध-धर्म की परम्परा में ये इस प्रकार की मूल्यों की हानि, जड़ता एवं विघटन का विरोध कर रहे थे। इस दृष्टि से कबीर इस परम्परा में आते हैं। परन्तु बौद्ध धर्म में समन्वय की धर्म-दृष्टि त्रयी रूप में जीवन के मूल्यों पर प्रतिष्ठित रही थी, जो क्रमशः एकांगी होती गयी और बाद के अनेक सिद्ध-नाथ जैसे सम्प्रदाय, सामाजिक मूल्यों एवं आदेशों की भूमिका की प्रतिष्ठा करने के बजाय केवल आध्यात्मिक जीवन और उसकी उच्च भूमिकाओं में लगे रहे। सिद्ध जैसे सम्प्रदाय तो अपनी साधना के मार्ग पर सामाजिक जीवन के अस्वीकार पर प्रतिष्ठित हुए और नैतिक मूल्यों के विद्रोह के मार्ग पर चलनेवाले रहे हैं। इनकी अपेक्षा नाथ सम्प्रदाय संयम-निग्रह पर बल देकर नैतिकता का एक स्तर स्वीकार करता है, पर सामाजिक जीवन और मूल्यों के प्रति उपेक्षाशील रहा है। कबीर ने व्यक्तिगत साधना के अपने भक्ति-मार्ग पर उसकी आलोचना की, उनका विरोध तथा खण्डन किया। अपनी आन्तरिक भक्ति-भावना के साथ-साथ समाज और उसको धारण तथा चालित करनेवाले मानदण्डों तथा नियमों का स्वीकार भी उनमें व्यंजित हुआ है। व्यक्तिगत साधनाओं के गुह्य एवं रहस्यमय रूप को अस्वीकार करते हुए उन्होंने सामाजिक मर्यादाओं तथा नैतिक मूल्यों के महत्त्व पर बल दिया। सांस्कृतिक दृष्टि से ह्रासोन्मुखी तथा विघटन के युग के इस चरण की भूमिका पर हिन्दी भक्ति-युग शुरू होता है, जिसमें भक्ति के आचार्यों के आन्दोलन के साथ हमारे कबीर-जैसे भक्त कवियों का महत्त्वपूर्ण योग है। कबीर का महत्त्व इस कारण विशेष है कि उन्होंने न केवल भक्ति की व्यापक साधना-पद्धति में मानवीय मूल्यों की भूमिका प्रतिपादित एवं स्वीकार की है, वरन् उस समय के सामाजिक जीवन की मूल्यहीन पद्धतियों, रीतियों, मान्यताओं का कड़ा विरोध भी किया है। जैसा हम सोचते हैं, उनके काव्य का महत्त्वपूर्ण एवं प्रभावपूर्ण अंग इस विरोध-विद्रोह को उस युग के जीवन को दृष्टि में रखकर व्यंजित करने का है।

(1 : 9) कबीर की रचनात्मक अभिव्यक्ति में भारतीय संस्कृति की मौलिक एवं गहरी मूल्य-दृष्टि को ग्रहण करना सम्भव है। धर्म को जिस व्यापक आधार पर इसमें स्वीकार किया गया है, उस पर विचार करने से कबीर की इस दृष्टि को समझा जा सकता है। भारतीय धर्म-साधना वैयक्तिक रही है। साधना के क्षेत्र में व्यक्ति अकेला है, प्रत्येक को अपनी उपासना-पद्धति स्वयं खोजनी है, निश्चय ही गुरु का मार्ग-दर्शन अनिवार्य है। कबीर बार-बार कहते हैं कि इस क्षेत्र में दूसरे किसी की 'समियाई' (स्थान) नहीं होती। पर मनुष्य की श्रेष्ठता या सम्मान का आधार किसी धर्म-मत या सम्प्रदाय का स्वीकार करना, मानना अथवा आराध्य के रूप में किसी देवता विशेष की पूजा-उपासना करना नहीं माना जाता। इस युग के भक्त-साधक कवियों का यही स्वीकार रहा है, कबीर इस दृष्टि से प्रखर व्यक्तित्व के हैं। सामाजिक स्तर पर शुद्धाचरण और चरित्र के प्रमाण को माना गया है, वस्तुतः मानव-जीवन के आधारभूत मूल्य समान हैं। कबीर निरन्तर इस सत्य की प्रतिष्ठा करते हैं कि व्यक्ति की श्रेष्ठता और साधन-मार्ग के लिए योग्यता ईमानदारी, सत्यनिष्ठा, उदारता, सेवा और प्रेम जैसे मूल्यों पर धर्माचरण की उसकी क्षमता पर निर्भर करती है। मन और बुद्धि के परे उच्च भूमिकाओं को स्वीकार करनेवाले ज्ञान-मार्ग तथा योग-मार्ग के साधकों ने भी प्रतिपादित किया

है कि इन भूमिकाओं पर पहुँचने के लिए इन्द्रियनिग्रह, मन का नियन्त्रण, ध्यान, धारणा और समाधि के क्रम से आत्मतत्त्व की उपलब्धि सम्भव होती है। वस्तुतः निषेध के रूप में सामाजिक मूल्यों का स्वीकार माना जा सकता है, पर मानवीय मूल्यों की भूमिका के रूप में इस स्वीकार का यहाँ विशेष अर्थ नहीं है। मध्य-युग के भक्ति-आन्दोलन के अन्तर्गत प्रेम-साधना के प्रसार के अन्तर्गत व्यापक मानवीय मूल्यों का स्वीकार रहा है, जिनकी अभिव्यक्ति हमारे भक्त कवियों ने अपनी भक्तिपरक साधना के अन्तर्गत की है। कबीर का स्वर इनमें अपनी प्रखरता में स्पष्ट रहा है और सामाजिक परिवेश पर निरन्तर दृष्टि रखने के कारण इस स्तर पर व्यापक मूल्यों के स्वीकार का आग्रह भी व्यंजित रहा है। सामाजिक रूढ़ियों, जड़ताओं, मूल्य ही मतों का प्रखर रूप से प्रत्याख्यान करके भी व्यापक मूल्यों को व्यंजित किया गया है। वस्तुतः अपनी इन जड़ और विशृंखलित होते मूल्यों की स्थिति के साथ इस्लाम धर्म का आगमन उस युग की महत्त्वपूर्ण और नयी चुनौतियों को प्रस्तुत करनेवाली घटना है। भारतीय व्यापक धर्म-दृष्टि की स्वीकृति के विपक्ष में यह एक ऐसा 'मजहब' था जो एक संघटित धर्म-मत के रूप में एक ही देवता और एक ही संघीय अनुशासन को स्वीकार करता है। इस संघीय मत के अन्तर्गत धार्मिक तथा सामाजिक विधि-निषेधों में कोई अलगाव नहीं है। उसकी आचरण संहिता एक है और उसकी धर्म-साधना का रूप व्यक्तिगत न होकर सामूहिक होता है। इसी प्रकार इसके अन्तर्गत धार्मिक तथा सामाजिक विधि-निषेधों में अलगाव नहीं है और इस प्रकार यह भारतीय समाज के सामने नयी परिस्थिति थी। इस्लाम धर्म संगठित शक्ति के दो आधारों पर प्रतिष्ठित होकर देश में आया था, एक ओर अनुयायियों को समानता देने के साथ स्वर्ग का आकर्षण प्रस्तुत कर रहा था, दूसरी ओर उसके आक्रामक रूप को सत्ता एवं शान्ति के साथ देश में प्रसार मिल रहा था। इस परिस्थिति में भारतीय संस्कृति की समन्वयात्मक प्रकृति कुण्ठित एवं विक्षुब्ध हो उठी। कबीर ने प्रभाव एवं प्रेरणा अनेक स्रोतों से ग्रहण की है, पर उनकी दृष्टि-पथ पर भारतीय संस्कृति का व्यापक मानवीय मूल्यों का आधार रहा है और उन्होंने कर्मकाण्डों, विधि-विधानों तथा रूढ़ि-परम्पराओं के खण्डन की प्रखर अभिव्यक्ति के साथ उच्चतम साधना के आधार रूप में सक्रिय मानव-मूल्यों को संरचना प्रस्तुत की है। एक ओर वह भारतीय समाज को, उसकी संस्कृति को व्यापक मूल्य-दृष्टि देने का प्रयत्न कर रहे थे और दूसरी ओर आगत मजहब को उसकी संकीर्ण और विजड़ित मान्यताओं से मुक्त कर सच्चे मानव धर्म का साक्षात्कार कराने का प्रयत्न कर रहे थे।

(1 : 10) कबीर के युग में पूरा समाज अनेकानेक जातियों और उपजातियों में बँटता जा रहा था; अनेक मत-मतान्तरों, पूजा-पद्धतियों, कर्म-काण्डों, साधना-रूपों, देवी-देवताओं के स्वीकार-अस्वीकार में खण्डित-विखण्डित हो रहा था। और मूल्यों के स्तर पर समाज धर्म की जड़ताओं, कुण्ठाओं तथा हीनताओं के बीच छिन्न-भिन्न हो रहा था। धर्म के साधना क्षेत्र और विश्वास के स्तर की भिन्नताओं के स्वीकार के साथ जो धर्माचरण के मूल्यों का आधार स्वीकृत रहा था, वह भुलाया जा चुका था। इसी परस्थिति में एक संघबद्ध तथा राज्य-शक्ति पर आधारित धर्म इस्लाम दोहरी चुनौती के साथ देश में उत्तर-पश्चिम से पूर्व-दक्षिण की सीमाओं में फैलता जा रहा था। एक ओर एक ईश्वर की स्वीकृति तथा समान पूजा-कर्मकाण्ड

के अनुशासन की आन्तरिक क्षमता के सामने अराजकता से भिन्न-भिन्न हिन्दू-समाज के लिए ठहर पाना कठिन था। मजहब के अनुशासन के अन्तर्गत सभी जातियों, वर्गों और सम्प्रदायों की समानता का स्वीकार उसकी ऐसी क्षमता थी, जिसका मुकाबला कर पाना भारतीय समाज के लिए सम्भव नहीं था। दूसरी ओर उसकी संगठित शक्ति के साथ राजसत्ता भी थी, जिसके सामने यहाँ बिखरे-बटे राजाओं-सामन्तों का टिक पाना कठिन था। कबीर ने अपने युग की इस परिस्थिति को जाना-पहचाना था। उन्होंने यह अनुभव किया था कि इस्लाम का मूलभूत आधार मानवीय सार्वभौम मूल्यों का रहा है और उसकी सामाजिक नियमों-मर्यादाओं का स्रोत भी शाश्वत मूल्य ही रहे हैं। पर उनके सामने यह स्पष्ट था कि इस मजहब का संघीय अनुशासन और उसका राजसत्ता के आधार पर शक्ति-सन्धान इस मूल्य-दृष्टि को कुण्ठित करते हैं और व्यापक मानवता के स्तर पर अन्याय और अनैतिक आचरण को प्रश्रय मिलता है। इस परिस्थिति में इस प्रकार के धर्म-संघों और सम्प्रदायों के प्रति कबीर का विद्रोह भाव स्पष्ट तथा घोषित रहा है। मध्य-युग के वैष्णव आचार्यों तथा सूफी साधकों ने अपने-अपने स्तर से धर्म-भाव को अवरुद्ध करनेवाले कर्म-काण्डों, मूल्यों के मानवीय भाव-बोध के विरोध में आनेवाली मान्यताओं तथा पद्धतियों के परे शुद्ध मानवता के स्तर पर धार्मिक मूल्यों तथा सामाजिक नैतिकताओं को स्वीकार किया है। इस प्रकार उन्होंने सामाजिक विरोधभाव को दूर कर व्यापक स्तर पर सबको जोड़ने का प्रयत्न किया है। कबीर का स्थान इस परिस्थिति में विशिष्ट है, क्योंकि उन्होंने मूल्यों की भूमिका प्रस्तुत करने के लिए उसके विरोधी तत्त्वों, मान्यताओं तथा आचरण का डटकर विरोध किया है। खुले ढंग से प्रखर शब्दों में ऐसे आचरण करनेवालों की निन्दा की है। अपने व्यक्तित्व में अलग होकर भी कबीर अपने युग के व्यापक सांस्कृतिक—भक्ति की साधना—आन्दोलन के साथ उसके प्रभावी कवि रहे हैं। वस्तुतः इस आन्दोलन की भूमिका पर तत्कालीन समाज ने पुनः अपने जीवन के मूल्यों के आधार का अनुसन्धान किया और जीने की वास्तविक आस्था पायी। भक्ति-आन्दोलन में मानव-धर्म की मान्यता तथा उसके स्वीकार की मूल-धारा को देख सकते हैं। मध्य-युग के आचार्यों, साधकों तथा सूफी सन्तों की मूल दृष्टि व्यापक मानवीय मूल्यों की भूमिका अथवा भूमिकाओं की अवश्य रही है। परन्तु इस आन्दोलन के साथ हमारे कवियों में इस भूमिका को स्वीकार तथा उसके मूल्यों की अभिव्यक्ति का रचनात्मक स्तर लक्षित किया जा सकता है और कबीर रचनात्मक स्तर पर क्रियाशील रहकर इनके प्रबल समर्थक के रूप में देखे जा सकते हैं।

(1 : 11) हम देखते हैं कि मानवीय मूल्यों की भूमिका को साधना के क्षेत्र में प्रतिष्ठित करने के लिए प्रेम भाव को मध्य-युग में स्वीकार किया गया है। इस प्रकार समाज को धारण करने का प्रयत्न वैष्णव आचार्यों ने किया, जिसमें भक्तिपरक साधना-क्षेत्र के महापुरुषों-साधकों का महत्त्वपूर्ण योग रहा है। इस धारा के साथ व्यक्तिगत भावमूला साधना को स्वीकार करनेवाले सूफी साधकों का भी योग रहा है। ज्ञान-योग-भक्ति के समन्वित स्रोत से अपनी साधना में परम तत्त्व के रूप में प्रेम को उपलब्ध करनेवाले सन्तों की स्थिति है। वस्तुतः इस साधना में जीवन के स्तर की मूल्य-प्रक्रियाओं के आधार पर ऊँची भूमिकाओं पर पहुँचने की स्थिति स्वीकार की गयी है। तात्त्विक चिन्तन की दृष्टि से भले ही इन विभिन्न आचार्यों एवं साधकों में अन्तर हो, कोई जगत् को माया मानता हो या अंशतः सत्य। किसी साधना-पद्धति

में परम तत्त्व को अद्वैत रूप में मान्यता हो अथवा विशिष्टाद्वैत, शुद्धाद्वैत आदि के रूप में स्वीकृति हो या अपने आराध्य को साकार रूप में माना गया हो। परन्तु जब प्रेम-तत्त्व को साधना का रूप मान लिया गया हो, मानवीय जीवन और उसके भाव-जगत् का समावेश उसके अन्तर्गत हो जाता है। प्रेम-साधना के इस स्तर पर भक्ति के रूप में परम सत्ता को आराध्य स्वीकारना होता है और इस आलम्बन को विविध सम्बन्धों में कल्पित करके इस भाव को जीवन के कई आयामों में नियोजित किया जाता है, और इस स्थिति में मानवीय मूल्य-प्रक्रिया के आधार को त्यागा नहीं जा सकता। कबीर जैसे कवि ने इस प्रकार मध्य-युग के समाज के लिए जीवन के स्तर पर इस भूमिका से जुड़ने की कल्पना प्रस्तुत की है। मानवीय प्रेम, करुणा, सहानुभूति, दया, उपकार, अहिंसा जैसे मूल्यों की व्यापक आधार-भूमि से मनुष्य ईश्वरीय प्रेम की ओर उन्मुख होता है, साधना के मार्ग पर बढ़ पाता है। इन मूल्यों की आधार-भूमि पर चलने के लिए माया, मोह, अहंकार, स्वार्थ, मद, मोह, मत्सर, हिंसा आदि मूल्यविरोधी प्रवृत्तियों से मुक्त होने की अनिवार्यता को भी प्रतिपादित किया गया। मध्ययुग के इस व्यापक आन्दोलन में विभिन्न मतों और सम्प्रदायों की मूल्य-सम्बन्धी भेद-भावना और नैतिक मानदण्डों के प्रत्यक्ष अन्तर धारा के प्रवाह में मिट गये थे या बहुत सीमा तक मूलधारा में समाहित हो गये थे। दर्शन के सिद्धान्तों, साधना के रूपों की व्याख्या एवं स्थापना मूल्यों की स्वीकृतियों एवं मान्यताओं में इसे लक्षित किया जा सकता है। इस स्तर पर तथा दिशा में इन सारे मतवादों, सिद्धान्तों तथा सम्प्रदायों के केन्द्र में मूल मानवीय धर्म का स्वीकार रहा है। यहाँ हम देखते हैं कि यह स्वीकार हमारे भिन्न भक्ति-परम्परा के कवियों में अलग रूपों में पाया जाता है। कबीर सामंजस्य के मार्ग के रचनाकार अथवा साधक नहीं हैं। वह जिस प्रकार साधना-मार्ग पर प्रेम के सहारे एकाकी बढ़ते जाने की बात कहते हैं, उसी प्रकार सभी प्रकार के कर्मकाण्डों, बाह्यापचार, व्रत-पूजा आदि का खुले ढंग से विरोध करते हैं। प्रखर स्वर में वह सामाजिक जीवन और व्यक्ति के आचरण के दुर्गुणों, आचरणहीनताओं, मूल्यहीनता की आलोचना करते हैं। साथ ही व्यापक मूल्यों के स्वीकार का उद्घोष भी उसी प्रकार वह मुक्त भाव से करते हैं। संसार में युग-युग में महान् व्यक्तित्वों ने धर्म की मूल्यपरक ऊँची भूमिका को प्रतिष्ठित व्याख्यायित किया, मनुष्य के विकास का मार्ग प्रशस्त किया, पर हर बार इन सारे मूल्यों की प्रस्तुत भूमिकाओं को साम्प्रदायिक कर्मकाण्डों, पूजा-पद्धतियों तथा व्यक्ति-पूजा में तिरोहित होते देखा गया है। कबीर ऐसे ही महान् व्यक्तित्वों में हैं जिसको इसका बोध रहा है, और उन्होंने अपनी रचनाशीलता के स्तर पर मूल्यों की अभिव्यक्ति की है, उसके लिए उचित एवं सम्यक् भूमिका प्रस्तुत करने के साथ। यह कवि व्यक्तित्व सत्य और मानवमूल्यों को आच्छादित करनेवाले तत्त्वों का पूरा उद्घाटन भी करता है।

(1 : 12) भक्तिकाल के श्रेष्ठ कवि अपने युग के आन्दोलन से जुड़े थे और साधक भी थे। उनको मुख्यतः रचनाकार स्वीकार करने के पीछे चिन्तन की स्पष्ट पद्धति है। प्रायः रचनाकार के रूप में उन पर विचार करने के क्रम में साहित्य के आलोचक इस स्थापना से शुरू करते हैं कि ये भक्ति-मार्ग के महनीय साधक हैं, जिन्होंने अपनी भक्ति-भावना की काव्य-रूप में अभिव्यक्ति दी है। जैसा हम देखते हैं, कबीर को लेकर यह भ्रम सबसे अधिक रहा है, उनको भक्त-साधक के साथ सुधारक, विद्रोही और उपदेशक के रूप में

अत्यधिक महत्त्व दिया गया है। परिणामस्वरूप उनके कवि-व्यक्तित्व को समझने तथा रचना-कर्म की विशिष्टता-महत्ता की व्याख्या में बहुत बड़ी चूक हुई है। साहित्य, विशेषकर काव्य के बारे में दो स्पष्टतः अलग मत प्रचलित रहे हैं। एक के अनुसार काव्य और कला का क्षेत्र मुख्यतः सौन्दर्य-सृष्टि का है और इस स्तर पर उनकी रचनात्मक अभिव्यक्ति मूल्य-निरपेक्ष होती है। दूसरे के अनुसार सामाजिक जीवन को मूल्यों के स्तर पर प्रभावित-प्रेरित करने की रचनात्मक क्षमता महत्त्वपूर्ण है, उसके अभाव में सौन्दर्य की व्यंजना का महत्त्व कम हो जाता है। वस्तुतः इन दोनों चिन्तन-पद्धतियों में इस केन्द्रीय बात को ध्यान में नहीं रखा गया है कि काव्य भाषिक अभिव्यक्ति है और वह रचनात्मक रूप-विधान की होती है। भाषा मानवीय जीवन के भिन्न स्तरों पर तथा विविध रूपों के भावों-अनुभावों का विधान है। इस प्रकार भाषिक अभिव्यक्ति रूप काव्य समाज की सांस्कृतिक रचनाशीलता ही है, अतः संस्कृति की मूल्य-प्रक्रिया से अलग करके उस पर विचार नहीं किया जा सकता। दूसरी ओर रचनात्मक अभिव्यक्ति में मूल्यों को स्थापनाओं तथा मान्यताओं के रूप में नहीं माना जा सकता, क्योंकि इस रूप में उनकी गत्यात्मक रचनाशीलता बाधित होगी। हम देखते हैं कि मानवीय इतिहास के क्रम में सांस्कृतिक संचरण में मूल्यों की इस रचनाशीलता के आधार पर ही युगों के महत्त्व की स्वीकारा जाता है। हर समाज की संस्कृति का एक स्तर रचनात्मक होता है, इस स्तर पर काव्य में मूल्य अनुभव रूप में व्यंजित होते हैं। विशेष महत्त्व की बात है कि यह मूल्य का अनुभव सन्दर्भ उसे सार्वभौम एवं शाश्वत स्वीकृति प्रदान करता है। संस्कृति के इस व्यापक मूल्य-बोध को कवि-कलाकार जिस प्रकार ग्रहण करता है, अभिव्यक्ति देता है, वह जीवन की सामान्य अनुभव प्रक्रिया से भिन्न है। इस विशिष्टता को ग्रहण करने तथा व्याख्यायित करने का एक आधार कवि का रचनाकार व्यक्तित्व भी है। उसके जीवन के ऐसे जीवन-सन्दर्भ ही महत्त्व के होते हैं, जिनके माध्यम से कवि के व्यक्तित्व में रचनाकार की स्वच्छन्दता, मुक्ति तथा परिवेश से ऊपर उठने की क्षमता को व्याख्यायित किया जा सके। इसी स्तर पर कबीर जैसे व्यक्तित्व में विशेष सामाजिक-धार्मिक मूल्यों, मान्यताओं से ऊपर उठकर व्यापक मानवीय स्तर के सांस्कृतिक मूल्यों की अभिव्यक्ति की रचनात्मक क्षमता होती है। इस स्तर पर मूल्यों को अभिव्यक्त करने की क्षमता-युग के महान् रचनाकार में ही होती है। युग के समाज के सदस्य के रूप में कवि प्रायः सामान्य रूप से स्वीकृत तथा परम्परित मान्यताओं के बीच चलता है, पर युग की ऐसी प्रतिभाएँ भी होती हैं, जिनके व्यक्तित्व में विद्रोह की भावना रचनात्मक क्षमता में निहित होती है। कबीर जैसे कवि के व्यक्तित्व के इस आयाम को उसकी रचना-प्रक्रिया से अलग नहीं किया जा सकता। यह अवश्य है कि कवि के व्यावहारिक व्यक्तित्व को उसके रचनात्मक व्यक्तित्व से अलग नहीं किया जा सकता, जिस प्रकार युग तथा समाज के विशेष मूल्यों को व्यापक मूल्यों से अलग नहीं कर सकते, स्तर विशेष पर—रचना के स्तर पर—सम्पृक्त भी होते हैं। कबीर के काव्य में युग-परिवेश से मानवीय मूल्यों की अभिव्यक्ति की प्रक्रिया को हम गतिशील देखते हैं।

(1 : 13) विभिन्न युगों में ऐसे दार्शनिक एवं सामाजिक क्षेत्र के महापुरुष जन्म लेते हैं, जो अपने युग-समाज की जड़ताओं, कुण्ठाओं, रीतियों तथा अन्धविश्वासों के विरुद्ध सही दृष्टि तथा दिशा देने का प्रयत्न करते हैं। इस मार्ग-दर्शन में इन अस्वीकारों के साथ समाज

के जीवन को स्वस्थ तथा गतिशील करने के लिए स्वीकारों, मान्यताओं, विचारों एवं सिद्धान्तों का प्रवर्तन-प्रतिपादन होता है। समाज को गतिशील करने में जिस अंश तक जीवन को अवरुद्ध एवं कुण्ठित स्थिति से मुक्त किया जाता है उस सीमा तक प्रगति की दिशा में व्यापक मूल्यों को व्यंजित करना और रचनात्मक अनुभव से जोड़ना सम्भव होता है। परन्तु यह देखा जाता है, कि प्रवर्तन, विवेचन, प्रतिपादन, प्रचलन के माध्यम से मूल्यों को नया सन्दर्भ, रूप-विधान तथा गति मिल तो जाती है, पर मत और मान्यताओं में इन भावों एवं अनुभव सन्दर्भों के जुड़े रहने तक उनमें गतिशीलता रहती है और उसके लिए किसी-न-किसी स्तर पर उन्हें रचनाशील भाव-व्यंजना से जुड़े रखना अपेक्षित है। यहाँ हमारे मध्य-युग के कवियों की स्थिति भिन्न है। अपने युग के महापुरुषों के समान अथवा उनके साथ इन्होंने युग की परिस्थिति का अनुभव किया। उनका यह युगबोध आचार्यों के समान तार्किक चिन्तन या मान्यताओं-स्थापनाओं के पक्ष-विपक्ष सम्बन्धी ऊहापोह पर निर्भर नहीं है। अपने जीवन के स्तर पर वे युग-धारा के प्रवाह का अनुभव करते हैं, इस प्रकार उनको पूरी परिस्थिति का बोध हुआ है। इसमें मूल्यहीनताओं तथा विसंगतियों का एहसास निहित है। अपने युग के महापुरुषों, अपने आचार्यों से प्राप्त दिशा और दृष्टि उनके लिए मार्ग का संकेत से अधिक नहीं है, क्योंकि कवि युग-जीवन से पूरी तरह सम्पृक्त हुए बिना इस स्थिति को ग्रहण नहीं कर सकता। हम निरन्तर कबीर जैसे कवि को विचारों, मतों और मूल्यों को पूरे परिवेश के बीच से रचनात्मक अभिव्यक्ति के स्तर पर प्रतिपादित करते पाते हैं। वह मत या सिद्धान्त के प्रचारक नहीं हैं। इसलिए उनके व्यक्तित्व को निरूपित-व्याख्यायित करने के क्रम में देखना है कि उनका जीवन-क्रम, युग-सन्दर्भ तथा सामाजिक परिवेश में किस प्रकार बीता है। प्रतिक्रियाशील होने के साथ उनके व्यवहार एवं आचरण में सामान्य से भिन्न पक्ष तथा विशेषताएँ किस रूप में लक्षित हुई हैं। कबीर जैसे कवि के निर्द्वन्द्व स्वतन्त्र एवं फक्कड़ व्यक्तित्व से उनकी रचनात्मक दृष्टि एवं प्रक्रिया का अन्तर्सम्बन्ध स्थापित करना भी अपेक्षित होगा। हम देखते हैं, कबीर जुलाहे के ताने-बाने, चर्खा-कर्था के काम में संलग्न रहे हैं, और उसके साथ ज्ञान-योग-भक्ति के साधना-मार्ग की रचनात्मक अभिव्यक्ति करने में संलग्न हैं। एक ओर योग की प्रक्रियाओं में चित्तवृत्ति के निरोध द्वारा मन को अनुशासित करके और दूसरी ओर ज्ञान की ऊँची भूमिकाओं पर संसार के जीवन तथा उसके सारे सम्बन्धों से अलग होकर आत्मा-परमात्मा के मिलन, एकमेव होने की साधना है, जिसमें कबीर का परिचय है। पर हम देखते हैं कि इस अनुभव के स्तर पर विचारण करने में सक्षम होने पर भी कबीर भक्ति-मार्ग के प्रेम तत्त्व को स्वीकारते हैं और अपने प्रेमपरक अनुभव को मानवीय सम्बन्धों तथा उनकी भावनात्मक प्रक्रिया में अभिव्यक्ति देते हैं। इस प्रक्रिया की दिशा तथा उसका लक्ष्य जीवन के स्तर से ऊँचा उठकर उससे मुक्त होकर अपने आराध्य के साथ एकमेक होने का है। इस भावमूला साधना की भूमिकाओं में मानवीय अनुभवों का अतिक्रम अलौकिक परम अनुभव में होता है, जिसे कवि रूप साधक काव्य के लोकोत्तर अनुभव में व्यंजित करने का प्रयत्न कर रहा है। कबीर इस स्तर पर सक्षम कवि-रचनाकार है। यहाँ स्पष्टतः देखा जा सकता है कि साधक अपनी भावमयी साधना के अलौकिक अनुभव को अभिव्यक्त करने की इच्छा नहीं रखता, वह उस भूमिका पर संचरण करता है। पर हमारे साधक कवि की प्रतिभा तथा भावना से अपने इस अलौकिक अनुभव को काव्य की लोकोत्तर भावाभिव्यक्ति प्रदान करते हैं।

(1 : 14) भक्त कवियों ने अपने काव्य में भक्ति-भावना की साधना की भूमिकाओं को अभिव्यक्त किया है। उनके काव्य में इन भूमिकाओं को मानवीय भाव-जगत् के स्तर पर व्यंजित करना सम्भव हुआ है। इसके अतिरिक्त काव्य में इसका विकल्प क्या हो सकता है? अनुभव तथा भावों के जीवन का अतिक्रमण करनेवाली भूमिका पर रमनेवाला साधक परम तत्त्व से समभाव एकरस होकर आत्माराम में लीन रहता है। उसे सहभागी होने की चेतना नहीं रहती, वह तो जीवन का लौकिक स्तर है। साधक की भूमिका अपने लोकोत्तर अलौकिक अनुभव की होती है, जहाँ सहयोगी होने का द्वैत भाव अपेक्षित नहीं है। पर जैसा कहा गया है, हमारे भक्त कवि रचनाकार हैं, उनमें अपनी साधना की उच्च भूमिका के लोकोत्तर अनुभव की अभिव्यक्ति की कामना है। इसके लिए भाव-जगत् और जीवन के अनुभवों के स्तर पर भाषिक अभिव्यक्ति करने की उनकी विवशता है। जैसा कहा गया है, साधक की भूमिका को हमारे भक्त-कवि काव्यानुभव के लोकोत्तर में व्यंजित करने में अभिव्यक्ति की सघनता, सूक्ष्मता और व्यापकता का आश्रय लेते हैं। इस अभिव्यक्ति के स्तर पर वह लोकोत्तर अनुभव की भूमिकाओं पर संचरण करने में समर्थ होता है। उनकी यह क्षमता कवि प्रतिभा के रूप में लक्षित होती है। उनके रचनात्मक स्तर अथवा उनकी काव्य-प्रतिभा से यह स्पष्ट होता है कि उनमें मानवीय जीवन में अनुभव-जगत् और उसकी भावनाओं एवं संवेदनाओं को अभिव्यक्त करने की ऐसी क्षमता है, जिससे साधना की लोकोत्तर भूमियों की व्यंजनाएँ सम्भव हो सकें। लेकिन इसके आधार पर उनकी साधनात्मक भूमिका को समझना सम्भव नहीं है। भाषिक रचनात्मक अभिव्यक्ति के आयाम में साधारण जीवन के समग्र भावों-अनुभावों को तटस्थ लोकाविशिष्ट (काव्यशास्त्र में लोकोत्तर) रूप में ग्रहण किया गया है। इस आयाम पर अभिव्यक्त भावजगत् विशिष्ट होकर भी जीवन की भूमिका पर आधारित है और उसकी प्रक्रिया में हमारा व्यवहार का संसार अन्तर्निहित रहता है, और वही रूपनिविष्ट होकर काव्य के संसार को अभिव्यक्त करता है। यह सारा रूपान्तरण सजग है और भाषिक रूप में जीवन से सम्पृक्त है। इस दृष्टि से कवि के रूप में भक्त को अपनी भावात्मक साधना के अनुभवों को अभिव्यक्त करने की प्रेरणा मिली है, वह जीवन के भाव-जगत् के केन्द्रीय प्रेम-तत्त्व से साधना की उच्च भूमिकाओं में प्रवेश करता है। यहाँ जीवन के लौकिक अनुभव-जगत् का अतिक्रमण अलौकिक प्रेम में माना गया है, जैसा कहा गया है कि काव्य में विशिष्ट के अर्थ में लोकोत्तर भावभूमि का आविष्कार होता है। इस प्रकार एक सीमा तक काव्य की भाव-व्यंजना साधक की भाव-भूमियों की सांकेतिक व्यंजना करने में सहायक होती है। पर दोनों में मौलिक अन्तर है। काव्य लोक-भूमि से सम्पृक्त रह कर लोकोत्तर अनुभवों की रचना करता है, जबकि साधना की भूमिकाओं में लोक का अतिक्रमण कर नया तथा अलौकिक अनुभव-संसार उद्घाटित होता है। कबीर की काव्य-प्रतिभा और रचनात्मक क्षमता को इस स्तर पर देखा जा सकता है। कबीर परात्पर ब्रह्म तत्त्व, जिसे वह द्वैताद्वैत से परे कहते हैं, के गहन अनुभव को प्रेम की जिस व्यापक भाव-व्यंजना में अभिव्यक्ति देते हैं, उसमें ऐसे उपमानों, रूपकों, मिथकों, उलटवाँसियों, प्रतीकों का प्रयोग किया गया है, जो निरन्तर सांकेतिक रूप में उस आध्यात्मिक भूमिका की ओर सामाजिक को उन्मुख करते हैं।

(1 : 15) रचनाकार अपनी प्रतिभा और व्यापक दृष्टि से मानवीय जीवन को अभिव्यक्ति देता है और जो कवि जितनी ऊँची भूमिका पर रचनाशील होने में समर्थ होता

है, वह उसी सीमा तक अपने युग-जीवन के मूल्यों को अधिक व्यापक स्तर पर अभिव्यक्त करने में सक्षम होता है। कबीर ऐसे ही कवि हैं, जिन्होंने अपने युग की पूरी परिस्थिति के बीच मनुष्य को उसके व्यापक मूल्यों के आधार पर प्रतिष्ठित करना चाहा है। अन्य समकालीन भक्त कवियों के समान वह भी गुरु के स्वीकार को महत्त्व देते हैं, गुरुगोविन्द को अभेद रूप में देखते हैं। उनका गुरु जो भी रहा हो, पर उनका गुरु किसी सम्प्रदाय से नहीं जुड़ता-बँधता है। इस प्रकार उनको सम्प्रदाय के विधान तथा उसकी पद्धतियों-रीतियों के परे रहकर मूल भाव तत्त्व को अभिव्यक्त करने की स्वतन्त्रता रही है। उनकी रचना-दृष्टि उनसे सीमित न होकर व्यापक भाव-जगत् तथा उसकी मूल्य-प्रक्रिया पर निरन्तर रही है। वस्तुतः रचनात्मक प्रतिभा बहुत सीमा तक मुक्त होती है और इस प्रकार वह जीवन के अनुभवों के संयोजन में उदात्त भूमिका पर रूप-विधान करता है। इस स्तर पर मत तथा सम्प्रदाय की रीतियों, परम्पराओं तथा रूढ़ियों का अतिक्रमण सहज है। अन्य भक्त कवियों की प्रतिज्ञा आचार्य को स्वीकार रही है, पर उन्होंने आचार्य के मूल भाव का रचना के स्तर पर आविष्कार किया है। कबीर की गुरु की परिकल्पना ही व्यक्तिनिष्ठ न होकर आत्मपरक है, इस कारण मत सम्प्रदाय की व्यवस्था के परे अनुभव के विविध स्तरों को संयोजित करना उनके लिए सहज रहा है। सभी कवियों का भक्ति-युग में समान स्तर नहीं रहा है, सांस्कृतिक प्रक्रिया के विभिन्न स्तरों पर उनकी रचनाशीलता सामाजिक स्थिति तथा परिवेश में क्रियाशील देखी जाती है। कवि संस्कारगत सीमा का अतिक्रमण अपना अनुभव प्रक्रिया में वस्तुतः अपने जीवन की मूल्य-मान्यताओं के बीच संवेदनशील होकर ही करता है। इस दृष्टि से कबीर का परिवेश अन्य कवियों से अलग पड़ता है, वरन् अपनी विशेषता रखता है। जैसा हम देखेंगे, समाज से उनकी प्रतिक्रिया, जुलाहा जाति में उनका स्थान और उससे उनका सम्बन्ध, उस समय विभिन्न धर्मों (मजहबों), सम्प्रदायों, वर्गों के बीच उनकी स्थिति आदि का उनके व्यक्तित्व के निर्माण में महत्त्व रहा है। जिन पण्डितों, मुल्लाओं, शास्त्रियों, पौराणिकों, पुरोहितों को सम्बोधित करते हैं, प्रचारित करते हैं और जिनकी आलोचना तथा हँसी करते हैं, उन सबके बीच ही कबीर की वाणी की प्रखरता, व्यंग्य-शैली, व्यंजकता उजागर होती है। फिर जब कवि अपने युग के समाज की विकृतियों, विडम्बनाओं, आडम्बरों, अन्ध-विश्वासों को उनके सामाजिक सन्दर्भों में अभिव्यक्त करता है, उसकी रचनात्मक क्षमता व्यक्त होती है। उसके साथ वह मानव-समाज के व्यापक मूल्यों की भूमिका प्रस्तुत करता है, जिसमें रचनाकार की दृष्टि प्रभाव के साथ अभिव्यक्ति ग्रहण करना है। इस भूमिका पर कबीर अपनी आध्यात्मिक साधना की ऊँचाइयों की अभिव्यक्ति कर रहे हैं, जिस रचना-प्रक्रिया में अनुभव के विभिन्न आयामों को व्यंजित करने के विभिन्न विधानों का उपयोग किया गया है। स्मरण रखना है कि काव्य की इस अनुभव-प्रक्रिया में यह अतिक्रमण कवि अपने जीवन में व्यक्तित्व के स्तर पर मूल्य-मान्यताओं के बीच संवेदनशील होकर ही करता है। कबीर की भाषा, शैली और भाव-व्यंजना का रूपक-विधान सभी उनके व्यक्तित्व में प्रतिफलित देखा जा सकता है। उन्होंने अपनी मानवीय आस्था एवं व्यापक मानवीय साक्ष्य के आधार पर सांस्कृतिक व्यापक मूल्यों की प्रतिष्ठा की है।

(1 : 16) कबीर के चिन्तन के सन्दर्भ को समझने के लिए योगियों से उनका सम्बन्ध जानना अपेक्षित है। उन्होंने अपने को जुलाहा-अथवा कभी-कभी कोरी कहा है। वे वयनजीवी जातियाँ हैं। यह ऊहापोह अधिक महत्त्व का नहीं कि ये दोनों अलग या एक ही जाति के हिन्दू तथा मुसलमान धर्म माननेवाले हैं। हजारीप्रसाद द्विवेदी ने कहा है कि उस युग तक यह स्पष्ट नहीं था। दोनों हिन्दू समूह के अन्तर्गत आनेवाली समान स्तर की जातियाँ हो सकती हैं। महत्त्व की बात है कि योगियों का नाथ-पन्थ से सम्बन्ध; क्योंकि इस प्रकार उनके परम्परा में समझा जा सकता है। द्विवेदी जी ने उनकी विशेषताओं में माना है कि उनमें वयनजीवी जाति के लोगों का महत्त्वपूर्ण स्थान रहा है, जो आश्रम-भ्रष्ट घरवारी योगियों की जाति रही है। ये नाथपन्थी कपड़ा बुनकर, सूत कात कर अथवा गोरख अथवा भरथरी के गीत गाकर जीविका चलाते थे। पन्थ के प्रभाव में इनकी उपासना निराकार भाव की रही है। ये जाति-प्रथा और ब्राह्मण-श्रेष्ठता को अस्वीकार करते तथा अवतारवाद में आस्थावान् नहीं थे। हिन्दू-समाज में अपनी नीची स्थिति के प्रति इनमें विरोध भाव रहा है। इस आधार पर विचार करने से कबीर के जीवन के साथ उनकी दार्शनिक तथा साधना की परम्परा पर अच्छा प्रकाश पड़ता है। परन्तु इसका अर्थ यह नहीं है कि वह योगमत के थे और उनकी दार्शनिक तथा साधना की पद्धति इस पन्थ से ली गयी है। इस परम्परा से जुड़ने के कारण उनकी तर्कशैली, कथन की भंगिमा और भाषिक अभिव्यक्ति के रूप-विधान पर इस मत का प्रभाव देखा जा सकता है। उनकी कथन-शैली की विशेषता पर दृष्टि रखने पर उनके तर्क को तथा विषय-प्रतिपादन की दृष्टि को समझना सरल है। वह अपने सम्बोधनों में अपनी शैली तथा दृष्टि दोनों का समाहार करते चले हैं। वह 'अवधूत', पाण्डे (पण्डित), मुल्ला-काजी के सम्बोधनों के माध्यम से उनके स्तर पर उनकी भाषा में उनके मत का विरोध तथा खण्डन करते हैं। सन्तों के साथ अपने को स्वीकार उनको सम्बोधित कर वह अपना मत और भाव प्रकट करते हैं। पर यहाँ यह भी समझना चाहिए कि कबीर अवधूत के प्रति निकटता का भाव रखते हैं, इस स्तर पर वह उपदेश देने के साथ उसके प्रति सम्मान भाव भी कभी-कभी प्रकट करते देखे जाते हैं। इससे यह अनुमान लगाया जा सकता है कि उनको इस परम्परा से अपने परिवेशगत सम्बन्ध का बोध निरन्तर है। यही कारण है कि उससे वह सन्ध्या भाषा अथवा उलटवाँसियों में बात करते दिखायी पड़ते हैं। इस निकटता के साथ वह उनकी साधना-पद्धति की निरर्थकता को भी कह देते हैं। निश्चय ही कबीर के पदों की अभिव्यक्ति के आधार पर कहा जा सकता है कि यह 'अवधूत' या 'अवधू' शब्द सहजयान, वज्रयान जैसे बौद्ध तान्त्रिक मतों में 'अवधूती वृत्ति' नामक योग-वृत्ति के रूप में उल्लिखित है। तान्त्रिक साधना में और योगियों में यह शब्द प्रचलित रहा है। आगे सिद्धों में सहजावस्था की साधना मिलती है और कबीर की वाणियों में इस सहज-साधना की चर्चा है। जैसा आगे देखेंगे कबीर ने इस परम्परा में सहज-साधना को भी जाना-समझा है, पर उसे अपने अनुभव की साधना में नये रूप में स्वीकार किया है। यह स्पष्ट है कि इस परम्परा को उन्होंने नाथ-परम्परा से ग्रहण किया है। तान्त्रिक परम्परा में अवधूत की परिकल्पना क्रमशः श्मशान सेवी कापालिक की हो गयी है, जिससे कबीर के सम्बोधित 'अवधू' का सम्बन्ध किसी प्रकार नहीं जुड़ता। 'निर्वाण-तन्त्र' जैसे ग्रन्थ से उनके 'हंस' के प्रयोग को नहीं समझा जा सकता, वह तो 'हंस'

या 'पक्षी' का प्रयोग निरन्तर शुद्ध-मुक्त आत्मा के लिए करते हैं। उनका 'जगये न्यारा' योगी गोरख-पन्थ का सिद्ध योगी है, उसके स्वरूप-वर्णन से भी लगता है कि ये लक्षण गोरखपन्थी योगियों के हैं। वह कान में कुण्डल पहनता है, जिसे 'मुद्रा' या 'सीगी' कहते हैं। नाद कहलानेवाली दो-तीन अंगुल की काली सींग की छोटी सीटी गले में धारण करते हैं। यह 'नाद' (शृंगोनाद) सेली नामक काले ऊनी धागों में गुँथा होता है। उनके हाथ में नारियल का खप्पर होता है और ये लोग गेरुआ वस्त्र तथा जटाजूट धारण करते हैं। शरीर पर भभूत और ललाट पर त्रिपुण्ड धारण करनेवाले ऐसे योगियों को लक्ष्य करके कबीर योगी के बाह्य-वेष को व्यर्थ बताते हैं और बाह्य कष्ट साधनाओं की अपेक्षा आन्तरिक साधना को ही सच्चा कहते हैं (क. ग्र. पद 207)।

(1 : 17) हम देखते हैं, कबीर ने इस परम्परा में गोरखनाथ के योगमार्ग से प्रभाव ग्रहण किया है। परन्तु उनकी साधना में भक्ति का प्रेम तत्त्व इस प्रकार समाहित है कि योग की यम-नियम-आसन-ध्यान-धारणा के क्रम से विकसित होनेवाली साधना का परम लक्ष्य समाधि से कहीं अलग और विशिष्ट हो गया है। 'गोरक्ष सिद्धान्त' में अवधूत के योगी रूप का वर्णन करते हुए कहा गया है कि उसके वाक्य-वाक्य में वेद निवास करता है, पद-पद पर तीर्थ बसते हैं, प्रत्येक दृष्टि में कैवल्य या मोक्ष है, जिसके एक हाथ में त्याग और दूसरे में भोग है, फिर भी जो त्याग तथा भोग दोनों में अलिप्त है, निश्चय कबीर की साधक की परिकल्पना इससे भिन्न नहीं है। नाथ-पन्थ में वर्णाश्रम स्वीकार नहीं है, वर्ण और आश्रम गुणमूलक मान लेने पर भी, जैसा गीता में गुण-कर्म का आधार बताया गया है, उन्हें साधन में अस्वीकार करते हैं। क्योंकि गुणमूलक अभिमान के रहते आध्यात्मिक पथ पर आगे नहीं बढ़ा जा सकता, ब्रह्मानुभव सम्भव नहीं है। कबीर इसके आगे जाकर भक्ति-साधना में इन्हें निरर्थक तथा बाधक मानते हैं, उनकी दृष्टि में मनुष्य की समानता आत्मा और ब्रह्मात्मा के रूप में स्वयंसिद्ध है। इसी प्रकार नाथ-पन्थ में अवधूत के परम पुरुषार्थ रूप मुक्ति को द्वैत एवं अद्वैत के द्वन्द्व से परे माना है। यहाँ कबीर द्वारा ब्रह्म तत्त्व का द्वैताद्वैतविलक्षण तत्त्व रूप में स्वीकार यहीं से ग्रहण किया गया है। यह विलक्षण समतत्त्ववाद है। इसलिए उसका वर्णन निषेध रूप में करना पड़ा है और समस्त ज्ञेय वस्तुओं, शक्तियों, तत्त्वों को अस्वीकार करते हुए कहना होता है कि इन सबसे विलक्षण स्वयं प्रकाशित सत्य रूप है। वेदान्त, सांख्य, मीमांसा, बौद्ध-जैन दर्शनों तथा सिद्धान्तों से अपना अलगाव करके अपना मत तथा सिद्धान्त कहने की शैली नाथों से कबीर ने पायी है। अगर नाथ योगी समस्त वेदों के मूल सत्य ओंकार को मानता है, तो कबीर सूक्ष्म वेद की कल्पना करते हैं, इस ओंकार को जानना पराशक्ति को जानना है। पुस्तकीय ज्ञान का अस्वीकार भी कबीर ने नाम-परम्परा से पाया है, पोथी पढ़-पढ़ कर मरनेवाले को राम का परिचय नहीं होता। वस्तुतः यह परम्परा पुरानी है, सहजयानियों ने ऐसा ही कहा है। गोरखपन्थी पुस्तकों का बोझ ढोनेवाले के निरर्थक प्रयत्न की चर्चा करते हैं और ब्रह्मज्ञान के लिए उसे उसी प्रकार उपयोगी नहीं मानते जैसे ज्ञान-चर्चा तथा तपस्या को। फिर भी कबीर की दृष्टि और साधना इस परम्परा से अलग है, क्योंकि वह निरन्तर जीवन के परे के तत्त्व की साधना की ओर उन्मुख होकर उसे व्यावहारिक स्तर

पर और मूल्यों की भूमिका पर स्वीकार करते हैं। पर उनको उस परम्परा का ज्ञान है और उसका निरन्तर उपयोग करते देखे जाते हैं। योगियों के मत में योगशास्त्र तथा तन्त्रशास्त्र की स्वीकृति है। कबीर पन्थ के सत्यपुरुष तन्त्र के निर्गुण शिव के समान, सगुण शिव निरंजन पुरुष के समान है। शक्ति को आद्याशक्ति, नाद को स्वयंवेद्य यानी 'निर्मलवेद' और बिन्दु को उसका क्रिया रूप माना है। ध्यान देने की बात है कि इस प्रकार की समानताएँ और कबीर के द्वारा परम्परा का उल्लेख इस स्तर पर अथवा रूप में नहीं हैं जिनके माध्यम से उनके विचार अथवा उनकी साधना को सीधे रूप में समझा जा सके। हम देखेंगे कि उनका रीतियों, विश्वासों, मान्यताओं का अस्वीकार इस परम्परा के समान स्तर का नहीं है, क्योंकि वह निरन्तर अन्ध, जड़, रूढ़ के विरुद्ध है। पर अपने समाज के प्रति, उसकी मूल्यपरक मान्यताओं के प्रति सजग हैं, उनकी प्रतिष्ठा की प्रेरणा देनेवाले हैं। इसी प्रकार उनकी साधना प्रेमपरक है, इस कारण योग-तन्त्र के विपरीत मानवीय भाव-बोध और उस पर विकसित होनेवाले मूल्यबोध पर प्रतिष्ठित है। उनका प्रेम तत्त्व असीम और परात्पर अनुभव में विकसित-व्यंजित होता है, पर आधारित मानव-मूल्यों पर ही है।

(1 : 18) कबीर ने परम तत्त्व की परिकल्पना 'द्वैताद्वैतविलक्षण' नाथ-परम्परा ली है, परन्तु इस स्वीकार को शास्त्रीय या साम्प्रदायिक रूप में नहीं माना जा सकता, क्योंकि निरन्तर अपने को इस प्रकार की परम्पराओं से स्वतन्त्र घोषित करते चले हैं। वस्तुतः इसका कारण उनको मुक्त तथा स्वच्छन्द प्रकृति और किसी प्रकार की भी रूढ़ि के प्रति उनका विद्रोह भाव तो है ही, पर जिस रचनात्मक स्तर पर उन्होंने अपने को अभिव्यक्त किया है, उसमें हर स्तर का मूल्य भाव तथा अनुभव के रूप में संवेदित होता है। इस कारण इस स्तर पर परम तत्त्व की विलक्षणता का स्वीकार सहज हो गया है। भारतीय परम्परा में जिस प्रकार धर्म मानवीय जीवन के विभिन्न स्तरों एवं क्षेत्रों के गतिमय मूल्यों के अर्थ में प्रयुक्त हुआ है, उसी प्रकार दर्शन तत्त्व-चिन्तन का वाद रूप नहीं है। उसमें तत्त्व-चिन्तन के अनुभव के आयामों का साक्षात्कार निहित है। तत्त्ववाद के विभिन्न सम्प्रदायों में परम सत्य, जीव एवं जगत् की व्याख्याओं एवं उनके प्रतिपादन के अलग-अलग रूप हो गये हैं, उसका कारण उनकी तार्किक पद्धतियाँ हैं। इनका सबसे अच्छा उदाहरण है, विभिन्न आचार्यों के द्वारा उपनिषदों की अपने-अपने मत के प्रतिपादन की दृष्टि से व्याख्या। भक्ति का प्रवर्तन तथा प्रसार करनेवाले आचार्यों ने उपनिषदों में निहित साक्षात्कार के स्तर के अनुभव की अभिव्यक्ति का विवेचन अपनी-अपनी दृष्टि से तर्क-पद्धति से किया है। इस प्रकार उन्होंने अपने विचार एवं मत के समर्थन की दृष्टि से उपनिषदों की व्याख्या की है। उन्होंने अपने सिद्धान्त के विरोध में आनेवाले उद्धरणों की भी अनुकूल व्याख्या की है। आर. डी. रानाडे ने अपनी पुस्तक 'ए कन्स्ट्रक्टिव सर्वे ऑफ उपनिषदिक फिलासफी में इस प्रश्न पर विचार करते हुए इस तथ्य को स्वीकार किया है कि उपनिषदों में अनुभव के स्तर पर सत्य के भिन्न-भिन्न पक्षों की अभिव्यक्ति मिली है, जो प्रत्यक्षतः विरोधाभासी लगते हैं, पर परम सत्य की समग्रता को इसी प्रकार मानवीय अनुभव के स्तर पर ग्रहण करना सम्भव है। इन आचार्यों ने उपनिषदों की अपनी व्याख्याओं में इनको अपने सिद्धान्तों के अनुरूप स्वीकार किया है। आचार्यों ने अपने मत के समर्थन-प्रतिपादन के आग्रह में उपनिषदों के ऋषियों के अन्तःसाक्षात्कार रूप अनुभव को सही परिप्रेक्ष्य में नहीं ग्रहण किया है। इस प्रकार उन्होंने अनेकानेक प्राचीन ऋषियों के

मानस में उमड़ते हुए अनुभव से उठनेवाले विचारों की विविधता को स्वीकार नहीं किया। इन सभी ऋषियों ने सहज, सरल और सीधे ढंग से आन्तरिक अनुभव के स्तर पर सत्य को कहने का प्रयत्न किया है। ऋषियों ने आत्म-साक्षात्कार के स्तर पर जो परात्पर अनुभव ग्रहण किया है, उसको इस प्रकार अपनी भाषा में व्यक्त किया है। यह तर्क-पद्धति से सत्य के विवेचन का तत्त्ववाद नहीं है। वस्तुतः जैसा निरन्तर वेद उपनिषदों में घोषित किया गया, सत्य के अनुभव को कह पाना, भाषा रूप में, सम्भव नहीं है। कबीर बार-बार यही कहते हैं। यह अवश्य है कि जिन आयामों में यह अनुभव सम्पन्न हुआ है, उसके विभिन्न रूपों का संकेत या व्यंजना ये ऋषि अपनी अभिव्यक्ति में करते हैं। और इन कथनों के रचनात्मक स्तर पर अनेक दृष्टियों एवं परिप्रेक्ष्यों को विवेचित किया जा सका है। इस प्रकार परम सत्य के साक्षात्कार को दर्शन के रूप में अभिव्यक्त करने की प्रक्रिया और तात्त्विक दृष्टि से सत्य को प्रतिपादित करने की सैद्धान्तिक व्याख्या में मूलतः अन्तर देखा जा सकता है। हमारे कवियों ने आचार्यों की दार्शनिक पद्धतियों को वस्तुतः अपने काव्य में अभिव्यक्त करने का उपक्रम किया है, वह तार्किक विवेचन-प्रतिपादन रूप नहीं है। यही कारण है कि आचार्य के मत को स्वीकार करके भी ये कवि अनुभव के स्तर पर सत्य को विभिन्न आयामों में अभिव्यक्त करते हैं। प्रायः इन कवियों पर विचार करनेवाले चिन्तकों ने उनकी रचनाओं में उनके आचार्यों के मत को अभिव्यक्त देखने, प्रतिपादित करने का प्रयत्न किया है। कबीर जैसा कवि जो स्वयं बार-बार घोषित करता है कि ब्रह्म-तत्त्व अद्वैत-द्वैत के परे है, परात्पर विलक्षण ही है, वह भी अपनी काव्याभिव्यक्ति में इस तत्त्व को अनेक रूपों में व्यंजित कर रहा है। वस्तुतः जैसा कहा गया है, कबीर योगपरक साधना की अपेक्षा प्रेम-साधना को सहज स्वीकार कर उसे अभिव्यक्त करने में संलग्न रहे हैं। और इस स्तर पर अपने आराध्य को अनेक रूपों में, गुणों में ग्रहण करना ही होगा।

(1 : 19) परम तत्त्व को प्रतिपादित-व्याख्यायित करने की परम्परा से पहले वेदों तथा उपनिषदों में भिन्न शैलियों में उसके परात्पर भाव तथा अर्थ को ग्रहण करने का उपक्रम चलता रहा है। 'पुरुष सूक्त' में परम तत्त्व के ब्रह्म रूप की परिकल्पना मानी गयी है और 'नारदीय-सूत्र' में परम सत्ता अथवा परमदेव के स्वीकार को अन्तिम परिणति मिली है। इस क्रम में उपनिषदों में ब्रह्म के निर्गुण एवं निराकार स्वरूप की अवधारणा विकसित हुई है, यद्यपि यह चिन्तन-क्रम अनुभव के स्तर पर ही रहा है। इसलिए इस प्रक्रिया में ब्रह्म के किसी निश्चित रूप को प्रतिपादित नहीं किया गया। उपनिषदों में आत्मा के रूप में ब्रह्म का स्वीकार है, इस प्रकार ब्रह्म तथा आत्मा की एकता को यहाँ लक्षित किया गया है। 'ईशोपनिषद्' में इस परम सत्ता को सर्वव्यापी एवं परमात्मा कहा गया तथा आगे के उपनिषदों में इस परिकल्पना को विकसित पाते हैं। 'गीता' में क्षर रूप प्रकृति और अक्षर रूप आत्मा दोनों का अधिष्ठाता परमात्मा का स्वीकार इसी क्रम में है। ब्रह्म जगत् का मूलभूत कारण है तथा आत्मा और ब्रह्म में तात्त्विक दृष्टि से अभेद है। 'छान्दोग्योपनिषद्' की अनादि तत्त्व (सत्) के अस्तित्व की चर्चा में सत् ब्रह्म रूप है और आदि में केवल उसकी सत्ता मानी गयी है। इस प्रकार जगत् का मूल कारण सत् (ब्रह्म) है और उसमें सभी तत्त्वों की उत्पत्ति हुई है। मानव की सत्ता प्राण रूप आत्मा के कारण है और इस प्राण शक्ति का विश्व व्यापक रूप ब्रह्म है। आत्मा भौतिक शरीर की जीवनी शक्ति और ब्रह्म की अनुभवातीत सत्ता भौतिक शरीर की जीवनी शक्ति

(आत्मा) मानी गयी है। इसी प्रकार 'वृहदारण्यक' उपनिषद् में आत्मा को प्रकाश स्वरूप चैतन्य माना गया है, और इस आत्म प्रकाश के कारण ही मनुष्य को चैतन्य स्वीकारा गया है। अतः आत्मा ही परमात्मा है, आत्म ज्ञान ही परमात्म ज्ञान है। इस चिन्तन एवं अनुभव प्रकाश की पृष्ठभूमि पर कबीर जैसे कवि की अभिव्यक्ति को परखना अपेक्षित है। यह भारतीय चिन्तन-मनन की सहज परम्परा हो गयी थी। कबीर अपनी परम्परा में जब सहज और स्वच्छन्द भाव से अनुभव के आधार पर सत्य की अभिव्यक्ति करने में संलग्न हुए थे, तो उनमें इस पृष्ठभूमि को लक्षित करना स्वाभाविक हो जाता है। यही स्थिति माया के बारे में इस कवि की दृष्टि की है। ऋग्वेद के 'नारदीय सूक्त' से पायी जानेवाली माया की परिकल्पना आगे के साहित्य में विभिन्न रूपों में मिलती है। ब्राह्मण ग्रन्थों, उपनिषदों तथा गीता तक उसका सैद्धान्तिक रूप नहीं रहा है। वस्तुतः ब्रह्मसूत्रों में भी माया की परिकल्पना रचनात्मक रूप में लचीली है, उससे अनेक अर्थ-व्यंजनाएँ ग्रहण की जा सकती हैं। उपनिषदों में ब्रह्म के स्वरूप-वर्णन प्रसंग में माया का सन्दर्भ है, यह सृष्टि का रचना-विधान है। हमारे भक्त कवियों में इसी प्रकार माया का वर्णन अपने-अपने आचार्यों के सिद्धान्त के आधार पर सीमित न होकर व्यापक रूप में मिलता है। कबीर ने माया का इस रूप में वर्णन विस्तार से किया है और वह चित्रमय भी है। यही स्थिति सृष्टि के रचना-विधान के बारे में है। प्रकृति और पुरुष के आधार पर सृष्टि की रचना की कल्पना संहिताओं में वर्णित 'हिरण्यगर्भ' से किसी-न-किसी रूप में सम्बद्ध मानी जा सकती है। इसका विकास प्रतीक रूप से हुआ है। 'मुण्डकोपनिषद्' में परमात्मा ऊर्णनाभ की भाँति अपने अन्दर से ही सृष्टि का विस्तार करता है और इच्छा मात्र से पुनः उसे अपने भीतर समाहित कर लेता है। उपनिषद् के अनुसार ही 'सत् सत्ता' ने जगत् रूप में स्वयं को साकार किया है। अपनी स्वतन्त्र इच्छा से परम तत्त्व का सृष्टि रूप हो जाना भी वर्णित है। इस प्रकार के अनेक सन्दर्भ कबीर के काव्य में मिलते हैं, और हम देखते हैं कि उनके अनुभव का आधार कितना व्यापक और परम्परा से सम्पृक्त रहा है, पर सहज रूप में हो।

(1 : 20) तत्त्ववाद के तार्किक निरूपण से परात्पर तत्त्व का प्रतिपादन सम्भव नहीं है, यह निरन्तर विभिन्न दार्शनिक परम्परा में स्वीकारा गया है। पर मानवीय ज्ञान की भाषिक सीमा में उसको जानने-समझने, विवेचित-व्याख्यायित करने का प्रयत्न रहा है। माना जा सकता है, इसी सीमा का संकेत उपनिषद् के ऋषियों ने मौन से दिया है, भगवान् बुद्ध ने उसका उल्लेख न करके इसी मौन का सहारा लिया है। पर जब व्याख्या करने का प्रयत्न किया गया तो बौद्ध-दार्शनकों की तरह शून्य माना गया अथवा आगे चलकर नाद-ब्रह्म, द्वैताद्वैत विवर्जित, विलक्षण आदि कहा गया। मनुष्य की कहने, व्याख्यायित करने, परिभाषित करने की प्रक्रिया भाषिक है और यह उसकी सीमा है। इस सम्बन्ध में हम देखते हैं कि भक्ति-आन्दोलन के आचार्यों के शिष्यों ने अद्वैत तत्त्व को विभिन्न रूपों में, विशिष्ट, शुद्ध, द्वैत आदि में प्रतिपादित करने की अपेक्षा भक्तिपरक साधना की दृष्टि स्वीकारी है। इन शिष्यों ने, भक्त कवियों ने भक्ति-भावना को अपने काव्य में अनुभवरूप में अभिव्यक्त करने का रचना-विधान स्वीकार किया है। जैसा हम कहते आये हैं, रचना का स्तर संश्लिष्ट अनुभव को रूपायित करने का होता है। इस कारण उनको अपने आचार्य के दार्शनिक मतवाद का सहारा नहीं लेना पड़ा

और इसी कारण उन्होंने विविध रूपों में तथा स्तरों पर अभिव्यक्त करके इस परम तत्त्व को व्यंजित किया है। कवि विरोधों के बीच सत्य को ग्रहण करने, अभिव्यक्त करने में इस प्रकार समर्थ होता है, जबकि तत्त्ववादी वाद-विवाद में सत्य से भटकते रहते हैं। हमारे कवियों ने, विशेषकर कबीर ने इस सत्य का बार-बार उद्घाटन किया है। उनकी काव्याभिव्यक्ति में अद्वैत, विशिष्टाद्वैत शुद्धाद्वैत आदि ही नहीं अन्य दृष्टियाँ भी झलकती रहती हैं। तर्क के आधार पर इनकी संगति बैठाना सम्भव नहीं है, इसी कारण विद्वान् अपने-अपने ढंग से व्याख्याएँ करने का प्रयत्न करते रहे हैं। पर इनको समझना रचना के स्तर पर सरल है; क्योंकि वहाँ ये सभी सत्य के विभिन्न अनुभव पक्ष, स्तर अथवा आयाम के रूप में व्यंजित हुए है। शंकर के अद्वैत को शून्यवाद का प्रच्छन्न रूप कहा गया है, पर कबीर की अभिव्यक्ति में इस प्रकार के सभी रूप समाहित हो गये हैं। उनके काव्य में स्थान-स्थान पर इन विभिन्नताओं के बीच परात्पर को अभिव्यक्त करने का उपक्रम चलता रहता है। शंकर ने अद्वैत में आत्मा और ब्रह्म में अभेद माना है, उनके अनुसार तात्त्विक दृष्टि से जीवात्मा तथा जगत् का अस्तित्व ब्रह्म से अलग या भिन्न नहीं हैं, सत्य सत्ता एक मात्र ब्रह्म ही है। प्रत्यक्ष जगत् जीवात्मा और अनात्मा के भ्रम के रूप में उनकी प्रतीति है। यह जीवात्मा एवं जगत् की प्रतीति भ्रम एवं माया प्रतिपादित की गयी है। उनके अनुसार माया या अविद्या आत्माओं तथा नाना रूपात्मक जगत् की आभासित सत्ता को निरन्तर यथार्थ रूप में प्रकट करती है। अविद्या के साथ आभास बना रहता है, इस सृष्टि की अभिव्यक्ति के रूप में वह ब्रह्म के सन्दर्भ में उसकी शक्ति है। व्यावहारिक सत्ता के जगत् की प्रतीति का स्वीकार है। रस्सी में सर्प का भ्रम मिथ्या ज्ञान है, वास्तविक है, पर व्यावहारिक वास्तविकता मानी जा सकती है। ब्रह्म का स्वतन्त्र अस्तित्व और स्वतन्त्र शक्ति है, और जगत् उस पर पूर्ण निर्भर है। एक ओर उनके अनुसार माया ब्रह्म का अभिन्न अंग है, दूसरी ओर उसका अस्तित्व सांसारिक जीवों के लिए ही है, इस रूप में वह अविद्या रूप है। इसी के प्रभाव में संसारी जीव कर्मरत हैं। शंकर के अनुसार ब्रह्म मात्र परमार्थिक सत्ता है, जैसा कहा गया है, वह सर्जन शक्ति के रूप में अनिर्वचनीय और सामान्य अनुभव के सन्दर्भ में उसे वास्तविक भी स्वीकार किया गया है। हम कबीर के काव्य में इस प्रकार के अनेक विचार-सूत्रों की अभिव्यक्ति के क्रम में खोज-पहचान सकते हैं। उसका कारण यही है कि जिस परात्पर की व्याख्या नहीं की जा सकती, जिसका वर्णन नहीं किया जा सकता है, उसको अनुभव के स्तर पर ग्रहण करने में ऐसे अनेक आयाम व्यक्त होंगे ही।

(1 : 21) भक्ति-आन्दोलन के वैष्णव आचार्यों ने भक्ति की भावपरक साधना के अनुरूप अपने दार्शनिक चिन्तन में अद्वैत की मूल धारणाओं को विकसित किया है। इन सभी की दृष्टि समान है, भक्ति-भावना के आलम्बन रूप में परम तत्त्व की परिकल्पना करना। एक स्तर पर इन सब ने परात्पर को अज्ञेय तथा वर्णनातीत माना है। इस दृष्टि से उनको अद्वैत की मूल परिकल्पना के आधार पर स्वीकार किया जाता है। इन आचार्यों ने अपने-अपने मत-सिद्धान्त को प्रतिपादित करने में तर्क का उपयोग किया है और अपने विचार उसके आधार पर विकसित करने का प्रयत्न किया है। यह अवश्य है कि उनके सारे तत्त्ववादी चिन्तन का आधार अद्वैत दृष्टि मानी जा सकती है। फिर भी उनके विचारों में अद्वैत सिद्धान्त तथा अपने से भिन्न मतों से अलगाव है, उनकी तर्क-पद्धति में यह लक्षित होता है। तत्त्ववादी

तर्क-वितर्क को छोड़कर मूल भाव को ग्रहण करने पर स्पष्ट होता है कि इन सबका प्रयत्न रहा है कि इस परात्पर पारावर सत्य को भावपरक साधना का आलम्बन किस रूप में बनाया जा सकता है। और उनके शिष्य कवियों की भावमयी अभिव्यक्ति में इसी कारण किसी निश्चित मतवाद की अपेक्षा समन्वय की दृष्टि पायी जाती है। जैसे हम कहते आ रहे हैं, रचना के स्तर पर यह सहज है और अनिवार्य है। कबीर जैसा कवि जो ओजस्वी वाणी में विभिन्न तत्त्ववादी पद्धतियों को अस्वीकार करता है, उसकी काव्याभिव्यक्ति में इन सभी स्थितियों, चिन्तन के सूत्रों को लक्षित किया जा सकता है। रामानुज के विशिष्टाद्वैत में ब्रह्म शाश्वत, सर्वोपरि तथा आनन्दमय है, पर ब्रह्म की मौलिक अवधारणा में जगत् अयथार्थ या भ्रम नहीं स्वीकारा गया है। माया संचालित करनेवाली शक्ति के स्थान पर ब्रह्म की रचना-शक्ति है। उनके अनुसार ब्रह्म जीव तथा जगत् तीनों यथार्थ सत्ताएँ हैं और ब्रह्म आत्म-तत्त्व रूप में जीव-जगत् में व्याप्त है। इस तर्कवाद के बीच सहज रूप से सोचने पर लगता है कि इस सारी तर्कना में मूल दृष्टि उस परम तत्त्व को व्याख्यायित कर पाने की कठिनाई पर है। इसी प्रकार रामानुज के अनुसार जीव और जगत् का अंशी रूप स्रष्टा, अन्तर्यामी, नियन्ता तथा पालक-पोषक है। चिदचिद्विशिष्ट सत्ता ब्रह्म है, जीव और जगत् अंश के रूप में उसके सजातीय हैं। इस अंश-अंशी की परिकल्पना के साथ निर्गुण निर्विशेष ब्रह्म सविशेष तथा सगुण भी हो गयी। इस चिन्तन-पद्धति में स्पष्टतः देखा जा सकता है कि आचार्य की मूल दृष्टि भक्ति की भावभूमि पर है। उनके अनुसार जगत् ब्रह्म के प्रकाश से प्रकाशित है, ब्रह्म की सत्ता व्यापक है तथा वह चिदचिद्विशिष्ट होकर अद्वैत ही है और जीव-जगत् का मूल कारण है, उसके विशेष रूपान्तरण है। प्राणि-जगत् की ईश्वर पर निर्भरता उस पर इन दोनों, जीव और जगत् के आधारित होने के कारण है। वल्लभाचार्य ने इसी प्रकार शुद्धाद्वैत में जगत् को ब्रह्म का सत् अंश माना है, मिथ्या या आभास नहीं। वह पूर्व आचार्यों से भिन्न दृष्टि प्रस्तुत करते हुए ब्रह्म को पूर्ण शुद्ध सत्ता मानते हैं, वह स्वयं कार्य-कारण रूप है, वह मायिक न होकर शुद्ध स्वरूप है। इस क्रम में वल्लभ ब्रह्म की शक्ति के विद्या एवं अविद्या दो भेद स्वीकारते हैं। जीव-जगत् के सम्बन्ध को प्रतिपादित करते हुए माना गया है कि जीव ब्रह्म का रूप है, जिसमें वह अपनी इच्छा से अपने आनन्दांश का तिरोभाव कर लेता है। ब्रह्म शक्ति के रूप में योगमाया जगत् की रचना करती है। इस प्रकार की चिन्तन-प्रक्रिया पर आधारित ये सिद्धान्त अन्ततः साधना के भक्तिपरक आधार को ही अन्वेषित करने का प्रयत्न करते हैं। कबीर अपनी समस्त घोषणाओं-स्थापनाओं के बीच रचना-कर्म के स्तर पर इस प्रकार द्वन्द्वों, विरोधाभासों, तर्कनाओं के बीच अभिव्यक्ति का मार्ग खोजते देखे जा सकते हैं।

सन्दर्भ

प्रकरण प्रथम : मूल दृष्टि : परम्परा और युग-परिवेश

केसिरर, ई. : एन. एसे. ऑन मैन

क्रोयबर, ई. एल. : दि नेचर ऑफ कल्चर

मलिनोवास्की, बी. : दि डायनेमिक्स आफ कल्चर चेंज़

सेपिर, ई. : लैंग्वेज
सण्टायना, बी. : दि रेल्म ऑफ बीइंग
बोअज, एफ. : लैंग्वेज एण्ड कल्चर
स्पेंगलर, ओ. : डिकलाइन ऑफ द वेस्ट
टोयनबी, ओ. जे. : सिविलेजेशन ऑन ट्रायल
सोशेकिन, पी. ए. : सोशल एण्ड कल्चरल डायनेमिक्स
मलिनोवास्की, बी. : मिथ इन प्रेमिटिव सोसाइटी
प्रेसकॉट, एफ. सी. : पोयट्री एण्ड मिथ
वेन्द्रियाज : दि लैंग्वेज
स्टेल, डब्ल्यू. टी. : रिलीजन एण्ड दि मॉडर्न माइण्ड
ऑटो, आर. : मिस्टीसिज्म ईस्ट एण्ड वेस्ट
रसेल, बी. : रिलीजन एण्ड साइंस

....

हजारी प्रसाद द्विवेदी : कबीर
श्यामसुन्दर दास : कबीर ग्रन्थावली
क्षितिमोहन सेन : भारतवर्ष में जातिभेद
रामचन्द्र शुक्ल : हिन्दी साहित्य का इतिहास
रामदास गौड़ : हिन्दुत्व
हजारी प्रसाद द्विवेदी : हिन्दी साहित्य की भूमिका
: नाथ सम्प्रदाय

———

प्रकरण द्वितीय

कवि व्यक्तित्व का परिवेश

(2 : 1) कबीर के काव्य के बारे में विचार करते समय साहित्य चिन्तक उन्हें मुख्यतः साधक, भक्त, सुधारक आदि साहित्येतर मानदण्डों के आधार पर स्वीकार करते हैं। पर यह कहा गया है कि दार्शनिक, साधक अथवा सुधारक के अनुभव तथा अभिव्यक्ति के स्तर भिन्न होते हैं। दार्शनिक तत्त्व-चिन्तन के क्रम से चलता है, सिद्धान्तों का निरूपण करता है। साधक अथवा भक्त अपने उच्चतम अनुभव की भूमिका पर संचरण करता है, उसके लिए अभिव्यक्ति की प्रेरणा अन्यत्र से मिलती है। सुधारक सत्यासत्य, अच्छाई-बुराई, नैतिक-अनैतिक, सामाजिक-असामाजिक के अन्तर को रेखांकित करता हुआ विचार करता है, खण्डन-मण्डन करता है, उपदेश देता है। यह सारी प्रक्रिया अनुभव के स्तर पर अभिव्यक्त नहीं होती है। इस दृष्टि से कबीर मुख्यतः कवि हैं और उनकी रचना में उसे क्रियाशील देखा जा सकता है। उनके जीवन और उनकी रचना के सन्दर्भ में जिस व्यक्तित्व को व्याख्यायित किया गया है, वह कवि रूप में उभरता है। उसका मुख्य कारण है कि वह बार-बार और हर क्षेत्र में अनुभव की व्यंजनाओं में बनता-उभरता है। उनके व्यक्तित्व में एक सहजता व्याप्त है, जो उनके जिज्ञासु भाव से लेकर निर्भीक अखण्ड भाव तक में देखी जा सकती है। वह निरन्तर प्रश्नशील हैं और बिना अनुभव के गहरे तथा आन्तरिक साध्य के प्रचलित भावनाओं, यहाँ तक कि योग जैसी साधनाओं को स्वीकार करने को तत्पर नहीं। यह अनुभवों के आधार पर चुनौती देने का भाव, प्रश्नशील जिज्ञासा दोनों ही उनके ऐसे व्यक्तित्व को प्रकट करते हैं जो अपने अनुभव के स्तर से प्रश्न करता है और उस पूरी प्रक्रिया को अभिव्यक्त करने की क्षमता भी रखता है।

(2 : 2) कबीर ने अपने को बार-बार जुलाहा घोषित किया है और इस स्वीकार में उनके व्यक्तित्व का तेवर लक्षित किया जा सकता है। उनके जीवन पर विचार करनेवाले विद्वानों ने उनके जुलाहा होने में कई दृष्टियाँ प्रस्तुत की हैं। नारू जुलाहा से उनका सम्बन्ध पुत्र अथवा पौष्य पुत्र का कहा गया है, और इसके साथ किंवदन्ती जोड़ी गयी है कि रामानन्द ने एक ब्राह्मण-कन्या को पुत्रवती होने का आशीर्वाद दिया और उसके नवजात शिशु को लोक-लज्जा से बनारस के लहरतारा तालाब के किनारे छोड़ दिया गया। नीरू-नीमा जुलाहा-दम्पत्ति ने उसे पाकर पुत्रवत् पाला-पोसा। ऐसी जनश्रुतियाँ मध्य युग के महापुरुषों के बारे में बहुत प्रचलित हुई हैं। उनकी तथ्यपरक प्रामाणिक जीवनियों के अभाव में इस प्रकार उनके महत्त्व को प्रतिपादित किया गया है। जुलाहा होकर भी उन्होंने जिन परम्पराओं के आधार पर विभिन्न भारतीय योग, शास्त्र तथा साधनाओं से ग्रहण और त्याग कर अपना सहज मार्ग प्रतिपादित

किया है, उससे पूर्व जन्म में ब्राह्मण होने की बात भी कही गयी है। 'रामानन्द चेताए' उक्ति को लेकर यह भी प्रचलित है कि उन्होंने रामानन्द से दीक्षा ली थी, और उसके लिए जनश्रुति बनी है कि बनारस में गंगा-घाट की सीढ़ियों पर कबीर पर पैर पड़ जाने से 'राम' नाम लेकर अनजाने ही उन्होंने कबीर को मन्त्र दिया, वैसे वह तैयार नहीं थे। यह भी प्रचलित है कि कबीर ने पारिवारिक जीवन बिताया और लोई नामक उनकी पत्नी थी। अन्त में काशी छोड़ कर मगहर में उन्होंने शरीर त्याग किया, क्योंकि उनकी चुनौती थी कि काशी में मरने से मोक्ष होता ही है, तब राम का क्या 'निहोरा' रहेगा। जीवन के इन सन्दर्भों को ऐतिहासिक तथ्य प्रतिपादित किया जा सके अथवा नहीं, यहाँ यह अप्रासंगिक है। हम इनमें निहित उस सत्य को देखना चाहते हैं जो कबीर के व्यक्तित्व की विशिष्टता को रेखांकित करने में सहायक है। जुलाहा-परिवार में उन्होंने जन्म लिया हो अथवा उनका पालन-पोषण हुआ हो, इतना स्पष्ट है कि घोषित रूप से अपने को वह जुलाहा कहते हैं। इस प्रकार उनका स्वाभिमानी स्वभाव प्रकट होता है और जाति-पाँति के आधार पर मनुष्यों के बीच भेदभाव का अस्वीकार भी। इसके साथ उनकी सामाजिक पृष्ठ-भूमि तथा वंश-परम्परा के संस्कारों का पता भी चलता है। अनेक स्रोतों तथा विद्वानों के विचारों का ऊहापोह करने के क्रम में हजारीप्रसाद द्विवेदी का कहना है—''कबीरदास जिस जुलाहा जाति में पालित हुए थे वह एकाध पुश्त पहले के योगी-जैसी किसी आश्रम-भ्रष्ट जाति से मुसलमान हुई थी या अभी होने की राह में थी। जोगी-जाति का सम्बन्ध नाथपन्थ से है। जान पड़ता है, कबीर के वंश में भी वह नाथपन्थी संस्कार पूरी मात्रा में थे। यदि नाथपन्थी सिद्धान्तों की जानकारी न हो तो कबीर की वाणियों का समझ सकना भी मुश्किल है।''—(कबीर) इस प्रकार यह तथ्य कबीर के व्यक्तित्व पर प्रकाश डालता है, जो एक ओर उनकी सामाजिक स्थिति का परिचय देता है तो दूसरी ओर उनकी विद्रोही परम्परा का।

(2 : 3) जनश्रुतियों तथा अन्तःसाक्ष्य के सन्दर्भों से यह भी लगता है कि उन्होंने जीवन-यापन के क्रम में जुलाहा का काम किया और वैवाहिक जीवन बिताने की सम्भावना मानी जा सकती है। उनकी पत्नी अथवा शिष्या के रूप में लोई का नाम लिया जाता है। इसके आधार पर यह कहा जा सकता है कि कबीर ने स्वच्छन्द जीवन बिताया, किसी मत या सम्प्रदाय से जुड़े नहीं। यहाँ तक कि किसी विशेष साधना-पद्धति से बँधे नहीं। वस्तुतः कबीर का यह समाज हिन्दुओं के द्वारा आदर नहीं पा सका तो मुसलमानों के द्वारा भी स्वीकार नहीं हो पाया था। जुलाहा-जाति की रक्त-परम्परा में प्राचीन योगमार्ग का संस्कार पूरी तरह सुरक्षित था, पर शास्त्रज्ञान का क्षेत्र उसके लिए नहीं था। उसका समाज निरन्तर रोजी-रोटी के संघर्ष से गुजरा था। अतः कबीर के लिए जाति-व्यवस्था की कठोरता तथा ऊँच-नीच भावना की निर्ममता प्रत्यक्ष अनुभव की वस्तु रही है; इसीलिए उनकी बौद्धिक तर्क विलास में पड़ने की प्रकृति नहीं रही। इसी परिवेश के अनुभव के साथ उनका आत्मविश्वास पूरी तरह विकसित हुआ। शास्त्रों के प्रति उपेक्षा भाव, बाह्याचारों का खण्डन और निर्भीक भाव के साथ उनका व्यक्तित्व आक्रामक तथा लापरवाह लक्षित होता है। बनारस में गंगा-घाट पर उनकी रामानन्द से भेंट और शिष्यत्व ग्रहण करने की कथा से कबीर के जीवन के इस पक्ष पर प्रकाश पड़ता है कि उन्होंने उस युग के व्यापक वैष्णव-आन्दोलन से सम्बन्ध स्थापित किया। इस प्रकार

अपनी वंश-परम्परा से प्राप्त योग-साधना के साथ वैष्णव-भावना का सम्पर्क भी वह कर सके। उनका सहज इस प्रकार सहजयानी सिद्ध और नाथ-परम्परा में विकसित होनेवाला योग-साधना मात्र का मार्ग न होकर जीवन की सहजता और प्रेम-भावना में प्रतिफलित होता है। जीवन के जिस सहज और स्वच्छन्द स्तर पर वह जीवन-यापन करते रहे, उस पर इस मार्ग के अन्वेषण और स्वीकार से व्यंजित होता है कि उनका व्यक्तित्व कैसा फक्कड़ था। सामान्य व्यक्ति ही नहीं, बड़े सुधारक तथा विचारक भी अपने मत तथा सिद्धान्त के आग्रही हो जाते हैं। यहाँ तक कि उसके अच्छे-बुरे, खरे-खोटे, सत्य-असत्य के विवेचन के बारे में असहिष्णु हो जाते हैं। पर यहाँ देखा जा सकता है कि वह सत्य के जिज्ञासु हैं, इस मार्ग से कोई मोह-ममता उन्हें विचलित नहीं कर सकतीं। अपने घर को जलाकर सत्य-मार्ग पर चलनेवाला यह व्यक्ति प्रेम में पागल नहीं है वरन् इसके माध्यम से मार्ग का अन्वेषक है।

(2 : 4) कबीर के व्यक्तित्व को निर्द्वन्द्व भाव और सत्य का आग्रह उनकी मृत्यु से सम्बन्धित जनश्रुतियों और सन्दर्भो में देखा जा सकता है। यह लोक में प्रचलित विश्वास चला आता है कि काशी मुक्तिदायनी है, वहाँ वास करके तन त्यागनेवाले को मोक्ष मिलता है। इसके विपरीत मगहर में शरीर त्यागनेवाले को नरक मिलना निश्चित है। इस अन्धविश्वास के विरुद्ध कबीर ने काशी छोड़ कर मगहर में मरण स्वीकार किया, 'जौ काशी तन तजै कबीरा तौ रामहिं कहा निहोरारे।' यह वही निर्भीक निर्द्वन्द्व व्यक्ति है, जो इस प्रकार अपने आराध्य पर विश्वास प्रकट करता है (चुनौती के स्वर में)। पर इस प्रसंग में आदि-ग्रन्थ का वह पद द्रष्टव्य है (श्यामसुन्दर दास द्वारा सम्पादित कबीर-ग्रन्थावली की भूमिका), जिसमें कबीर काशी से बाहर आने को 'ज्यो जल छाड़ि बाहर भयो मीना' कहते हैं। इस पद में अपने जन्म तथा कर्म-क्षेत्र काशी को छोड़ने का विषाद व्यक्त हुआ है, लेकिन वह 'काशी मगहर सम विचारी' स्वीकार यहाँ भी करते हैं। उनको अपनी भक्ति पर पूर्ण विश्वास है, 'मुआ कबीर रमता श्री रामै। अपने आपको जुलाहा यत्र-तत्र घोषित करते हुए अपने स्वाभिमान की व्यंजना अक्खड़पन के साथ कबीर करते हैं। 'तूँ ब्राह्मन मैं कासी का जुलाहा' कह कर चुनौती के स्वर में समाज में प्रचलित ब्राह्मण और जुलाहे जातियों की असमानता का उल्लेख करते हैं, तो साथ ही सहज आत्मविश्वास के साथ कह देते हैं, 'जाति जुलाहा मति को धीर। हरषि-हरषि गुन रमै कबीर। फिर इसी तेवर में मंजन-स्नान भगवा वेश धारण करने और भस्म लगानेवाले भी सुरसरि के जल में दादुर कहते हैं और अपने को 'कोरी' कह कर इन सबको सचेत करते हैं, 'परिहरि काम राम कहि बौरे, सुनि सुख बंधू मोरी। हरि कौ नांव अभयपददाता, कहै कबीरा कोरी।' अपनी जुलाहा जाति को कमीना कह कर उन नाना रूप और वेश धारण करनेवालों, अगर-चन्दन से पूजा-अर्चा करनेवालों पर तीखा व्यंग्य करते हैं। क्योंकि वह आत्मविश्वास के साथ उनको सम्बोधित करते हैं कि साहब जब लेखा माँगेगा, तब वे क्या दे सकेंगे? उनके आडम्बर पत्थर को पानी से भिगोने के प्रयत्न हैं और स्वयं उनको राजा राम सहज प्राप्त हैं। इसके अतिरिक्त अपनी सहज साधना और अनुभव की अभिव्यक्ति के लिए कबीर ने सामान्य जीवन से रूपकों की रचना की है, जिनमें अपने करघा तथा ताने-बाने के कई रूपक हैं। इससे भी तथाकथित उच्च वर्ग और साधनसम्पन्न वर्ग की अपेक्षा में सामान्य वर्ग को आत्मविश्वास की प्रेरणा दी गयी है और उसकी प्रतिष्ठा हो सकी है।

(2 : 5) हम देखते हैं कि कबीर का जन्म से लेकर मृत्यु तक जीवन-क्रम असाधारण परिस्थितियों से गुजरा है। वस्तुतः भारतीय संस्कृति की मूल दृष्टि महान् व्यक्तियों के भौतिक जीवन-यापन पर नहीं रही है, उनके चरित्र के श्रेष्ठ कृतित्व एवं रचनात्मक पक्ष को प्रकाशित करती है। इस परिस्थिति में इन व्यक्तियों के बारे में जन श्रुतियों तथा किंवदन्तियों का बनते-फैलते जाना स्वाभाविक हो जाता है। इनके बीच से उनके जीवन के वृत्त को निर्मित कर पाना कठिन काम रहा है। कबीर का जीवन अपने सारे सन्दर्भों में अधिक चुनौतियों एवं संघर्ष की परिस्थितियों का रहा है। इस कारण जीवन की प्रमुख घटनाओं के बारे में निश्चयात्मक ढंग से नहीं कहा जा सका है। मिश्र-बन्धुओं के अनुसार जन्म-तिथि संवत् 1455 वि. की ज्येष्ठ मास की शुक्ल पूर्णिमा पन्थ में प्रचलित दोहे के आधार पर है, 'चौदह सौ पचपन साल भए चंद्रवार एक ठाठ ठए। जेठ सुदी बरसायत को पूरनमासी तिथि प्रगट भए।।' रामचन्द्र शुक्ल के अनुसार 'गए' के आधार पर इस दोहे से ही संवत् 1456 का जन्म माना जा सकता है। श्यामसुन्दर दास ने इस संवत् को इसी दृष्टि से ठीक माना है। उनके अनुसार वस्तुतः इस संवत् की ज्येष्ठ मास के शुक्ल पक्ष की पूर्णिमा को चन्द्रवार पड़ता भी है। इसी प्रकार उनकी मृत्यु के बारे में दो दोहे प्रचलित हैं, जिनके अनुसार मगहर गवन के पश्चात् संवत् 1575 अथवा सं. 1505 में मानी गयी है, (1) संवत् पंद्रह सौ पछत्तरा, कियो मगहर को गवन। माघ सुदी एकादशी रलो पवन में पवन।। (2) संवत् पंद्रह सौ और पाँच मौ, मगहर कियो गमन। अगहन सुदी एकादशी, मिले पवन में पवन।। श्यामसुन्दर दास सिकन्दर लोदी की समकालीनता, गुरु नानक से भेंट तथा कबीर के शिष्य धर्मदास के द्वारा प्रस्तुत तथ्यों से सम्बन्धित तिथियों के आधार पर संवत् 1575 को यह तिथि अधिक सही मानते हैं। नानकदेव की कबीर से भेंट मानी जाती है। वेस्टकाण्ट के अनुसार सत्ताइस वर्ष की आयु में यह भेंट हुई थी। नानक का जन्म संवत् 1527 और मृत्यु 1596 संवत् माने जाते हैं; अतः कबीर की मृत्यु की यह तिथि अधिक ठीक मानी जा सकती है। यह भी प्रचलित है कि उनके शिष्य ने संवत् 1521 में कबीर की वाणी का संग्रह किया, जब उनकी आयु 65 वर्ष की थी। उसकी एक हस्तलिखित प्रति संवत् 1565 की मिलती है। उनके बारे में प्रचलित किंवदन्तियों से उनके बारे में जन-समाज में प्रचलित होती धारणाओं का पता चलता है, पर उनके आधार पर तथ्यों का निर्णय करना कठिन है। इस दोहे को इस प्रकार के प्रचलन के रूप में ही माना जा सकता है अथवा उसका व्यंग्यार्थ लेना होगा, 'पूरब जनम हम ब्राह्मन होते वोछे करम तप हीना। रामदेव की सेवा चूका पकरि जुलाहा कीना।' कबीर के भाव के यह अनुकूल नहीं हो सकता कि 'जुलाहा' होना हीनता है, वह निरन्तर गौरवपूर्वक अपने को जुलाहा 'घोषित' करते हैं, 'कोरी' कहते हैं। यह जरूर है कि अनेक बार सामाजिक मान्यता पर व्यंग्य करते हुए इसका भिन्न रूप अर्थात् प्रचलन के तथ्य रूप में कथन करते हैं। उनके जन्म-स्थान के बारे में काशी, मगहर तथा बेलहा (जिला आजमगढ़) की चर्चा की जाती है। इस प्रकार के कथनों का सहारा लिया जाता है, 'काशी में हम प्रकट भये हैं रामानन्द चेताए।', 'पहिले दर्शन मगहर पायो, पुनि काशी बसे आई।' इतना स्पष्ट है कि काशी से उनका गहरा सम्बन्ध रहा है और उनका जीवन अधिकांश यहीं बीता है और उनका कार्य-क्षेत्र रहा है। कबीर

के बारे में उनकी यह गर्वोक्ति प्रचलित है, 'जो कुछ किया सो हरि किया, भया कबीर-कबीर।' इससे उनका स्वाभिमानी व्यक्तित्व और गहरा आत्मविश्वास व्यंजित हुआ है। इसी प्रकार कबीर ने गुरु की महिमा का बहुत विस्तार से वर्णन किया है, पर निश्चय के साथ उनके व्यक्तित्व के बारे में नहीं कहा जा सका है। कुछ विद्वान् 'मीर तकी' को भी कबीर का गुरु मानते हैं। मुसलमान कबीरपन्थियों के अनुसार सूफी फकीर शेख तकी कबीर के गुरु थे। झूँसी के मीर तकी का सत्संग कबीर ने भले ही किया हो, किन्तु उन्हें गुरु रूप में नहीं माना है। उनके सम्बोधन से स्पष्ट है कि ऐसा आदर-भाव उनके प्रति व्यक्त नहीं हुआ है। किसी रूप में भी इस परम्परा से उनका सम्बन्ध सिद्ध नहीं होता। कबीर की ऐसी उक्तियाँ अनेक स्थलों पर मिलती हैं, जिनमें ऐसा लगता है कि वह अपने गुरु द्वारा निर्दिष्ट मार्ग पर चलने के पहले लोक-प्रचलित धर्म, कर्मकाण्डों के प्रवाह में थे, 'पीछे लागा जाइ था, लोक वेद के साथि। आगै थैं सतगुर मिल्या, दीपक दीया हाथि।' इस कथन के आधार पर यह नहीं कहा जा सकता कि वह किस पद्धति विशेष से जुड़े थे। इसी प्रकार जब वह कहते हैं, 'हम भी पाहन पूजते होते बन के रोझ। सतगुरु की किरपा भई सिर तैं उतरय्या बोझ।' यह नहीं कहा जा सकता कि उनकी पूजा-पद्धति का रूप-विशेष क्या हो सकता है। यह लोक के सामान्य जीवन के स्तर से अनेक बार विभिन्न रूपों में आत्माभिव्यक्ति करते भी पाये जाते हैं, अतः इन उद्धरणों के आधार पर तथ्यपरक सन्दर्भ नहीं खोजा जा सकता।

(2 : 6) कबीर का व्यक्तित्व जिस प्रकार संगठित हुआ है, उसमें अनेक स्रोतों के तत्त्व ग्रहण किये गये हैं। पर उसकी केन्द्रीय विशेषता है कि यह प्रक्रिया किसी बँधी-बँधायी रीति अथवा परम्परा से परिचालित नहीं है। उसका क्रम ग्रहण-त्याग है और प्रक्रिया को परिचालित करनेवाला चरित्र निर्भीक तथा निर्द्वन्द्व होगा। हमने देखा है कि भक्ति-आन्दोलन के परिवेश में भावमूला तथा योगपरक दोनों साधना-पद्धतियाँ प्रतिक्रियाशील रही हैं। कबीर ने इन दोनों को ग्रहण किया है। पर उसके साथ त्याग की प्रक्रिया भी चलती रही है। उनका स्वर योगी के समान समाज की ऊँच-नीच भावना का विरोधी रहा है, सामाजिक विषमता तथा जातिभेद पर आघात करता रहा है, बाह्याचार के आधार पर प्रतिष्ठित श्रेष्ठता को चुनौती देता रहा है। कबीर के व्यक्तित्व में यह अक्खड़ स्वभाव है। वस्तुतः इस परम्परा ने मायामय संसार के बन्धनों से मुक्त होने के मार्ग को कठिन, विघ्न-संकुल और विकट माना है और उससे योग के साधना-मार्ग से ही छुटकारा माना है। कबीर की यह अक्खड़ता सबसे बड़ी चुनौती के साथ, 'अवधू' को ही सम्बोधित करती है, 'अवधू अच्छर हूँ सो न्यारा'। वे प्रश्न करते हैं कि यह पवन को गगन चढ़ाकर गुफा में निवास करने की सार्थकता क्या है? उनमनी से अक्षर-पुरुष का साक्षात्कार मान लिया जाय तो उनमनी की तारा टूट जाने पर क्या होगा? फिर इस मायामय संसार में लौटना ही तो होगा। 'गगना-पवना दोनों विनसै कहँ गया जोग तुम्हारा', इस स्वर में वह तभी बोलते हैं जब योग की भूमिका का उन्हें अनुभव है। वह योग के अनुभव से गुजर कर भी उसे परम सत्य नहीं स्वीकार करते, क्योंकि अपने फक्कड़ व्यक्तित्व के आधार पर सत्य के अन्वेषी रहे हैं, अपने इस मार्ग पर लुकाठा लेकर वह चल पड़े हैं और उसी को साथ लेने को तैयार हैं जो अपना घर जला कर साथ चल सके 'हम घर जारा आपना...हमारे साथ।' यह मात्र साधक का रूप नहीं है, एक सर्जनशील व्यक्तित्व है जो सारे जीवन के अनुभवों के बीच मूल्यों की खोज करता है।

(2 : 7) कबीर के व्यक्तित्व को व्यापक सन्दर्भ में तथा रचनात्मक स्तर पर समझने के लिए भक्ति-आन्दोलन के परिप्रेक्ष्य में उसे ग्रहण करना होगा और अन्य पक्षों से उसके अन्तर को दृष्टि में रखना भी अपेक्षित है। वैष्णव आचार्यों ने भगवान् को परम प्रेममय रूप में रखना स्वीकार कर उनकी आनन्दमयी लीलाओं में भाग लेने को जीवन का सर्वोपरि मूल्य प्रतिपादित करते हुए मानव-जीवन की अन्य मूल्यों की भूमिकाओं को स्वीकार किया है। इन धर्माचरण की मर्यादाओं के निरूपण-प्रतिपादन में उन्होंने प्राचीन परम्पराओं तथा शास्त्रों की मान्यता दी है तथा उनकी संगति लगाने का उपक्रम किया। इसी प्रकार अपनी परम्परा के प्रति निष्ठा तथा मर्यादाओं के आदर्श को अपने समाज में स्वीकार कराने का प्रयत्न किया। पर इस आन्दोलन के प्रवाह से शक्ति और दृष्टि पाकर भी कबीर ने विशिष्ट मार्ग की खोज की, जो उनके व्यक्त्वि को व्याख्यायित करता है। इसके निर्माण में उनकी सामाजिक स्थिति का विशेष योग रहा है। मर्यादाओं तथा संस्कार के समाज से वह अलग थे। निश्चित रूप से उन्हें न हिन्दू कहा जा सकता है और न मुसलमान ही। पारिभाषिक अर्थ में न उन्हें योगी माना जा सकता है और न वैष्णव भक्त। यह भी अलगाव कर पाना सम्भव नहीं है कि वह गृही थे या वैरागी। इस स्थिति ने उन्हें वह दृष्टि दी जिससे वह परस्पर अलग तथा कभी विरुद्ध लगनेवाले मार्गों का सही मूल्यांकन कर सकें, उनके गुण-दोष को जान-परख सकें। सगुण साधक सब-कुछ स्वीकार कर चलते हैं, वेद-पुराण स्मृतियों को। इनकी मान्यता के बीच आचरण का सही मर्यादाओं की स्थापना करते हैं और जीवन के मानवीय मूल्यों की व्याख्या करते हैं। अपनी प्रेम-मूला भक्ति के चरम लक्ष्य को उस पर प्रतिष्ठित करते हैं। इसके विपरीत कबीर परम्परा, वेद-शास्त्र-पुराण सबको छोड़कर चलते हैं। इस मार्ग पर चलनेवाले में अपूर्व साहस तथा आत्मविश्वास की अपेक्षा है।

(2 : 8) साधना के क्षेत्र की यह मस्ती, मस्तमौलापन एक ऐसे व्यक्तित्व का जान पड़ता है जो किसी सिद्धान्त, मान्यता या परम्परा से बँधता नहीं, सत्य के मार्ग पर कोई माया-मोह उसे विचलित नहीं करता। फिर उनका आत्मविश्वास है, जो अडिग है। उनकी अभिव्यक्ति में कथन का स्वाभिमान है, जो अहंकार लग सकता है। वस्तुतः इसी कारण उनमें ऐसी सहज लापरवाही, मौज और मस्ती लक्षित होती है। अपनी इस आत्मनिष्ठा के साथ वह जानते हैं कि जिस परम मूल्य की भूमिका पर संचरण करने का उनका उपक्रम है, वह बातों से नहीं सिर देकर ही सम्भव होता है 'कबीर यह घर प्रेम...प्रेम का स्वाद'। यहाँ एक बात ध्यान देने की है कि यह सारी कठिनाई तब तक है जब तक साहस के साथ साधक अपने आराध्य का अखण्ड विश्वास प्राप्त नहीं कर लेता। इस द्विधाहीन विश्वास के आधार पर प्रेम का मार्ग प्रशस्त होता है। फिर तो साधक के सामने सहज मार्ग खुलता जाता है। यहाँ से प्रेम-भक्ति का वह रूप व्यक्त होता है जिसमें साधक मानवीय मूल्यों की भूमिका से साधना की उच्च भूमिकाओं पर संचरण करता है। भक्त जीवन के लिए पवित्रता को महत्त्व देकर वह स्वीकार करते हैं कि इस धर्म-साधना में कोमल-कठोर का समन्वय है। सांसारिकता के प्रलोभनों, भटकावों तथा आकर्षणों के बीच अपना मार्ग पाने के लिए इसको साधना पड़ता है। उनके समक्ष पतिव्रता का आदर्श है, जो सबकी सेवा के मार्ग से मात्र एक के प्रति पूर्णतः समर्पित

होती है। 'नैन रमइया रमि रहा, दूजा कहाँ समाइ' इस विश्वास के साथ उनके व्यक्तित्व में दोहरी अविचलित दृढ़ता लक्षित होती है, अपने तथा आराध्य प्रिय के प्रेम के प्रति। कबीर योग-साधना की शारीरिक क्रियाओं तथा मानसिक अनुशासनों को चरम साध्य नहीं मानते। अगर योग परम पुरुष से एकमेक होने की साधना है, तो वह इस प्रकार शारीरिक-मानसिक अनुशासनों से सिद्ध नहीं होती। इंगला-पिंगला-सुषुम्ना में षट-चक्रों की साधना में गगन-गुफा अर्थात् शून्यचक्र में परम तत्त्व का साक्षात्कार वस्तुतः मानसिक चित्त-वृत्ति की कल्पना के आगे कहाँ गमन कर सकता है। सर्वत्र व्याप्त परम तत्त्व को भीतर-बाहर में सीमित नहीं माना जा सकता, वह बाहर-भीतर सर्वत्र निरन्तर व्याप्त है। दूसरी ओर प्रेम-भक्ति का प्रचलित मार्ग उन्हें स्वीकार नहीं है। उनकी भाव-भक्ति में समर्पणवाला विनय का भाव नहीं है, प्रचलित मर्यादाओं का स्वीकार नहीं है, अपने को निरीह, नगण्य तथा संसार में भटकनेवाला प्राणी मानने की बात नहीं है, पापों के लिए पश्चात्ताप की निरन्तर चेतना नहीं है और न अपने को संसार के अज्ञान में भ्रमित होने का स्वीकार है। कबीर की साधना में ज्ञान और भक्ति अलग मार्ग नहीं हैं। बिना ज्ञान के भक्ति का प्रेम मानवीय दुर्बलता है, जबकि वह पूर्ण आत्मविश्वास के साथ प्रेम-पथ पर अग्रसर होनेवाले साधक हैं। साधक को वीर-भाव से अपने मार्ग पर बढ़ना होता है। जो सिर को उतार कर देने की कला जानता है, वही इस मार्ग पर आगे बढ़ने का साहस कर सकता है। सन्त की (योगियों की) बातों से परम तत्त्व नहीं मिलता, बिना सिर दिये अर्थात् पूर्णतः समर्पित किये कुछ भी सम्भव नहीं है। कबीर के लिए यह प्रेम-रूप परम तत्त्व को पाने की साधना महान् है। प्रेम का मार्ग खाला का घर नहीं है। साथ ही कबीर में यह आत्मविश्वास निरन्तर व्यंजित होता है कि साहस करनेवाला वीर इस मार्ग से उसे पा लेगा। बस निरन्तर इस पर निस्संकोच भाव से परम विश्वास के साथ आगे बढ़ने का संकल्प अपेक्षित है।

(2 : 9) तत्त्व ज्ञान के आधार पर विकसित होनेवाली प्रेमा-भक्ति लौकिक प्रेम की भावुकता नहीं है और न तर्क-बुद्धि से उसे समझा जा सकता है। वह मानवीय बुद्धि तथा हृदय, ज्ञान तथा भावना का अतिक्रमण कर आत्मा की रस-निष्पत्ति या रक्त-संचार है। इस अनुभव के स्तर पर कबीर का व्यक्तित्व माधुर्य भाव-भक्ति को परे आत्म-नियन्त्रण और आत्मविश्वास को अभिव्यक्त करता है, क्योंकि उनकी प्रेम-साधना कोमल तथा कठोर एक साथ है। साधना की इस भूमिका पर लौकिक प्रेम की मादकता, असंयम, उच्छृंखलता का अतिक्रमण हो गया है, और कबीर का व्यक्तित्व मस्त, संयत, मौजी, स्वाधीन, विश्वासी व्यक्त होता है। स्पष्टतः उनके व्यक्तित्व का यह प्रचण्ड, उग्र तथा अक्खड़ पक्ष इस सरल आत्मविश्वास पर आधारित है कि अपने आराध्य (परम तत्त्व राम) के प्रति उनका आत्मसमर्पण पूर्ण हैं। इस समर्पण की भूमिका पर वह अपने अहंकार का पूरी तरह विलय करने में सक्षम है। अपनी अचल-अडिग भक्ति को वह अपनेपन के विलय के साथ सार्थक बनाते हैं। यह राम का मुतिया नामक कुत्ता होने का रूपक कवि के अहं के विलय को व्यंजित करता है, पर अन्ततः तन-मन की सीमाओं के परे प्रिय के प्रेम-रस के अनुभव की ही कामना व्यंजित हुई है, 'मन प्रतीति न प्रेमरस, नां इस तन मैं ढंग। क्या जाणौं उस पीव सूँ, कैसे रहसी रंग।' कबीर प्रेम-साधना के स्तर को मानवीय जीवन में प्रेम-सम्बन्ध को व्यक्त करने-

वाले भाव-जगत् से भिन्न कहते हैं। 'कबीर यह घर प्रेम का खाला का घर नाहि' नहीं है, यहाँ 'सीस उतारै हाथ करि, सो पैंठे घर माँहि' और यह अपना प्रेम का स्थान सरल मार्ग से नहीं 'अगम-अगाध' को पार कर ही पहुँचा जा सकता है। यह भावुकता भावावेश नहीं है, परम ज्ञान तथा अखण्ड विश्वास से यह प्रेम पाया जाता है। पर प्रेम की अभिव्यक्ति का यह रूप काव्याभिव्यक्ति का है। वह रचनाकार की भूमिका से 'दुलहनी गावहु मंगलचार' से प्रारम्भ कर विवाह का रूपक प्रस्तुत करते हैं, अपने परदेशी पति प्रियतम का स्वागत करते हैं, प्रेम-प्रीति में उलझाने का आग्रह करते हैं, प्रेम के 'अनियारे तीर' को प्रेमपीड़ा की व्यंजना करते हैं, अपने विरह-ताप का रूपकों में वर्णन करते हैं। इसी प्रकार प्रेम और विरह की भावाभिव्यक्ति का यह स्तर लोक-जीवन का ही है। यह अवश्य है कि जल तथा जलनिधि, सुआ तथा पिंजर आदि के रूपक विधान, गोकुल नायक (ब्रह्म रूप) के प्रति आत्मा का लगाव तथा वियोग में निलन-आकांक्षा, 'हरि की बहुरिया' के रूप में आत्मा का ब्रह्ममिलन का अनुभव और बालम रूप परमपुरुष से मिलने की कामना, यह सारे अनुभव-प्रसंग काव्याभिव्यक्ति में लोकोत्तर अनुभव की व्यंजना करते हैं। जैसा कहा गया है, काव्य की भाषिक अभिव्यक्ति विशिष्ट रूप में जीवन के भाव-जगत् को व्यंजित करती है और इसी अर्थ में वह लोकोत्तर है। पर कवि के रूप में कबीर जैसा साधक इस लोकोत्तर में परम तत्त्व के साक्षात्कार तथा अनुभव को व्यंजित करने का उपक्रम करता है। भाषिक अभिव्यक्ति की सीमा में इससे अधिक व्यंजित कर पाना सम्भव नहीं है।

(2 : 10) कबीर का सांसारिक माया का वर्णन मात्र ज्ञान-चर्चा नहीं है और न दार्शनिक विचार। उसमें कवि कल्पना के स्तर पर उसकी असारता का अनुभव अभिव्यक्त हुआ है। यह अभिव्यक्ति की शैली रूपक-विधान के माध्यम से मूल दृष्टि को व्यंजित करती है, 'यह माया रघुनाथ की खेलन चढ़ी अहेरै। चतुर निकनियाँ चुनि-चुनि मारे काई न छांडा नेरै।' इसी तरह कवि 'माया महा ठगिन' को जान कर त्रिगुक्षात्मक सृष्टि में उसकी व्याप्ति का चित्र प्रस्तुत करता है। केशव (विष्णु के) पास लक्ष्मी और शिव के पास भवानी के पौराणिक रूप लेकर पण्डा, जोगी, राजा, भक्त, तुरुक (मुल्ला) तक नाना रूपों में यह माया का प्रपंच फैला है, इससे प्रभु (साहब) की कृपा से कबीर ही बच सके हैं, वह उनके हाथों बिका हुआ है। दूसरी ओर निरंजन राम (ब्रह्म) के लीला भाव के वैचित्र्य का वर्णन विरोधाभास के आधार पर किया गया है। अवधू का सम्बोधन इस परात्पर ज्ञान की अभिव्यक्ति में विरोधाभास की भाव-व्यंजना को अधिक प्रभावी बनाता है, क्योंकि यहाँ इस प्रकार मूल तत्त्व की अनुभूति को पाने में हठयोग साधना-पद्धति की विफलता को रेखांकित किया गया है। रंक का राजा होना, भूपति का भिखारी हो जाना, लौंग में फूल न आना, चन्दन का फूलना, मगरमच्छ का जंगल में शिकार खेलना, सिंह का समुद्र में घूमना, मलयगिरि पर एरण्ड रूख को सुगन्ध फैलाना, अन्धे का तीन लोक ब्रह्माण्ड तमाशा देखना, पंगु का मेरु-सुमेरु पर चढ़ना और तीनों भुवनों में मुक्त होकर घूमना, गूँगे का ज्ञान-विज्ञान का अनहद नाद प्रकाशित करना, आकाश को बाँध कर पाताल भेजना तथा शेष का स्वर्ग (आकाश) में विराजना जैसे इस साधना के चमत्कार कबीर के राजा राम (ब्रह्म) के लिए सहज सम्भव है, उसको कुछ भी शोभा देता है। यह भाषिक अभिव्यक्ति का कौशल है, जिससे सांसारिक जीवन में अघटित होनेवाले चमत्कारों की

साधनापरक उपलब्धियों का अतिक्रमण कर कबीर ब्रह्म सत्य की व्यंजना करते हैं। इस प्रकार परमब्रह्म 'अपरम्पार परसोत्तम' के अनुभव की उपलब्धि की अभिव्यक्ति कबीर उलटवाँसी-जैसे विरोधाभासी रूपक-विधान में करते हैं तो यह सम्प्रेषित करने का भाषिक विधान काव्य-रूप है, 'पग बिनु निरति कराँ, बिनु बाजा जिभ्या हीना गावै। गावनहार कै रूप न रेखा सतगुर होइ लखावै।' कबीर जिस अनुभव के स्तर की व्यंजना करते हैं, वह शारीरिक-मानसिक क्रियाओं (योगपरक) से परे है, पर वे उसके लिए अपने कोरी-जीवन से करघे के ताने-बाने का सांग-रूपक बाँधते हैं, इस प्रकार सहज तार को 'पूरनि पूरी' से सूत-से-सूत मिला कर उस अनुभव के परात्पर स्तर की अभिव्यक्ति करने का ही उपक्रम कर रहे हैं। 'परचा कौ अंग' में आत्मसाक्षात्कार के अनुभव की, कभी अपने सहज जीवन-क्रम के रूपक-विधान तथा कभी उलटवाँसियों की विरोधाभासी व्यंजना के द्वारा अभिव्यक्ति का काव्य के स्तर पर विधान देखा जा सकता है। 'काम चोलना' पहन कर नर्तक की सांसारिक भूमिका से मुक्त होकर बहुरूपियापन को छोड़ कर राम नाम में बसने की बात हो, एक बूँद रस को प्राप्त करने के लिए कलाल के द्वारा मद निकालने का रूपक हो जाने की आँधी में सांसारिक भ्रम तथा माया-मोह के उड़ जाने से आत्म-प्रकाश के फैलने की अभिव्यक्ति हो, यह कवि-कर्म पर ही प्रकाश डालते हैं।

(2 : 11) कवि रूप में कबीर को स्वीकार करने पर ही यह समझ पाना सम्भव है कि तर्क-ज्ञान तथा योग-साधना के स्तर पर परम अनुभव को व्याख्यायित कर पाना, ग्रहण कर पाना अथवा अभिव्यक्त कर पाना सम्भव न मान कर भी वह निरन्तर भाषिक रूप-विधान में उसे सम्प्रेषित करने का प्रयत्न कर रहे हैं। यह उसी प्रकार है, जैसे कबीर युग तथा समाज की विसंगतियों, विडम्बनाओं, अन्ध-परम्पराओं का खण्डन और प्रेम, दया, उपकार आदि मूल्यों का समर्थन सुधारक के रूप में न कर हास्य-व्यंग्य, कटूक्ति तथा व्यंजना के रचनात्मक अभिव्यक्ति के स्तर पर करते हैं। कबीर एक ओर परम सत्य और उसके अनुभव को परात्पर स्तर पर व्यंजित करने का उपक्रम करते हैं, दूसरी ओर उनकी 'करुना बीनती' है, जिसमें अपने आराध्य को निकट आत्मीय सम्बन्ध के स्तर पर सम्बोधित करते हैं, 'माधो कब करिहौ दाया।...दुख कासो कहिए कोई दरद न जाने'। आराध्य स्वामी, जननी, पति आदि रूपों में सम्बोधित है, और उससे करुणा पाने की विनय है। संसार की विषय-वासनाओं, माया-मोह, आकर्षण-विकर्षणों से मुक्त रखने की प्रार्थना का भाव अभिव्यक्त हुआ है। अनुभव के इन विभिन्न स्तरों पर एक साथ अभिव्यक्ति के क्रम में गतिशील हो पाना रचना के स्तर पर ही सम्भव हो पाया है, अन्यथा अनेक विरोधाभासों तथा असंगतियों में उलझना सहज था। यहाँ एक ओर अगम में गमन करने की अभिव्यक्ति का रूप है, तो प्रणव भाव से 'राखि-राखि मेरे बीठुला जनु सरनि तुम्हारी' प्रार्थना का रूप भी है, यहाँ 'भव जल निधि भारी' से तिरने की कामना अभिव्यक्त है। इसी क्रम में कवि अपने प्रभु के सामने अपराधी भाव से प्रस्तुत होकर उनके दीनदयाल, कृपालु, भक्तवत्सल तथा भयहारी गुणीं की कामना आश्रय भाव से दास्य भाव की भक्ति के स्तर पर करता है। यह भावों की अभिव्यक्ति के स्तरों का अन्तर कबीर के कवि-व्यक्तित्व के आधार पर व्यंजित होता है। चिन्तन तथा साधना का अन्तर यहाँ इस अभिव्यक्ति की प्रक्रिया में मिट गया है।

(2 : 12) क़बीर को पाखण्ड, कुरीतियों, मान्यताओं के खण्डन की शैली आक्रामक होकर भी उनके चरित्र के फक्कड़पन और मस्त भाव को व्यक्त करती है। योगियों, अवधूतों, सिद्धों आदि को उनकी साधना को लेकर जब सम्बोधित करते हैं, तो यह आक्रामक भाव तीव्र तथा गहरा होता है, पर यहाँ भी रचनाकार का अनुभव के प्रत्यक्ष का सहज विश्वास बना रहता है। इसके साथ जब वह मुल्ला, पण्डित, पुजारी, शास्त्री आदि की असंगतियों, अन्धविश्वासों पर आक्रमण करते हैं तो उसमें न कहीं उग्रता है और न कठोरता। सहज व्यंग्य तथा उपहास के साथ सम्बोधित करते हुए अपने संवेदनशील रचनाकार को ही प्रस्तुत करते हैं। जब कबीर काजी को सम्बोधित करते हुए कहते हैं, 'काजी तैं कवन कितेब बखानी', तब सारे सन्दर्भों की विसंगतियों को उजागर करने तथा राम की टेक के साथ भक्ति-भावना की प्रेरणा में उनका काव्यानुभव का स्तर लक्षित होता है। वाद-विवाद में पड़ने के असत्य की अपेक्षा में इसी प्रकार अभिव्यक्ति मिली है। यह समस्त उपहास, व्यंग्य, आलोचना, कटूक्तियाँ, तार्किक खण्डन-मण्डन विवेचन के स्तर के न होकर काव्य की व्यंजकता के साथ प्रभावी शैली में प्रस्तुत किये गये हैं। यह कथन पण्डित के वेद-ज्ञान के बारे में हो या मुल्ला की किताब (कुरान) को लेकर हो, निरन्तर वह शैली की व्यंजकता बनी रही है। जब कबीर पण्डित से कहते हैं, 'वाद वदे सो झूठा' तब वह मात्र शब्द-ज्ञान तथा अनुभव के अन्तर को भी अनेक दृष्टान्तों के माध्यम से व्यंजित करते हैं, केवल तर्क नहीं प्रस्तुत करते। माला, तिलक धारण करने, फूल-पत्ती से देव-पूजा करने, वेद-पुराण पढ़ने की निरर्थकता को व्यंजित करने में भी वह राम (परम सत्य) के मर्म का आधार ग्रहण करते हैं। यह कबीर का अक्खड़ प्रश्न करने का ढंग, पूजा-बन्दगी करने की असंगतियों तथा निरर्थकताओं को उद्घाटित करने की उनकी शैली, मान्यताओं के विरोधाभासों को उद्घाटित करने का उनका स्वर तथा धर्म के नाम पर चलने-वाले कर्म-काण्डों की भावहीनता की उनकी अभिव्यक्ति रचना के स्तर के हैं और इसीलिए मन को गहरे स्तर पर प्रभावित करते हैं। सम्बोधन, ललकार, प्रबोधन, चुनौती, तीखी आलोचना करने की उनकी भाषा अनुभव के स्तर पर प्रभावशील अभिव्यक्ति करने में सक्षम है और काव्य-भाषा है।

(2 : 13) 'काजी कौन कतेब बषांनै' कह कर सम्बोधित करने की शैली एकाएक ध्यान आकर्षित करती है और 'हिन्दू तुरुक कहाँ तैं आए', 'किन यह राह चलाई' तर्क वाद-विवाद या तर्क-वितर्क न होकर प्रभाव डाल कर अभिभूत करनेवाली है। इस भाव के स्तर पर सम्प्रेषित करने के क्रम में वह 'वेद कतेय कहहु मत झूठे झूठा जो न विचारै' यह भी कहते हैं। जब सर्वत्र घट-घट में एक ही व्याप्त है, तो दूसरा मान कर हत्या करनेवाला 'हक' पाने का दावा कैसे करता है। सब जीव साईं (ईश्वर) के प्यारे हैं, फिर हिंसा से कैसे उबरा जा सकेगा। इस अभिव्यक्ति के क्रम में कबीर घोषित करते हैं कि विहिस्त (स्वर्ग) पाने की कल्पना रोजा-नमाज, पूजा-पाठ, हज तथा तीर्थ-व्रत करने से सम्भव नहीं, यह मुक्ति का द्वार तो 'आपाजानि और को जाने' में अर्थात् आत्मानुभव तथा दूसरे को आत्मवत अनुभव करने में ही है। यही अपने स्वामी का परिचय अर्थात् साक्षात्कार भी है। इस रचनात्मक अभिव्यक्ति के सम्बोधन में निकटता रहती है, पर इसी के अन्तर्गत प्रताड़ना का भाव भी

निहित हो जाता है, 'पण्डित कौन कुमति तुम लागे'। वेद-पुराण का ज्ञान तुम्हारे लिये गदहे की पीठ पर चन्दन का भार ही है। मानसिक स्तर पर स्वयं अन्धे होकर अन्धे को क्यों ज्ञान देते हो। माया के प्रपंच में फँसे रहकर विद्या का व्यापार करते हो। यह प्रभाव डालने की शैली भाषिक रचना का एक रूप ही है। इसी प्रकार उनके व्यंग्य में बड़ी मार्मिक चोट है। ब्राह्मण वेद-शास्त्र, गायत्री-मन्त्र का उच्चारण करते हैं, पर भाव से हरि नाम नहीं ले पाते। जगत् से पैर छुआते हैं, पर जीव-हत्या करते हैं। मनुष्यों में ऊँच-नीच का भेद-भाव करते हैं, पर अपना पेट घृणित कर्मों से भरते हैं। फिर कबीर व्यंग्य करते हुए कहते हैं, 'तूँ ब्राह्मन मैं कासी का जुलाहा, मोहि तोहिं बराबरि कैसे कैं बनहिं'। बिना काव्याभिव्यक्ति की क्षमता के इस प्रकार का मार्मिक व्यंग्य सम्भव नहीं हो सकता। इसी प्रकार 'साकत' पर उनका व्यंग्य अधिक तीखे ढंग से किया गया है, 'साकत सेती भूलि न कहिए'; क्योंकि कौआ को कपूर चुगाने, साँप को दूध पिलाने से क्या? 'अम्रित लै लै नींव सिंचाई। कहै कबीर बाकी बानि न जाई।' इस प्रकार का तीखे ढंग से कहा गया व्यंग्य रचनात्मक स्तर पर प्रभावी हो गया है।

(2 : 14) कबीर पण्डित तथा शेख पर व्यंग्य सामान्य जीवन के व्यवहार तथा आचरण के स्तर पर करते हैं। उसका कारण है कि योगी या अवधूत का साधना का मार्ग है, वह सामाजिक जीवन के प्रति उपेक्षाशील रहे हैं, अतः उनके इसी पक्ष को कबीर दृष्टि में रखते हैं और साधना-पद्धति का उनको पूरा ज्ञान भी है। पर पण्डित और शेख को समाज के स्तर पर सम्बोधित करते हैं, समाज को जिस प्रकार वे परिचालित करते हैं, उसके आचार-विचार को जिस प्रकार निर्दिष्ट करते हैं, पूजा-विधानों तथा कर्मकाण्डों को उसमें प्रचारित करते हैं, वे उसका खण्डन तथा उपहास करते हैं। पर उस कथन-शैली में आक्रामक मुद्रा नहीं है। जहाँ तक जन-साधारण में प्रचलित कुरीतियों, आडम्बरों तथा अन्धविश्वासों का उपहास करने तथा उनकी निरर्थकताओं पर व्यंग्य करने का प्रश्न है, लापरवाही के साथ सहज आत्मीय भाव बना रहता है। उनके अनुसार जिस साहब को चींटी के पैरों के घुँघरु की आवाज सुनायी देती है, उसे मसजिद में मुल्ला बाँग देता है, क्या यह समझता है कि खुदा बहरा है। और पण्डित जी आसन मार कर लम्बी माला जपते हैं, पर मन के अन्दर कपट भाव से कतर व्योंत चलता रहता है, साहब यह भी देखता है। लोग गहरी नींव जमाकर ऊँचे-नीचे महल बनाकर रहने की कल्पना करते हैं, कौड़ी-कौड़ी जोड़कर माया एकत्र करते हैं और भूमि में गाड़ते हैं। पर यह सब जैसे का तैसा रह जायगा, इसके लिए व्यक्ति पाप-वृत्ति में लगा रहता है। इस प्रकार कबीर सीधी-सादी भाषा में व्यक्तित्व की सहजता से उपहास तथा व्यंग्य करते रहते हैं। उनकी लापरवाही की भावना की सारी उक्तियों में साधारण जन के मन को स्पर्श करने की सरसता भी है। पर सामाजिक जीवन में मानवीय मूल्यों को खण्डित करनेवाले ऊँच-नीच भाव, पाखण्ड, कुरीतियों, निरर्थक कर्मकाण्डों के समर्थक-प्रचारकों के प्रति वह निश्चय ही कठोर तथा निर्मम रहे हैं।

सन्दर्भ

प्रकरण द्वितीय : कवि व्यक्तित्व का परिवेश

अनु. 4 : पूरब जनम हौं तप का हीना।। अब कहु राम कवन गति मोरी।
तजिले बनारस मति भइ थोरी।। बहुत बरस तप कीया कासी।
मरनु भया मगहर को बासी।।... ओछी भगति कैसे उतरसि पारी।
कहु गुर गति सिव संभु को जानै।। मुआ कबीर रमता श्री रामै।

(क. ग्र. पद 346) क्या ह्वै तेरे न्हाई धाँई, आतम राम न चीन्हाँ सोई।। क्या घट उपरि मंजन कीयै, भीतरि मैल अपारा।। राम नाम बिन नरक न छूटै, जै धोवै सौ बारा।। का नट भेष भगवाँ बस्तर, भसम लगावै लोई।। ज्यूँ दादुर सुरसरी जल भीतरि हरि-बिन मुकति न होई।।

(वही : पद 270) जिनि हँम साजे साँज्य निवाजे बाँधै काचै धागै। जे तुम्ह जतन करो बहुतेरा, पाँणी आगि न लागै। साहिब मेरा लेखा मागै लेखा क्यूँ करि दीजै। ते तुम्ह जतन करो बहुतेरा, तौ पाँइण नीर न भीजै।।

(वही : पद 110) अनेक जन्म में आने-जाने को बिना भाड़े की बेगार, नाना रूप नट के समान रखना कहा गया है। (वही : पद 111) अवगुण क्षमा करने की बात माता के समान, जो सबके अपराध क्षमा करती है।

अनु. 6 : (पा. क. ग्र. पद 151) जोगिया फिरि गयो गगन मझारी। रह्यौ समाइ पंच तजि नारी। गयौ दिसावरि कौन बतावै। जोगिया गुफा नहिं आवै। जरि गौ कंथा घजा गयै टूटी। भजि गौ डंड खपर गयौ फूटी। कहै कबीर जोगी जुगुति कमाई। गगन गया सो आवै न जाई।। (स. क. सा. 85-86)।

अनु. 7 : (क. ग्र. पृ. 69; शब्दा. पृ. 106 तथा स. क. सा. पद 85-86)

अनु. 8 : (पा. क. ग्र. : सूरातन दो. 31, प्रेमविरह दो. 47) (दो. 31) कबीर यह घर प्रेम का खाला का घर नाहिं। सीस उतारै हाथ करि सो पैंठे घर माँहि।। (दो. 47) नैनां अंतरि आव तूं, निस दिन निरखूँ तौंहि। कब हरि दरसन देहुगे, सो दिन आवहि मोहि।।

अनु. 9 : (क. ग्र., सूरातन को अंग और पा. क. ग्र., पद, 2—प्रेम), (पा. क. ग्र. पद 6) बहुत दिनन थैं मैं प्रीतम पाये भाग बड़े घरि बैठे आये। मंगलाचार माँहि मन राखौं, राम रसाँइण रमना चाषौं। मंदिर माँहि भयो उजियारा। ले सूतो अपना पीव पियारा।

अनु. 10 : (पा. क. ग्र. : पद 161, 163, 157, 108, 150, 50, 51 और 52)

(पद 157) अवधू कुदरति की गति न्यारी। रंक निवास करै राजेसुर भूपति करै भिखारी।। यातै लौंगहिं फर नहिं लागै बांवन चन्दन फूलै। मच्छ शिकारी रमैं जंगल मैं सिंध समुन्दर झूलै।।—वांधि अकास पतालि पठावै सेस सरग पर राजै। कहै कबीर राम है राजा जो कछु करै सौ छाजै। (पद 108) अवधू सो जोगी गुर मेरा। जो या पद का करै निवेरा।। तरवर एक पेड़ बिनु ठाढ़ा बिन फूला फल लागा। साखा पत्र कछू नहिं वाकै अष्ट गगन मुख बागा। (पद 150) कोरी कौ काहू मरम न जाना। सब जगु आनि तनायौ ताना।। धरनि अकास की करगह बनाई। चंद सुरुज दुइ नरी चलाई।। (पद 50) अब मोहि नाचिवो न आवै। मेरो मन मंदरिया न बजावै।। ऊभर था सो सूभर भरिया त्रिसना गागरि फूटी। काम चोलना भया पुराना गया भरम सब छूटी। (पद 52) संतों भाई आई ग्यान की आँधी रे। भ्रम की टाटी सभै उड़ानी माया रहै न बांधी रे।।

अनु. 11 : (पा. क. ग्र. : पद 36, 39, 40) (पद 36) काम क्रोध हंकार बिअपै ना छूटै माया। .... देहु दीदार विकार दूर करि तब मेरा मन मानै।। (पद 40) गोविन्द हम असै अपराधी। जिन प्रभु जीउ पिंडु था दीया, तिसकी भाव भगति नहिं साधी।

अनु. 12 : (पा. क. ग्र. : पद 178, 179, 189) (पद 178) पढ़त पढ़त केते दिन बीते गति एकौ नहीं जानी। ... हिन्दू तुरुक कहाँ तैं आये किन एह राह चलाई। दिल महि खोजि देखि खोजादे भिस्ति कहाँ तैं आई।। (पद 179) राम कहै दुनिया गति पावै खाँड़ कहे मुख मीठा।...नर कै संगि सुवा हरि बोलै हरि परताप न जानै। जौ कबहूँ उड़ि जाइ जंगल में बहुरि सुरति नहिं आनै।। साँची प्रीति बिखै माया सौं हरि भगतन सौं हांसी। कहै कबीर प्रेम नहिं उपजै तो बांधे जमपुर जासी।। (पद 189) जउ मैं बउरा तउ राम तोरा। लोगु मरमु का जाने मोरा।...लोगु कहै कबीर बौराना। कबीर का मरमु राम भल जाना।

अनु. 13 : (पा. क. ग्र. : पद 198, 183, 184, 181, 196, 168, अनु. (वच., पृ. 144) (पद 183) मुल्ला कहहु निजाउ खुदाई। इहि विधि जीउ का भरम न जाई।। सरजीव आनै देह विनासै माटी बिसमिल कीआ। जोति सरूपी हाथि न आया कहौ हलाल क्यूँ कीआ।। (पद 196) तूँ ब्राह्मन मैं कासी का जुलाहा मोहि तोहिं बराबरि कैसे कै बनहिं। कहै कबीर हम राम लगि उबरे बेदु भरोसै पांडे डूबि मरहि।।

—————

प्रकरण तृतीय

काव्य-दृष्टि और रचना-प्रक्रिया

(3 : 1) सजग या असजग रूप से रचनाकार अपनी काव्य-दृष्टि की अपनी कृति में निर्दिष्ट अथवा व्यंजित करता है। हमारे भक्ति काव्य के चार प्रमुख कवियों में जैसा हम जानते हैं जायसी तथा तुलसी अपने कवि-कर्म के प्रति सज़ग हैं। उन्होंने अपनी काव्य-दृष्टि तथा रचना-प्रक्रिया का परिचय कतिपय सन्दर्भों में दिया है। कबीर तथा सूरदास ने इस प्रकार का उल्लेख नहीं किया है और न कोई स्पष्ट सन्दर्भ उनकी रचनाओं में मिलता है। पर भावाभिव्यक्ति तथा भक्तिपरक सन्दर्भों से इस दृष्टि तथा प्रक्रिया को स्पष्ट रूप में देखा जा सकता है। इस दृष्टि तथा प्रक्रिया के सम्बन्ध में इन कवियों के विचारों तथा सिद्धान्तों का आकलन करने तथा उनकी व्याख्या से हम यह देख सकेंगे कि वे किस प्रकार रचना के स्तर पर सांस्कृतिक मूल्यों के व्यापक मानवीय सन्दर्भ को स्वीकार तथा प्रतिपादित करते हैं और इस प्रकार उनकी काव्य की परिकल्पना संश्लिष्ट रूप में स्वीकार की जा सकती है। उनकी काव्य-दृष्टि में मान्य तथा प्रतिष्ठित काव्य सिद्धान्त हैं, जो काव्य की रचनाशीलता को उसमें अभिव्यक्त होनेवाले भाव सौन्दर्य अथवा अनुभव वैशिष्ट्य अथवा रसानुभूति के लोकोत्तर आस्वादन के रूप में व्याख्यायित करते हैं। पर साथ ही उनके चिन्तन में काव्याभिव्यक्ति का मूल-प्रक्रिया से अविच्छिन्न सम्बन्ध है, जो जीवन के स्तर के लोक-मंगल के मूल्यों, समाज-कल्याण के मूल्यों, नैतिक आदर्शों के आधार से उच्च से उच्चतर भूमिकाओं में व्यंजित तथा उपलब्ध होता है। सामान्य लोक-जीवन को अभिव्यक्त करनेवाले काव्य में व्यंजित रसानुभव, सौन्दर्यानुभव विशिष्ट अनुभव को लोकोत्तर स्थिति माना गया है। पर यह लोकाविशिष्ट का अर्थ देनेवाला प्रयोग है। भक्ति के क्षेत्र में यह काव्याभिव्यक्ति अपनी लोकोत्तर विशिष्ट भाव व्यंजना से अलौकिक परम परात्पर अनुभव की ओर प्रवृत्त करने का प्रयास है। हम देखेंगे कि कबीर जैसा कवि अपनी रचनाओं में इस दृष्टि तथा प्रक्रिया को किस प्रकार लक्षित या व्यक्त करता है और उनमें मानवीय मूल्यों के अन्तर्भाव को किस प्रकार और किस सीमा तक लक्षित किया जा सकता है।

(3 : 2) कवि अपने युग-जीवन तथा व्यापक मानवीय परिस्थिति को रचना के स्तर पर अभिव्यक्त करने की प्रक्रिया में साधारणीकरण के माध्यम से ग्रहण करता है। रचना के अनुभव में स्थितियों तथा वस्तुओं के सन्दर्भ-विशेष सामान्य होकर विशिष्ट संवेदन के रूप में आस्वादनीय हो जाते हैं। यह रचनात्मक अनुभव रसानुभूति मानी जाय या सौन्दर्यानुभूति, लोकोत्तर प्रतिपादित किया जाता हो अथवा रचनात्मक वैशिष्ट्य के अर्थ में स्वीकार किया जाता हो, प्रायः यह माना गया है कि सामान्य जीवन के व्यवहार के स्तर के अनुभवों से वह

भिन्न होता है। इस भूमिका पर सामाजिक कुछ समय के लिए अपने साधारण जीवन से तटस्थ हो जाता है। हम पिछले प्रकरण में देख चुके हैं कि भक्त कवियों ने इस स्तर पर अपने सम्प्रदाय तथा साधना पद्धतियों को स्वीकार करके भी उनका अतिक्रमण व्यापक मानवीय मूल्यों की अभिव्यक्ति के रूप में किया है। काव्य के स्तर पर यह इसी कारण सम्भव हुआ कि इस अभिव्यक्ति में व्यवहार के विशेष से तो सामान्य, पर जीवन के स्तर से विशिष्ट अनुभव रूपायित होता है। अतः मध्य-युग में समाज को व्यापक मानवीय मूल्यों के स्तर पर संश्लिष्ट संस्कृति का आधार देने का जो व्यापक भक्ति आन्दोलन चल रहा था, उसे हमारे कवियों ने अपनी रचनाओं में अधिक व्यापक तथा संश्लिष्ट मूल्यों की अभिव्यक्ति के माध्यम से गतिशील तथा सर्जनशील समर्थन दिया है। उनकी यह व्यापक मानवीय दृष्टि मूल्यों की प्रक्रिया को संश्लिष्ट सांस्कृतिक आधार ग्रहण कराने में इसी रूप में समर्थ हुई है। वस्तुतः भक्ति-आन्दोलन के प्रवर्त्तक आचार्यों का उपक्रम भी समाज की कुण्ठाओं, जड़ताओं, अन्धविश्वासों तथा मूल्यहीनताओं से मुक्त कर मानव-मूल्यों की ओर उन्मुख करने का था। पर जैसा कहा है, इन आचार्यों के दार्शनिक सिद्धान्तों, उनके द्वारा प्रतिपादित भक्ति के मार्गों तथा पूजा-अर्चा की पद्धतियों में मूल्यों की व्यापक मान्यता के बावजूद अन्तर था। वस्तुतः जब कभी मूल्यों को मर्यादाओं तथा व्यवहारों के बाह्य आचरण के रूपों के साथ सम्बद्ध किया जाता है, वे विजड़ित होने लगते हैं और इन रूपों के अन्तर तथा विरोध भी लक्षित होता है। पर हम देख चुके हैं कि रचनात्मक स्तर पर मूल्य गतिशील रूप में व्यंजित होते हैं। अतः इस स्तर पर मूल्यों की अभिव्यक्ति अधिक व्यापक मानवधर्मी होती है और वह स्तर सांस्कृतिक संश्लेषण का रहता है।

× × ×

(३ : ३) प्रमुख भक्त कवियों में कबीर अपनी अभिव्यक्ति की रचनात्मक दृष्टि तथा प्रक्रिया के प्रति सबसे कम जागरूक हैं। उनमें सांसारिक व्यावहारिक जीवन के प्रति उपेक्षा की सीमा तक पहुँचा हुआ तटस्थ भाव मिलता है। इसी प्रकार वह अपनी अभिव्यक्ति के प्रति भी तटस्थता के साथ अलमस्त है। जैसा हम उनके व्यक्तित्व के निरूपण में देख आये हैं कि उनके मस्त, अक्खड़, निर्द्वन्द्व भाव में अभिव्यक्ति के स्वरों, शब्दों, भाषिक रूपों तथा शैलियों में रचनाकार का ही व्यक्तित्व उभरता है। उनकी फटकार, उनके व्यंग्य, उपहास तथा सम्बोधन में भी ऐसी ही मार्मिकता तथा प्रभावोत्पादकता है। इसी स्तर पर हम उनकी काव्य-दृष्टि तथा रचना-प्रक्रिया को अन्य सन्दर्भों के आधार पर लक्षित तथा व्याख्यायित कर सकते हैं। उनका सारा काव्य साखी शब्दों में है अर्थात् मुक्तकों तथा पदों में। रमैनी हमारी दृष्टि से महत्त्व की नहीं, अगर उसे प्रामाणिक कबीर की रचना माना भी जाय। और उनकी सारी साखियाँ तथा पद विभिन्न अंगों के अन्तर्गत आते हैं। ऐसी स्थिति में कोई ऐसा प्रसंग नहीं उपस्थित हुआ है, जिसमें कवि की अपनी रचना-दृष्टि तथा उसकी प्रक्रिया के बारे में स्वीकार करना होता। हम देखेंगे कि विविध अंगों में ऐसे पद तथा साखियाँ हैं जिनमें गुरुमहिमा, प्रेम, परचा, चितावुनी, रस-बेलि आदि के अन्तर्गत कबीर की व्यापक रचना-दृष्टि तथा प्रक्रिया पर विचार किया जा सकता है। कबीर 'सहज सुख अंतरि' के 'एक बूँद राम रस' की अनुभूति को जब कलाली की मद के निकालने की प्रक्रिया के रूपक-विधान में संयोजित कर उसे 'नीझर झरै अमी रस' की लोकोत्तर भूमिका पर व्यंजित करते हैं, तो वस्तुतः

रस-निष्पत्ति का सहारा कैसे हैं। फिर अवधू को सम्बोधित कर 'मनु मतवारा' के 'उनमनी चढ़ा मगन रस पीबै' कह कर 'त्रिभुवन उजियारा' होने की बात कहते हैं, तो 'सहज सुन्नि में' महारस के आस्वाद (अनुभव) की बात कहते हैं। यह रचनात्मक स्तर पर विशिष्ट अनुभव के माध्यम से उस अलौकिक आस्वाद को कहने का प्रयत्न है। इस स्थिति के वैशिष्ट्य को कथन के प्रतीक-विधान में अभिव्यक्ति देने के प्रयत्न में कवि कहता है, ''यथार्थ जीवन में अँधेरे में अदृश्य वस्तु को दीपक के प्रकाश में देखा जाता है, पर जब अगोचर (परम सत्य) वस्तु को व्यक्ति उपलब्ध कर लेता है, तब दीपक ही विलीन हो जाता है, उसका अस्तित्व सत्य में समा जाता है। और इस सत्य को पाने के लिए आत्मा को निर्मल रखना होता है।'' यहाँ सामान्य जीवन के भाव-जगत् का रचना के स्वर पर संयोजित-अभिव्यक्त अनुभव तटस्थ तथा लोकोत्तर स्थिति के रूप में आध्यात्मिक जीवन की व्यंजना ही है। कबीर इस स्तर के अनुभव से पूरी तरह अवगत है। इस सत्य को भी वह जानते हैं कि 'बोलना का कहिए रे भाई। बोलत बोलत तत्त नसाई।' अर्थात् इस परम की भाषिक अभिव्यक्ति सम्भव नहीं है, क्योंकि हमारी भाषा विभेदमूला है। वह अंश, अंग या पक्ष विशेष के ज्ञान पर आधारित है। इसी प्रकार उपनिषद् के अनुसार कबीर भी कहते हैं, ''यद्यपि हमारा विचार बोल कर अर्थात् भाषा के माध्यम से होता है, पर पूर्ण सत्य के बारे में मौन ही रहा जा सकता है।' कबीर दृष्टान्त देते हैं, 'आधा घट ही बोलता है, भरा होता है तो कभी नहीं बोलता'। इस अभिव्यक्ति की भाषिक कठिनाई के कारण ही कबीर जैसे मुक्त और सहज व्यक्ति को भी उलटवाँसियों के आधार पर सत्य को व्यक्त करना पड़ा है, ''बिना तने के एक पेड़ खड़ा है, बिना फूल के जिसमें फल लगता है। साखा-पत्र उसके कुछ नहीं है, उसका अष्ट गगनों में विस्तार है। इसी प्रकार जिस गावनहार के रूप-रेख नहीं हैं, उसके न जीभ है, न पैर है और न उसके साथ बाजा ही है, आत्मानुभव के स्तर पर गुर उस सत्य का साक्षात्कार कराता है।'' वस्तुतः काव्याभिव्यक्ति के स्तर पर ही इस शैली में परम सत्य को व्यंजित करने का प्रयत्न है। काव्य के लोकोत्तर अनुभव की अभिव्यक्ति-शैली का उपयोग यहाँ कबीर सजग रूप में कर रहे हैं।

(3 : 4) कबीर ने 'सतगुर महिमा' प्रसंग में कोट-भ्रंग न्याय के माध्यम से उस प्रक्रिया की व्यंजना की है, जिसमें जीवनगत सामान्य भावों तथा अनुभवों की रचनात्मक अभिव्यक्ति व्यापक मानवीय स्तर पर होती है। गुरु शिष्य का रूपान्तरण अपनी लोकोत्तर भूमि पर करता है, कवि भी सामाजिक को साधारणीकरण द्वारा विशिष्ट अनुभव की भावभूमि पर ले जाता है। इसी प्रकार 'अजय' जड़ी देकर गुरु इन्द्रियातीत लोकानुभव के परे शिष्य को निर्मल अस्तित्व में 'अमृत रस' के आस्वाद की क्षमता प्रदान करते हैं। यह प्रक्रिया एक ओर अनिर्वचनीय ब्रह्मानुभव की है तो दूसरी ओर काव्याभिव्यक्ति के आस्वाद के विशिष्ट स्तर की व्यंजना भी करती है। कबीर जब बहुत दिनों की प्रतीक्षा के बाद बड़े भाग्य से प्रियतम के आने और उससे आत्मिक प्रकाश पाने का वर्णन करते हैं तो 'सहज सुहाग' की आनन्दोपलब्धि का यह दुहरा स्तर लक्षित होता है। इस काव्याभिव्यक्ति की रसानुभूति से आध्यात्मिक अनुभव को व्यंजित किया गया है। इस प्रेम-प्रसंग में वियोग के ताप और मिलन के उल्लास का वर्णन किया गया है। यहाँ स्पष्टतः देखा जा सकता है कि कवि जीवन के स्तर पर अपनी रचनाशीलता से इस भाव-स्थिति की आध्यात्मिक आधार पर व्यंजना का उपक्रम कर रहा है।

हरि को अपना प्रिय कह कर जब अपने को बहुरिया के रूपक-विधान में आध्यात्मिक सम्बन्ध तथा मिलन की परम स्थिति की व्यंजना की गयी है, उसमें रचनात्मक स्तर की भाव-व्यंजना की प्रक्रिया का आधार ग्रहण किया गया है। प्रिय की प्रतीक्षा, मिलन कामना में एकमेक होने की व्यंजित आकांक्षा और विरह को वेदना की अभिव्यक्ति जीवन के स्तर पर आध्यात्मिक प्रेम की व्यंजना करती है। परात्पर ब्रह्म के सम्बन्ध को आन्तरिक आत्म तत्त्व के आधार पर और उसकी सूक्ष्म इन्द्रियातीत प्रक्रिया को प्रिय के मिलन के लिए उत्सुक-व्यग्र तथा मार्मिक व्यथा का अनुभव करती हुई विरहिणी की भावव्यंजना के माध्यम से अभिव्यक्त करने में कबीर काव्य-भाषा की रचनात्मक प्रक्रिया को स्वीकार करते हैं। 'बालम आउ हमारे गेह रे। तुम बिन दुखिया देह रे।।' इस भाव को व्यक्त करनेवाली विरहिणी 'एकमेक है सेज' पर सोने की आकांक्षा को व्यक्त करते हुए 'अविनासी दुलहा' की अनवरत प्रतीक्षा में है। यह भाव-व्यंजना जीवन के स्तर से काव्य रूप में उसके अतिक्रमण का प्रयास है। काव्य-प्रक्रिया के स्तर पर हमारी भावस्थितियों की साधारणीकरण की प्रक्रिया से 'लोकोत्तर' व्यंजना सम्भव होती है।

(3 : 5) कबीर 'अनभई भेद बानी' के अन्तर्गत परम सत्य के अनुभव को इस प्रकार के रूप-विधान में व्यंजित करने का उपक्रम करते हैं, जिसकी अटपटी, उलटवाँसी अथवा प्रतीक योजना में उसके अलौकिक अनुभव को रचना के स्तर में व्यंजित किया जा सके। इस सारी प्रक्रिया में वह भी निहित है कि शब्दों में (भाषिक रूप में) इस सत्यानुभव को पूरी तरह अभिव्यक्ति मिल नहीं सकती। पर काव्य की व्यंजना में अर्थ की ध्वनियाँ-प्रतिध्वनियाँ सम्प्रेषित होती हैं, जिसमें इस आध्यात्मिक अर्थ का संकेत ग्रहण कराये जाने का उपक्रम है। रचना की अभिव्यक्ति के इस रूप-विधान से कबीर जिस प्रकार परिचित हैं, उसी प्रकार अर्थ-संकेत की अभिव्यक्ति के बारे में आश्वस्त हैं। उसके अनुसार राजा राम (परम सत्य) की कहानी जान ली है, अन्तर में इस राम (सत्य) की ज्योति प्रकाशित हो गयी है। गुरु कृपा से यह साक्षात्कार विरला ही कर पाता है। इस आन्तरिक अनुभव को इस अलौकिक दृश्य-विधान में कवि व्यंजित करता है, 'यह अनन्त बडरवाला एक तरुवर है, जिसकी शाखाएँ पुष्प, पत्र तथा रस से आपूरित हैं। यह अमृत की बाड़ी प्रभु द्वारा आपूरित है। और एक भौंरा (साधक) इस दिव्य स्तर पर पुष्प की सुगन्ध में अनुरक्त है।' काव्य की अभिव्यक्ति का स्तर जैसा कहा गया है विशिष्ट तथा साधारणीकृत अनुभव की भाव-व्यंजना का माना गया है। पर यह भी स्मरणीय है कि यह सारी रचना-प्रक्रिया का भाव-जगत् जीवन के स्तर पर आधारित-व्यंजित होता है, जबकि साधना के स्तर का अनुभव लोकोत्तर इस अर्थ में है कि उसका आधार जीवन का अर्थात् लौकिक अनुभव या भाव-जगत् नहीं रहता है। इस स्तर को व्यंजित करने की काव्यशैली अन्ततः हमारे अनुभव-जगत् में प्रतीकों, बिम्बों, रूपकों का आश्रय लेती है। यह अवश्य है कि उसमें उनका अलौकिक, व्यतिक्रमी तथा विरोधाभासी (उलटवाँसियों के) रूपक-विधान का अनेक बार आश्रय लिया गया है, 'कहो भइया अम्बर कासौ लागा। कोई बूझैं बूझनहार सभागा।।' कौन ऐसा चतुर चित्रकार है, जिसने अम्बर के बीच तारों को दिखला दिया है। इस प्रकार रूपक में तन की मटकी में मन को बिलोकर उसमें सँजोए हुए शब्द तत्त्व को पाने की प्रक्रिया की अभिव्यक्ति है, और कहा गया है कि मटकी

के फूटने के साथ गूजरी की आत्मा परम ज्योति में समाहित हो गयी। होली खेलने के रूपक-विधान में सतगुरु के साथ फाग खेलने के क्रम में आत्मा तथा ब्रह्म के एकमेक अनुभव की अभिव्यक्ति की गयी है। इस स्तर पर ध्यान-युक्ति, ज्ञान-मार्ग, त्रिकुटी का अनुभव, सुरति आदि सभी रूपक के अंग हो गये हैं और लोकोत्तर रसानुभव की व्यंजना की गयी है। ऊँचे तरुवर के मीठे फल के सुधा रस आस्वाद का एक दूसरे प्रतीक-विधान से इस परात्पर अनुभव के मार्ग की कठिनाइयों का चित्र प्रस्तुत किया गया है और 'सील साँच के खूँटे धरि पग ग्यान गुरु गहे डोरी' के बाद उस अनुभव की उपलब्धि सम्भव मानी गयी है। कबीर सजग रूप से अनुभव के इस स्तर की रचना में भाषिक अभिव्यक्ति करते हैं, क्योंकि उनके परात्पर सत्य के अनुभव के सम्प्रेषण की प्रक्रिया यही हो सकती है, यथार्थ की सीमा का उन्हें पूरा ज्ञान है। कवि 'मर्म' की अभिव्यक्ति के लिए अपने प्रिय करघा के रूपक-विधान को प्रस्तुत करता है। सांसारिक ताना बाना को इसके 'धरनि अकास के करगह' में 'चंद सुरुज दुइ नरी' के बीच चलाने की प्रक्रिया काव्य-संरचना का रूप है, क्योंकि इस 'सहस तार लै पूरनि पूरी' की कल्पना से आध्यात्मिक अनुभव को अभिव्यक्ति मिल सकी है, जिसमें सांसारिक कर्मचक्र का अतिक्रमण कर 'सूतै सूत' मिलाने के प्रतीक में परम तत्त्व के मिलन की व्यंजना है।

(3 : 6) कबीर ने योग के विभिन्न मार्गों के रूपक-विधान को एक स्तर पर ग्रहण किया है, और उनके योगपरक रूपकों तथा उलटवाँसियों की अभिव्यक्ति को समझने में इस परम्परा से सहायता मिलती है। पर जैसा हजारीप्रसाद द्विवेदी ने 'कबीर' में विवेचित किया है, उनकी मूल दृष्टि इन योगियों से भिन्न है। वह योग-प्रक्रिया के द्वारा 'सहज-समाधि' के अनुभव को स्वीकार नहीं करते। योग की स्थिति में प्राप्त सम-भाव (शून्य भाव) शाश्वत नहीं है; अतः कबीर सहज समाधि तथा सहज प्रेम की स्थिति को शाश्वत परम तत्त्व का अनुभव मानते हैं। अनहद नाद को स्वीकार करते हुए वह प्रश्न करते हैं कि इस अनुभव के समाप्त होने के बाद साधक की स्थिति क्या है? यह परम सत्य नहीं है, चरम है उसका स्रोत 'आप आप थे जानिये, है पर नाही सोइ'। वस्तुतः आत्मानुभव में उस बजानेवाले का आत्मसाक्षात्कार ही सत्य है। इस अनुभव से भटक कर योगी या जंगम सभी की साधना एक स्तर के आगे नहीं ले जाती। चरम सत्य और परम तत्त्व को भक्ति अर्थात् अनुभव के परात्पर स्तर पर पाया जाना सम्भव है, 'कहै कबीर जोगी अरु जंगम, ए सब झूठी आसा। गुरुप्रसादि रटौ चात्रिक ज्यूँ, निहचै भगति निवासा। योगपरक साधना तो शून्य में भटकना-जैसा ही है। कबीर इस प्रकार परम अनुभव को ही परम सत्य की प्राप्ति मानते हैं, इस परात्पर अनुभव को अपनी काव्य-दृष्टि से ग्रहण करते हैं और रचनाप्रक्रिया के विविध स्तरों पर अभिव्यक्त करने का उपक्रम करते हैं। अपनी इस अनुभूति को मन की अन्तर्मुखी प्रक्रिया में बिरले जनों के झल (प्रकाश) के साक्षात्कार रूप में विपरीत प्रतीक-विधान में अभिव्यक्त करते हैं। "गुरु के पलीता लगाने से शिष्य परम तत्त्व के 'विरल' प्रकाश से उद्भासित हो जाती है, फिर षट् चक्रों को प्राण-वायु उलटे क्रम से बेध कर सुरति शून्य में समाहित हो जाती है। यह तो अनुभव का वह स्तर है जहाँ न कोई आता है न जाता है, योग-साधना से परे है। फिर तो निकट दूर, दूर निकट अनुभव जो जैसा मानता है, करता है। इस निर्गुण परम तत्त्व को कथा किससे कही जाय, है कोई चतुर-विवेकी।" इसे वस्तुतः कहा नहीं जाता, अनुभव की स्थिति मात्र

है। यह कहने की विवशता और उसका रूप-विधान काव्य-रूप ही है। इसी प्रकार परात्पर अनुभव की अभिव्यक्ति के लिए वैचित्र्य के अलौकिक प्रतीकों का संयोजन किया गया है। सतगुरु का साधु-सन्तों के साथ ऋतु वसन्त में परम ज्योति का फाग खेलना, तीन लोकों के परे अनहद नाद का बजना, चारों दिशाओं में परम ज्योति की धारा का प्रवाहित होना, कोटि-कोटि कृष्णों का हाथ जोड़ना, विष्णुओं का माया नवाना आदि ऐसा ही काव्य के लोकोत्तर अनुभव को अभिव्यक्त करनेवाला प्रतीक-विधान है। इसी प्रकार योग-साधना के रूपक का उपयोग उसके अनुभव के अतिक्रमण करनेवाली आध्यात्मिक प्रेम-मिलन की व्यंजना के लिए करते हैं। योगी 'पंच नारियों' को त्याग कर गगन के बीच विचरण करता हुआ किस परदेश गया है, कौन कह सकता है। इस परम अनुभव में प्रवेश कर फिर योगी अपनी योग-समाधि (गुफा) में प्रवेश नहीं करता। इस पर कंथा जल गया है, ध्वजा टूट चुकी है, डण्ड दूर गया है और खप्पर फूट गया है अर्थात् उसका सारा बाह्य-विधान निरर्थक हो चुका है और योगपरक साधना की सारी प्रक्रिया व्यर्थ हो चुकी है, क्योंकि परम तत्त्व के अनुभव को पाने के बाद कहीं आना-जाना नहीं होता, क्योंकि गगन का आधार भी विलीन हो चुका है, इस प्रकार रचना-प्रक्रिया के माध्यम से ही विलक्षण अनुभव को अभिव्यक्त करने का प्रयत्न है।

(3 : 7) यह स्वयं कबीर निरन्तर व्यंजित करते हैं कि जिस अनुभव के स्तर की बात वह कर रहे हैं, वह सामान्य लोक-जीवन की भाव-व्यंजनाओं में व्यक्त नहीं होता। गुरु के द्वारा ज्ञान का मार्ग प्रशस्त होने पर शब्द चित्त के दर्पण पर परात्पर अनुभव का साक्षात्कार कराता है। यह शब्द सत्य के शूरवीर गुरु के द्वारा बाण के समान फेंका जाकर आन्तरिक अस्तित्व में प्रवेश कर पार्थिव जीवग से मुक्त करता है। अनुभव के इस स्तर पर लौकिक जीवन में व्यतिक्रम उपस्थित होता है, गूँगा बावला हो जाता है, कान बहिरा हो जाता है, पैर से पंगु हो जाता है, सतगुरु के बाण मारने (सत्य का मार्ग दिखाने) का ऐसा अलौकिक प्रभाव होता है। उनकी महिमा अनन्त है और अन्तहीन उपकारक वह अनन्त दृष्टि खोल कर अनन्त सत्य का साक्षात्कार करा देते हैं। धनुष-बाण के प्रतीक से शरीर के भौतिक अस्तित्व के परे प्रेम के सत्यानुभव की व्यंजना की गयी है। और इस 'सतगुरु के हथियार' के आन्तरिक प्रभाव से जीव संसार की चंचलता को नष्ट कर विशेष अनुभव स्थिति में प्रवेश करता है जहाँ 'हँसै न बोलै उनमनी' अवस्था रहती है। पर इस भौतिक आकारमय जगत् के परे 'गुरु गोविन्द' का अन्तर मिट जाता है, यहाँ तो लौकिक अस्तित्व को मिटा कर ब्रह्म-साक्षात्कार का अनुभव सम्भव है। इस सार तत्त्व की उपलब्धि कसौटी पर कसे गये कंचन के समान सम्भव है, इसे 'ताने' पर सार तत्त्व पाया जा सकता है। इस परम सत्य के अनुभव की अभिव्यक्ति कबीर इस प्रकार काव्यात्मक स्तर पर करते हैं, "सतगुरु हम सूँ रीझि करि, एक कह्या प्रसंग। बरस्या बादल प्रेम का, भीजि गया सब अंग।।" 'प्रेम बिरह कौ अंग' में कवि की रचना-प्रक्रिया के अन्तर्गत जीवन के भावानुभवों की अभिव्यक्ति में प्रतीकों के द्वारा सारे सन्दर्भ लोकोत्तर प्रेम की व्यंजना करते हैं। 'शरीर में बसनेवाला विरह का भुजंग मन्त्रों के वश में नहीं है, इस मनःस्थिति में व्यक्ति या तो जीवनमुक्त हो जाता है अथवा जीते जी बावला हो जाता है।' यह कबीर की प्रेम-साधना के स्तर पर परम तत्त्व के अनुभव को अभिव्यक्त करने की शैली

है। इस प्रेम-विरह की आध्यात्मिक स्तर की अभिव्यक्ति के लिए भुजंग के द्वारा कलेजे में घाव करने और साधक के द्वारा निश्चल भाव से उसे झेलने का रूपक-विधान किया गया है। फिर इस भूमिका पर आनन्दानुभूति तथा आत्मोल्लास की अभिव्यक्ति है, "अंबरि कुंजा कुरालिया, गरजि भरे सब ताल"। साधक झोली, आसन, खप्पर तथा विभूति जैसे उपकरणों से मुक्त होकर आत्मा के स्तर पर प्रकाश (झल उठी) का अनुभव करता है और आत्माराम हो जाता है। आध्यात्मिक प्रेम की अग्नि हृदय में प्रज्वलित है, उसमें धुआँ नहीं निकल रहा है। और यह आग जिसको लगी हो अथवा जिसने लगायी हो, वही इस प्रेम का अनुभव करता है। फिर कवि इस प्रेम-साधना की सूक्ष्म तथा परम अनुभूति को व्यक्त करने के लिए प्रेम-पत्र भेजने का रूपक इस प्रकार प्रस्तुत करता है, "यह तन जालौं मसि करौं, लिखौ राम का नाउँ। लेखणि करौं करंक की, लिखि लिखि राम पठाउँ।।" परात्पर आयाम पर अभिव्यक्ति का यह वैचित्र्य विधान है। यह प्रेम आकाश तथा जलाशय के अन्तराल को मानकर नहीं चलता, जो जिसे प्रेम करता है, वह सारे व्यवधान को पार कर मिलता ही है। कभी प्रेम-विरह के सामान्य जीवनगत अनुभव को सघन मार्मिकता में लोकोत्तर भूमिका देने का उपक्रम है, 'पथ देखते देखते आँखों में झाँई' पड़ गयी हैं और प्रिय को पुकार-पुकार (स्मरण करते-करते) जीभ में छाला पड़ गया है। इस प्रकार "नैनों से निर्झर रहट के समान रात-दिन बहता रहता है, और पपीहा के समान पिउ-पिउ रटते हुए इस आशा में प्राण प्रतीक्षातुर है कि राम (प्रिय) कब मिलेंगे।" इस सरल भावाभिव्यक्ति की मार्मिक भाव-व्यंजना में जिस चरम अनुभव को ग्रहण करने का प्रयत्न है, उसके परात्पर स्तर को प्रस्तुत करने के लिए कवि उलटवाँसी के विधान का प्रयोग भी करता है, "समुद्र में आग लगी है, मछलियाँ वृक्षों पर चढ़ गयी हैं, नदियाँ जल कर कोयला हो गयी हैं, इस माया-प्रपंच को देख कर समझो।" यह निरन्तर इस स्तर पर प्रेमपरक अनुभव को अभिव्यक्ति देने का ही प्रयत्न है।

(3 : 8) अपनी भाषिक अभिव्यक्ति की सीमा के प्रति सजग होकर कबीर परम सत्य और उस स्तर के अनुभव के काव्यात्मक सम्प्रेषण के सभी प्रयोग करते हैं। "सांसारिक जीवन में मनुष्य आसक्ति के साथ रमता है, अगर उसी प्रकार राम (परम तत्त्व) में रम जाय तो वह तारामण्डल बेध कर अमरपुरी प्रवेश करेगा।" यहाँ जीवन के साधारण स्तर से ही उसका अतिक्रमण कर ब्रह्मानुभूति में स्थित होने की व्यंजना की गयी है। महत्त्व की बात है कि कबीर अपने से पहले की योगपरक सभी पद्धतियों के प्रतीकों, बिम्बों तथा उनकी प्रक्रियाओं से परिचित हैं। हजारीप्रसाद द्विवेदी के अनुसार वह उनके अनुभव से भी गुजरे हैं। पर वह उनके अनुभव के स्तर को परम तत्त्व के अनुभव के समकक्ष नहीं स्वीकार करते, क्योंकि वह परम भाव के साथ एकमेक होने की स्थिति न होकर साधना की प्रक्रियाओं के अनुभवों को ग्रहण करने की स्थिति मात्र हैं। कबीर उस एकमेक अनुभव को परम भाव स्वीकार करते हैं, फिर वह काव्यप्रक्रिया में अभिव्यक्ति के उपक्रम में उनके उपमानों, प्रतीकों तथा बिम्बों का उपयोग भिन्न स्तर पर करते हैं, उनके विशिष्ट संकेतार्थ से स्वतन्त्र होकर वह अपने अस्तित्व पर समुद्र की उठती-गिरती तरंगों के गुजरने के अनुभव में आत्मा के परमात्मा में उलट कर समाहित हो जाने की व्यंजना करते हैं। फिर सहज ढंग से सादृश्य के रूप में आत्मसमर्पण की परम स्थिति की व्यंजना करते हैं कि भक्तिपरक साधना में बधिक का गीत सुनकर मृग

के समान अपना तन-मन पूर्णतः समर्पित करना होता है। इस मार्ग पर तो अपना घर (सांसारिक अस्तित्व) स्वतः अपने हाथ में मसाल लेकर जलाना होता है। यहाँ इस मार्ग पर तो सच्चा सूर पूरी तरह घायल (एकतान प्रेम में) होता है। लोहार की 'अहरनि' पर तप्त लोहे में सन्धि लक्षित नहीं होती, इसी प्रकार साधना की प्रक्रिया में प्रेम से अविभूत मन (आत्म रूप) आराध्य से एक रूप हो जाता है। अपनी आत्मा में समाहित या आत्मरूप ब्रह्म तत्त्व को सांसारिक विभ्रम में व्यक्ति मृग के समान अपनी नाभि की कस्तूरी को वन-वन में खोजता-भटकता है, घर-घर में व्याप्त राम की दुनिया कहाँ देख पाती है। यह प्रभु घर-घर में समाहित है, जैसे नेत्रों में पुतली। वही तो इस संसार की ज्योति है, अन्यथा अन्धकार के अतिरिक्त यहाँ क्या है? अज्ञानी पुरुष उस व्याप्त तत्त्व को बाहर ढूँढ़ते फिरते हैं। 'सम्पुट' में ब्रह्म को साधना करनेवाले से कबीर कहते हैं, सत्य रूप ब्रह्म तो सकल ब्रह्माण्ड में व्याप्त है। वह निरन्तर इस प्रकार अपनी रचनात्मक अभिव्यक्ति से परम सत्य को व्यंजित करने का उपक्रम कर रहे हैं। जब साधक अपने 'हरि' की अलौकिक शक्ति को व्यक्त करने के लिए प्रेरित है, तो यह रचनात्मक स्तर पर ही सम्भव है, इस लोकोत्तर व्यापक सम्प्रेषण के अतिरिक्त दूसरा विकल्प क्या है? इस परम तत्त्व की महिमा का वर्णन सातों समुद्र को मसि तथा सारे संसार की वनराजि की लेखनी से सारी पृथ्वी को कागज बना कर लिखने पर भी सम्भव नहीं है। फिर कभी अनुभव का स्तर है कि इस अवर्णनीय तत्त्व का वर्णन कैसे कर सकता है, उसको वर्णन करने के उपाय करके थक गया है, वह तो अवर्णनीय है। रूपक-विधान में वह स्थिति को व्यक्त करता है, "खोजते-खोजते तो मैं स्वयं खो गया हूँ। बूँद जब समुद्र में समा गयी हो तो उसे कहाँ-कैसे ढूँढ़ा जाय। उस परम ब्रह्म के तेजोमय अस्तित्व का आभास कैसे दिया जाय, वह शोभा तो साक्षात्कार करने की है, कहने की नहीं। पाला गल कर पानी से मिल जाता है, इसी प्रकार आत्मा तथा ब्रह्म का एकमेक भाव से मिलन हो जाता है। मानव शरीर में आत्मप्रकाश की ज्योति जाग्रत हो जाती है, प्रियतम से मिलन होता है, और सांसारिक संशय-भ्रम से मुक्त होकर आनन्दोपलब्धि होती है। सहज प्रेमाभिव्यक्ति के रूपक-विधान से फिर कवि योग की शब्दावली में इस परम तत्त्व के अनुभव को व्यक्त करने लगता है, उनमनी मनःस्थिति में साधक उच्च भावभूमि पर विचरण करता हुआ उस इन्द्रियातीत ब्रह्मानुभव को बिना चाँद चाँदनी के समान प्राप्त करता है।

(3 : 9) इस परात्पर अनुभूति का कोई साधक ही साक्षात्कार कर सकता है। कबीर का मन बिना जल के फूलनेवाले कमल का मधुकर होकर निरन्तर सुगन्ध ग्रहण करता हुआ निवास करता है। यह भूमिका काव्यानुभव में ही निर्दिष्ट की गयी है। मन का उलटी प्रवाहित दरिया में समाहित होकर मल-मल स्नान करना, थाहने पर थाह न पाना और इस प्रक्रिया में आराध्य का साक्षात्कार होना जैसे प्रतीकार्थी प्रयोग काव्याभिव्यक्ति के स्तर के हैं। फिर अनुभूति की अलौकिक अभिव्यंजना के रूप-विधान में आत्मा में प्रेम प्रकाशित होकर उल्लसित हो गया है, जैसे हरिण की नाभि से कस्तूरी की सुगन्ध महमहा उठती है। इस अलौकिक अनुभव की अभिव्यक्ति में निर्मल सूर्य उदय होता है, कमल प्रकाशित होता है, अँधेरी रात मिट गयी है और इस वातावरण में अनहद नाद ध्वनित हो उठता है। साधक ने जिस भूमिका पर लौ लगायी है (लयाकाश में अवस्थित है), वहाँ उस बन में सिंह संचरण नहीं करता, पक्षी

उड़ कर नहीं जाता और रात-दिन का क्रम भी नहीं चलता। इस काव्य-व्यंजना में साधना के अनुभव का संकेत कराने का उपक्रम करता है। सहज प्रेम-विरह की मार्मिक भाव-व्यंजना में सघन आन्तरिक अनुभूति अलौकिक संकेत देती है, "नैना अंतरि आव तूँ, ज्यूँ हौं नैन झँपेउँ। नाँ हौं देखौं और कूं, नाँ तुझ देखन देउँ। आत्मा तथा परमात्मा के एकमेक अनुभव को काव्य को साधारणीकरण प्रक्रिया में चित्तवृत्ति के मन, बुद्धि तथा अहंकार के धरातल से भिन्न सांसारिक बन्धनों और सीमाओं से परे व्यंजित किया गया है। यह सब सांसारिक रसायनों से भिन्न हरि-रस है जिसके रंचक संचरण से सारा अस्तित्व रूप कंचन में रूपान्तरित हो जाता है, ब्रह्म तत्त्व ही हो जाता है। यह रस सामान्य मादक द्रवों से भिन्न है, जिसको पीने के बाद उसका खुमार अर्थात् विशिष्ट अनुभव का परिवेश कभी दूर नहीं होता। साधक आत्मानुभव के भावावेश में घूमता रहता है, उसे अपने भौतिक अस्तित्व का बोध नहीं रहता। वह अविगत तत्त्व के आत्मानुभव में लीन होकर अकल्पनीय आशा के प्रकाश से ज्योतित हो जाता है, और इस स्तर पर राम से अभिन्न होकर जीवन मुक्त स्थिति में प्रवेश करता! सांसारिक अस्तित्व के नाश को मृत्यु मान कर जग डरता है, पर साधक का वह आनन्दोल्लास है, उसकी निरन्तर प्रतीक्षा रहती है कि इस भाव-बन्धन से मुक्त होकर वह कब पूर्ण परमानन्द से संयोग करेगा। इस मार्ग का साधक प्रेम की चोट से घायल होकर अपनी सघन पीड़ा-व्यथा से व्याकुल दिखायी देता है, इस मर्म को चोट लगने पर अनेक उपाय करने से भी जीवन (भौतिक) सम्भव नहीं है। राम का प्रेम रसायन पीछे कर साधक रस की ऊँची भूमिका पर संचरण करता है, पर सीस देने (पूर्प आत्मसमर्पण करने) पर कलाल से यह मिलता है। "सिर सौपे बिना" यह रस मिलता नहीं। अर्थात् इस प्रेम की भाटी के प्रेम-रस को पाने के लिए पूरे अस्तित्व को मिटाने की अपेक्षा है। कभी-कभी कबीर ने इस मूल्य की क्रमशः उच्च से उच्चतर भूमिकाओं को व्यंजित करने के लिए उदाहरण तथा दृष्टान्त-जैसे विधानों का उपयोग किया है। इस परम मूल्य को ग्रहण करना उसी व्यक्ति के लिए सम्भव हो सकता है। जिसमें उसे धारण करने की योग्यता-क्षमता हो, अज्ञानी के लिए इसका कोई अर्थ नहीं। इसी प्रकार चन्दन के मूल्य को न समझनेवाले देश में उनको ईंधन के समान जलाया जाता है। मूल पदार्थ (तत्त्व) को त्याग कर कंकड़ को संग्रह करनेवाले ऐसे लोग हंस (आत्मा) का साथ छोड़ कर बगुला (मोहासक्त जीव) का साथ करते हैं। कुंजड़ों के हाट के लोगों को हीरे का मूल्य क्या समझना, हीरा को लेकर अपने सहज आत्मानुभव में सबसे अलग अपने मार्ग का अनुसंधान कीजिये।

(3 : 10) कबीर कवि के रूप में काव्य के विविध अभिव्यक्ति के विधानों, शैलियों और उपकरणों का प्रयोग करते हैं। उसके कई स्तर हैं और भाव-व्यंजना के उतने ही रूपक-विधान, प्रतीक-योजनाएँ तथा विसंगतिपरक प्रयोग उनके काव्य में मिलते हैं। अगर असत्य भ्रष्टता, मूल्यहीनता का खण्डन तथा प्रत्याख्यान करना होता है तो उनकी भाषा प्रखर तथा व्यंग्यपरक होती है, उसमें अलंकार-विधान की अपेक्षा उत्साह अधिक मुखर तथा व्यंजक होता है। पर उनक प्रेम-विरह का मार्मिक अनुभव रस-व्यंजना के स्तर पर परम सत्य के साक्षात्कार के रूप में अभिव्यक्त है, उसकी निष्पत्ति तथा साधारणीकरण की प्रक्रिया में काव्य के लोकोत्तर से आध्यात्मिक अलौकिक भावस्थिति की व्यंजना हुई है। इस परम तत्त्व के अलौकिक स्तर की व्यंजना वह उलटवाँसियों के विसंगत प्रतीक-विधान से भी करते हैं। अनेक

स्थलों पर भाव-व्यंजक अप्रस्तुत योजना प्रकृति के चित्रात्मक दृश्य-विधान को प्रस्तुत करती है, "झिरिमिरि झिरिमिरि बरषिया, पाँहणं ऊपरि मेह। माटी गलि सैंजल भई, पाँहण वोही तेह।" इस अभिव्यक्ति में आत्मिक स्तर परम तत्त्व का साक्षात्कार है। हरि रस की वर्षा गिरि-डूँगरों के शिखरों पर हो रही है और यह ब्रह्मानुभव पूरी तरह आत्मलीन अवस्था पर स्थित है, जिसमें किसी प्रकार का उद्वेलन-विचलन नहीं है (सा 22 : 11)। पवन रूपी आत्माराम घट-घट में व्याप्त है, उसमें मनुष्य का चित्त एकाग्र भाव से संलग्न होकर उस आध्यात्मिक प्रेम की अग्नि को प्रज्वलित करता है, पर अगर चकमक रूपी प्रेम चित्त (मनुष्य के अस्तित्व) का स्पर्श नहीं करता, तब तो केवल धुआँ हो ही जाता है। राम नाम रूपी अमृत से सीचे वृक्ष शरीर के पुष्प पर मन भौंरा आसक्त है, सुगन्ध की अर्थ-व्यंजना होती है और उसमें विश्वास का फल लगा है। इस प्रक्रिया में आपा मिटा कर व्यक्ति मुक्त हो गया है और अगम निवासी हो गया है, फिर सब-कुछ छोड़ कर मात्र परम तत्त्व का आधार रह गया है। एक बार जिसके हृदय में हरि बस गये हैं, फिर उस व्यक्ति के लिए दुःख-द्वन्द्व की कल्पना नहीं रह जाती। व्यक्ति समुद्र की एक लहर के साथ एकमेक अनुभव की आनन्द स्थिति में दुःख-दरिद्रता से मुक्त हो जाता है।

(2 : 1 : 11) कबीर की काव्याभिव्यक्ति की प्रस्तुत व्याख्या के आधार पर लक्षित किया जा सकता है, उनकी साधना की भूमिका आध्यात्मिक ऊँचाइयों का संक्रमण करती है, उनका सामाजिक मूल्यों पर दृष्टि रखनेवाला व्यक्तित्व प्रखर है और तत्त्व-चिन्तन के क्षेत्र में तर्क-वितर्क, वाद-विवाद के परे वह साक्षात्कार के स्तर पर दृष्टा है, पर ये विभिन्न आयाम उनके कवि व्यक्तित्व में ही लक्षित-व्यंजित होते हैं। इन विभिन्न भूमिकाओं पर संचरण करनेवाले अन्य अनेक व्यक्ति हो सकते हैं, हुए हैं। पर आवश्यक नहीं है कि उनमें अभिव्यक्ति की आकांक्षा भी रही हो अथवा उन्होंने भावात्मक सम्प्रेषण की रचना-प्रक्रिया को स्वीकार किया हो। जैसा अन्यत्र कहा जा चुका है, साधन की भूमिकाओं पर संचरण करनेवाला व्यक्ति अभिव्यक्ति के स्तर पर उतरने की अपेक्षा नहीं मानता है। जबकि हमने देखा कि कबीर अपनी सामाजिक मूल्य-दृष्टि को, मानवीय मूल्यों के स्तर को, समाज की भ्रष्टताओं तथा विडम्बनाओं के खण्डन को रचना की प्रखर वाणी में अभिव्यक्ति देते हैं, जो हमारे हृदय को प्रभावित करता है। इससे अधिक-से-अधिक सजग रचनात्मक आधार पर वह आध्यात्मिक अनुभव साधना के स्तर पर प्रेम की भाव-व्यंजना करने में संलग्न रहे हैं। प्रस्तुत विवेचन में उनकी काव्य-दृष्टि को लक्षित किया जा सका है। एक स्तर पर सामाजिक श्रोता को सम्बोधित कर उसके मन को प्रेरित-प्रभावित करने का भाषिक प्रयोग है, जो रचना के विशिष्ट स्तर पर प्रेषणीय हुआ है। फिर कवि मानवीय मूल्यों की उस भूमिका के रूपकों, दृष्टान्तों, उदाहरणों आदि अलंकार-विधान के माध्यम से अभिव्यक्त करता है। यह कवि-कर्म की सारी प्रक्रिया है, जिसके माध्यम से कबीर ने प्रेम-साधना की भाव-व्यंजना के अनेक रूपकों, प्रतीकों, बिम्बों का विधान किया है; भावों-विभावों अनुभावों का संयोजन किया है और अनेक स्तरों पर रस-व्यंजना की है। पर केन्द्रीय महत्त्व की बात है कि उनके सारे रचना-विधान, रूपों तथा संरचनाओं की अभिव्यक्ति में मूल्यों की व्यापक भूमिकाएँ, नैतिक-सामाजिक मूल्यों से लेकर आध्यात्मिक उच्च मूल्यों तक को, मानवीय जीवन की सांस्कृतिक प्रक्रिया को संश्लिष्ट रूप में प्रस्तुत करती हैं।

सन्दर्भ

प्रकरण तृतीय : काव्य-दृष्टि और रचना-प्रक्रिया

अनु. 3 : (पा. क. ग्र. 51, 56, 72, 61 और 108) (पद 51) है कोई सन्त सहज सुख अंतरि जाको जप तप देउँ दलाली। एक बूँद भरि देइ राम रस ज्यूँ मदु देइ कलाली।।...नीझर अमीरस निकसै इहि मदि रावल छाका। कहै कबीर यहु बास बास बिकट अति गयान गुरु लै बाँका।। (पद 56) अवधू मेरा मन मतिवारा। उनमनि चढ्या मगन रस पीवै त्रिभुवन भया उजियारा।। ... सहज सुन्नि मैं जिन रस चाखा सतिगुर तै सुधि पाई। दास कबीर तासु मद माता उछकि न कबहूँ जाई।। (पद 72) अधियारे दीपक चहिअै। तब वस्तु अगोचर लहिअै।। जब वस्तु अगोचर पाई। तब दीपक रह्यो समाई।। जौ दरपन देखा चहिअै तौ दरपन माजत चहिअै। जब दरपन लागै काई। तब दरसन किया न जाई।। (पद 108) पगु बिनु निरति करॉं बिनु बाजा जिभ्या हीना गावै। गावनहार कै रूप न रेखा सतगुर होइ लखावै।

अनु. 4 : (पा. क. ग्र. 1, 2, 6, 9, 11, 13 और 15) (पद 1) हमारे गुर बड़े भ्रिंगी। आनि कीटक करत भ्रिंग सो आपतै रंगी।। ...बंध तै निर्बंध कीया तोरि सब तंगी। कहै कबीर अगम किया गम राम रंग रंगी।। (पद 2) हमारै गुर दीन्हीं अजब जरी। कहा कहौं कछु कहत न आवै अम्रत रसम भरी।। (पद 9) राम बिनु जल की तपनि न जाइ। जल महिं अगिनि उठी अधिकाइ।।

अनु. 5 : (पा. क. ग्र. 112, 125, 127, 144, 146 और 150) (112) सहज समाधि बिरिख यहु सींचा धरती जल हरु सोखा। कहै कबीर तासु मैं चेला जिनु यहु विरला पेखा।। काव्य के लोकोत्तर की व्यंजना के स्तर पर इस अलौकिक रहस्यानुभव को अभिवयक्त करने का विधान है। (पद 127) हरि का विलोबना बिलोइ मेरी माई। अैसें बिलोइ जामैं तत न जाई।। यह जीवन के यथार्थ की अभिव्यक्ति का रसात्मक आधार है, जिसमें व्यावहारिक अनुभवों के सम्प्रेषण में रस की व्यंजना होती है। इस प्रकार (पद 144) होली के रूपक में—जातैं जरा मरन भ्रम जाइ।।...सतगुर मिलया फगुवा दीया पैंडा दिया बताइ। कहै कबीर सोई ततबेता जीवन मुक्ति समाइ। इस प्रकार रचनात्मक लोकोत्तर अनुभव के साथ आध्यात्मिक अनुभव को स्वीकार किया गया है। (146) नेक निचाइ सुधा रस वाकौ कौन जुगति सौं पीजै। इस अनुभव का सन्दर्भ भी वही है।

अनु. 6 : (क. ग्र. रमैणी, क. ग्र. पद 34 : पा. क. ग्र. पद 134, 149, 151) (पद 34) तन छूटे मन कहाँ समाई।...तन भीतर मन उनहुँ न देखा।...कागद लिखि लिखि जगत भुलाना, मनहीं मन न समाना।।...यह सारा वर्णन परम तत्त्व की शब्दातीत व्याख्यातीत स्थिति की व्यंजना करता है। (पद 134) मन रे मनहीं उलटि समाना।...तेरी निरगुन कथा कवन सौ कहिअै है कोई चतुर विवेकी।। ....वस्तुतः काव्याभिव्यक्ति की अर्थ-व्यंजना सामान्य से विभिन्न स्तर पर ग्रहण की जाती है, यह संकेत यहाँ लिया जा सकता है। अगले दोनों पदों में से पहले में ऋतु वसन्त में सतगुरु के साथ ऋतु वसन्त का खेल फाग खेलने के रूपक-विधान में आनन्द की काव्याभिव्यक्ति के रूप में 'साध सन्त' के 'परम जोति' के परम अनुभव को व्यंजित किया गया है। और अगले पद में इस अनुभव को लोकोत्तर काव्यानुभव से विशेषता को व्यक्त किया गया है।

अनु. 7 : (पा. क. ग्र. साखी अंग 1 सतगुर महिमा 34; अंग 2, प्रेम विरह 2, 3, 5, 7, 21, 36, 46 और 54) (पद 3) अंबरि कुंजा कुरलिया, गरजि भरे सब ताल। तिनतैं साहिब बीछुरा, तिनकौ कौन हवाल।। सार्थक अभिव्यक्ति में अनुभव की लोकोत्तर काव्य-व्यंजना में ही यहाँ अलौकिक सत्य निहित है। इन सब प्रतीकों के माध्यम से इसी की व्यंजना सम्भव हुई है।

अनु. 8 (पा. क. ग्र. : सा. 3 : 21 14 : 32 15 : 50, 13 9 16 : 8 17 : 1, 2, 3 18 : 2, 5 6 1 9 : 2, 7) (सा. 3 : 21) काव्याभिव्यक्ति प्रक्रिया में जीवन के सामान्य यथार्थ से लोकोत्तर व्यापक साधारणीकृत अनुभव के क्षेत्र में प्रवेश करने की बात होती है। (सा. 4 : 32) कबीर लहरि समंद की, केती आवै जाहिं। बलिहारी ता दास की, उलटि समावै माहि।। इस सन्दर्भ में काव्य के स्तर पर जो अपने लौकिक परिवेश के अतिक्रमण की बात कही-मानी गयी है, उसके आधार पर आध्यात्मिक मिलन में आत्मतत्त्व के परम तत्त्व में मिलन की व्यंजना की गयी है।

अनु. 9 (पा. क. ग्र. : साखी 9 : 16, 33, 23, 36, 10 : 41 11 : 12 12 : 2, 5, 8 14 : 2, 29, 33, 34। 18 : 7, 8, 9, 12) (सा. 9 : 16) यहाँ साधक के मन को बिना जल के विकसित होनेवाले कमल के अनन्त गन्ध लेनेवाले भ्रमर के रूप में कल्पित करने में काव्यानुभव की व्यंजना का आश्रय है। और (9 : 23) पंजर प्रेम प्रकासिया अंतरि भया उजास। मुखि कसतूरी महमही, बानी फूटी बास।। में प्रेम के आन्तरिक प्रकाश के साथ कस्तूरी गन्ध की वाणी की अभिव्यक्ति में महमही उठाना वस्तुतः सुन्दर काव्याभिव्यक्ति का रूपक-विधान ही है। इस अनुभव की थाह नहीं मिलती, जलन-स्नान की प्रक्रिया में (9 : 33) यही भाव-व्यंजना का स्तर सूर्य के अलौकिक प्रकाश में कमल प्रकाशित होने के साथ अँधेरी रात के मिटने एवं 'अनहद नूर' के ध्वनित होने में है (9 : 36)। (12 : 5) हरिरस पीया जानिये' जे उतरै नाहिं खुमारि। मैमंता घूमत फिरै, मांहि तन की सारि।। स्पष्टतः रसानुभूति की तटस्थ स्थिति और लोकोत्तर व्यंजना का ही यही आधार है। और यह अतीत मुक्तावस्था को अकल्पनीय आशा के प्रकाश में परम तत्त्व के आनन्द-भाव में आत्मविभोर (विस्मरण) होने की स्थिति में व्यंजित किया गया है (12 : 8) और फिर आत्म-विस्मरण की मानसिक स्थिति में काव्य का 'पूरन परमानन्द' भी होता है (14 : 2) काव्य के इस आत्म-विस्मरण का सहारा कवि बार-बार ले रहा है। 'कंकाल का सीस माँगना', 'सिर सौंधे सोई पिऔ' यह काव्य के रसास्वाद के सम्बन्ध में इस रूप में व्याख्यायित होते हैं।

अनु. 10 (पा. क. ग्र. : साखी 22 : 9, 11 1 29 : 13 1 32 : 10 12) (सा. 22 : 9, 11) अनुभव की अभिव्यक्ति का रूपक-विधान काव्य-दृष्टि को प्रतिष्ठित करता है और लोकोत्तर से अलौकिक भूमिका की व्यंजना होती है। (29 : 23) पावक रूपी राम है, घटि घटि रहा समाइ। चित चकमक लागै नहीं, धुआँ होइ होइ जाइ। सांसारिकता के बीच आत्मा-परमात्मा की व्याप्ति और भौतिक संसार की परिस्थिति यह व्यंजना रचनात्मक स्तर पर स्थित है। इस क्रम में आगे रचनात्मक अनुभव के अभिव्यक्ति के माध्यम से कवि अलौकिक अनुभूतियों के स्तर को व्यंजित करने का प्रयत्न कर रहा है।

प्रकरण चतुर्थ

दार्शनिक चिन्तन की अभिव्यक्ति

(4 : 1) भारतीय सन्दर्भ में दर्शन के अर्थ को दृष्टि में रखना अपेक्षित है। सामान्य अर्थ में दर्शन का किसी विचार या सिद्धान्त की व्याख्या, तार्किक पर्यवेक्षण अथवा विभिन्न तत्त्व-चिन्तन की प्रक्रियाओं के लिए आता है। परन्तु दर्शन का केन्द्रीय अर्थ आत्मज्ञान, तत्त्वज्ञान अथवा परमतत्त्व के ज्ञान रूप में आता है। यह आध्यात्मिक प्रत्यक्ष है, अनुभव का तार्किक स्थापना अथवा उसकी प्रामाणिक मीमांसा है। यह ज्ञान संसार के मर्म का है, अपने स्वरूप का है, पुरुष तथा प्रकृति का है। इस प्रकार इस ज्ञान के स्तर पर दर्शन अर्थात् साक्षात्कार का प्रश्न उठता है। हमारे भक्त कवियों ने अपने आचार्यों से दार्शनिक तत्त्ववादी सिद्धान्तों का ज्ञान प्राप्त किया है, परन्तु अपनी रचना-प्रक्रिया में उनके दार्शनिक विचारों को अनुभव के स्तर पर ही ग्रहण किया है और इस कारण, जैसा हम देखेंगे, उसमें निरन्तर व्यापक स्तर पर दर्शन की यह मूल दृष्टि व्यंजित हुई है। पश्चिमी दर्शन वस्तुतः तत्त्व-चिन्तन है, उसमें तार्किक परिणतियों तक पहुँचने का प्रयन्त रहा है। भारतीय दार्शनिक दृष्टि सभी ज्ञानपरक विद्याओं का आधार तथा प्रकाश है। इस आधार पर यहाँ जब कहा गया है, "अथातोब्रह्मजिज्ञासा" तब यहाँ जिज्ञासा मात्र कुतूहल नहीं है। "अथ" अपनी अर्थ व्याप्ति में दर्शन के मूल चिन्तन को व्यंजित करता है। यह अनुभूति को व्याख्यायित करने का प्रयत्न है, पर उसमें तर्क की स्थिति इस सीमा तक है कि दार्शनिकों की यह अनुभूति एक व्यवस्था में तर्क तथा बुद्धि की संगति में रूपायित हो सके। इस स्तर पर भारतीय दर्शन का वास्तविक तत्त्व उसका तार्किक रूप-विधान नहीं है वरन् उसका आन्तरिक अनुभव-तत्त्व है और इस पर ही तार्किक रूप-विधान निर्मित हुआ है। यूरोप में दर्शन बौद्धिक प्रक्रिया में विश्व के यथार्थ का ग्रहण है अथवा उसका दर्शन, जबकि भारतीय दर्शन आत्मसाक्षात्कार है। इसीलिए उसमें अनुभव किये जानेवाले विषय की अपेक्षा अनुभव करनेवाले विषयों की दृष्टि महत्त्वपूर्ण है। इस दृष्टि के आधार पर हमारे लिये भक्त-कवियों के दर्शन को समझना सम्भव हो सकेगा। परम तत्त्व के ज्ञान के लिए चिन्तन का प्रारम्भ अनुभव करनेवाली आत्मा तथा अनुभव के आधार दृश्य-जगत् के दो केन्द्रों से हो सकता है। भारतीय चिन्तन का केन्द्र आत्मा है, इसीलिए यहाँ आत्मज्ञान पर अधिक बल रहा है। दर्शन इसी कारण जीव अथवा ईश्वर के आन्तरिक सम्बन्ध पर बल देता है। इस पृष्ठभूमि में तत्त्वतः भारतीय दर्शन अध्यात्म चिन्तनपरक है, उसमें एक ओर सत्य के साक्षात्कार, तो दूसरी ओर माया के निराकरण का प्रयत्न कर रहा है। यह आध्यात्मिक अनुभव भारतीय संस्कृति का व्यापक आधार है, और इसने हमारी जीवन-दृष्टि को गहराई से प्रभावित किया है। यहाँ एक सूक्ष्म, सत्य तथा आदर्श लोक की

कल्पना स्थूल कर्म-लोक से परे की गयी है, जो ज़ीव का मूल स्थान है। यद्यपि यहाँ भौतिक जीवन को निःसार, क्षणिक तथा दुःखमय माना गया है, पर वह परम पुरुषार्थ रूप से मोक्ष प्राप्त करने का माध्यम है। विभिन्न दृष्टियों से कई स्तरों पर हमारे चिन्तन-क्रम में जीव-मुक्ति का आदर्श स्वीकारा गया है। वेदान्त के वैष्णव आचार्यों ने इसको इस अर्थ में स्वीकार न कर आत्मा की उन्नत अवस्था में जीवन के उद्‌देश्य रूप में महत्वपूर्ण वैशिष्ट्य को माना है। प्रत्यक्षतः इस प्रकार की मुक्ति अथवा वैशिष्ट्य व्यक्तिनिष्ठ परिकल्पना लगती है, पर हमारे दार्शनिक ने सार्वजनीन कल्याण की भावना को विशेष गौरव प्रदान किया है। यह भावना वैष्णव आचार्यों में विशेष रूप से रही है। साथ ही उनके शिष्य-भक्त-कवियों की काव्याभिव्यक्ति में यह भावना व्यापक विस्तार पा सकी है।

(4 : 2) भारतीय दर्शन अपनी इस मूल दृष्टि के साथ साधन की भूमिका प्रस्तुत करता है। इस दृष्टि से सांसारिकता से मुक्त होने के साधन तत्त्व का निरूपण समस्त दर्शनों का अंग रहा है। और जीव की मूल तीन वृत्तियों, इच्छा, ज्ञान तथा क्रिया के अनुसार भक्ति, ज्ञान, कर्म पर आधारित तीन विधान निरूपित किये गये हैं। इस प्रकार हमारे तत्त्व दर्शन का लक्ष्य जीवन का उन्नयन रहा है, जिसमें जीवन का शाश्वत समाधान निहित है। साधना के आधार को प्रतिपादित करने के लिए दार्शनिक चिन्तन में मनुष्य के अन्तःकरण की विविध वृत्तियों का निरूपण है। वस्तुतः भारतीय धर्म तथा संस्कृति का आधार भी यह चिन्तन-क्रम प्रस्तुत करता है। धर्म में निहित श्रद्धा निगमागम के प्रमाण पर आधारित है, पर यह श्रद्धा अन्धविश्वास नहीं है, क्योंकि मूलतः भारतीय दर्शन अनुभव तथा सत्यानुसन्धान पर प्रतिष्ठित है। धर्म तथा दर्शन के इस आन्तरिक सम्बन्ध के कारण प्रायः सभी महान् दार्शनिक धर्म प्रवर्तक रहे हैं। यह भक्ति आन्दोलन के सम्बन्ध में स्पष्ट रूप से देखा जा सकता है। वैष्णव आचार्य एक ओर दार्शनिक मत के प्रवर्तक हैं, तो साथ ही उन्होंने धर्म-दृष्टि भी प्रदान की है तथा साधना की भूमिकाएँ भी प्रतिपादित की हैं। इस स्तर पर हम भारतीय दर्शन की समन्वयवादी दृष्टि को लक्षित करने तथा साथ ही व्यापक धर्म तथा साधना की भावभूमियों को भी व्यंजित पाते हैं। यहाँ इस आन्दोलन में कवियों को भूमिका इसी सांस्कृतिक समन्वय को अभिव्यक्त करने की रही है, जिसमें धर्म, दर्शन, साधना तथा मूल्यों के विविध स्तरों को व्यंजित देखा जा सकता है। हमारे ये कवि कवि होने के साथ दार्शनिक भी हैं। दर्शन सहज ज्ञान का तत्त्व चिन्तन है और काव्य जीवन की समस्या में अभिव्यक्ति। दोनों सम्पूर्ण विश्व के साथ मनुष्य के सम्बन्ध की अभिव्यक्ति होती है, एक विचार-प्रधान है और दूसरा भाव-प्रधान। दोनों ही क्षेत्रों में व्यापक अनुभव तथा रचनात्मक प्रतिभा की अपेक्षा होती है, पर एक विवेक पर आश्रित है, दूसरा राग पर। काव्य का अनुभव मानवीय मन की मुक्तावस्था में अभिव्यक्ति ग्रहण करता है, और दर्शन का चिन्तन आत्मानुभव के स्तर पर ही स्वीकार किया गया है। इस प्रकार दोनों में स्वगत-परगत भाव की मुक्त अवस्था की अपेक्षा मानी गयी है। इस स्तर पर काव्य आत्मानुभव का आनन्दमय रूप है, तो दर्शन में आत्म-प्रकाश के ग्रहण करने का लक्ष्य माना गया है। भारतीय दृष्टि में मानव-जीवन के यथार्थ को काव्य की रचनात्मक अनुभूति के आदर्श रूप में अभिव्यक्ति मिलती है। रवीन्द्रनाथ ठाकुर के अनुसार महान् काव्य की आदर्श कल्पना दार्शनिक स्तर पर व्यंजित होती है। दर्शन की दृष्टि

में व्यापक जीवन की अखण्डता रहती है, और जीवन का यह व्यापक संश्लिष्ट रूप-विस्तार काव्य की महत्ता की कसौटी है। वस्तुतः यूरोपीय दर्शन के प्रभाव में जब हम भारतीय दर्शनिक चिन्तन को तार्किक (नैयायिक) मान कर चलते हैं उसके समग्र तथा बहुआयामी अनुभवपरक सत्य को ग्रहण नहीं कर पाते। वस्तुतः वेदों तथा उपनिषदों के द्रष्टा ऋषि के व्यक्तित्व में दार्शनिक तथा कवि दोनों को अभिव्यक्त होते पाते हैं।

× × ×

(4 : 3) हम ने स्वीकार किया है कि भक्ति-कवि अपनी रचना के स्तर पर प्रमुखता रचनाकार है। उनके काव्य में चिन्तन भावाभिव्यक्ति की अपेक्षा गौण है। इस कारण यद्यपि वे विभिन्न वैष्णव आचार्यों के शिष्य रूप में माने जाते हैं, पर उनके काव्य में सम्बद्ध आचार्यों के तत्त्ववाद को उसकी तार्किक परिणति में नहीं देखा जा सकता है। इस दृष्टि से कबीर अधिक स्वतन्त्र व्यक्तित्व के कवि और साधक हैं। कबीर के काव्य में अनेक परस्पर-विरोधी सिद्धान्तों, दार्शनिक तत्त्ववादों को देखा जा सकता है। इस कारण उनके व्यक्तित्व को समग्रता में ग्रहण करने में असमर्थ विचारकों ने उनके चिन्तन क्रम में अस्थिरता तथा विरोधाभास देखा है। यह परस्पर-विरोधी लगने की स्थिति इस कारण है कि उन्होंने इस आध्यात्मिक अनुभव को समग्रता में अभिव्यक्त करने का प्रयत्न किया है। लौकिक दृष्टि से परस्पर विरोधी लगनेवाले विचार अलौकिक ब्रह्म के अनुभव में घटित होते हैं। यही कारण है कि इस अनुभव की अभिव्यक्ति में अनेक दार्शनिक तत्त्व चिन्तन-पद्धतियों की व्यंजनाएँ ग्रहण की जा सकती हैं। वस्तुतः शंकर-जैसे अद्वैत सिद्धान्त के प्रबल प्रतिपादक ने भी साधना के क्षेत्र में भावात्मक भक्ति के आलम्बन रूप में साधक के लिए आराध्य भगवान् की कल्पना स्वीकार की है। इसी प्रकार कबीर स्थान-स्थान पर यह संकेत करते चलते हैं कि उनका परम सत्य द्वैताद्वैतविवर्जित और विशिष्ट है। पर उनकी भावात्मक साधना (भक्ति) की अभिव्यक्ति के परिवेश में आराध्य के अनेक पक्ष व्यंजित होते हैं। जैसा हम देखेंगे अद्वैत, विशिष्टाद्वैत शुद्धाद्वैत और द्वैताद्वैत दृष्टियों को स्थान-स्थान पर इस आराध्य की परिकल्पना में लक्षित कर सकते हैं। भक्त साधक अपने आराध्य के अनुभव को जिस रूप में ग्रहण करते हैं, उसमें अनेक स्तर तथा दृष्टियों का अन्तर्भाव होता है और इस कारण अभिव्यक्ति के स्तर पर अनेक विरोधी लगनेवाले विशेषणों में उसे ग्रहण किया जाता है। कबीर इस परम तत्त्व को अलख-अगोचर कहते हैं और यह भी व्यक्त करते हैं कि जो दृष्टि में आता है वह नहीं है और जो वह है उसे कहा नहीं जा सकता। मनुष्य की अपनी सीमा है, वह इन्द्रियों के आधार पर यथार्थ को ग्रहण करता है। पर यह अनुभव-ज्ञान (परम तत्त्व) न दृष्टि-पथ में आता है, न मुट्ठी में समाता है और ऐसा न्यारा है जो कभी विनष्ट नहीं होता। यह तो ऐसा अकथनीय अनुपम अविगत तत्त्व है जिसके बारे में कुछ कहा नहीं जा सकता। इसके अनुभव को "गूँगे के गुड़" के समान केवल अनुभव किया जा सकता है। इसीलिए कबीर इस परम तत्त्व की अकथ कहानी को केवल प्रेम के अनुभव रूप में ग्रहण करने की बात कहते हैं। इस परम तत्त्व को कबीर ने स्थान-स्थान पर "निर्गुण राम" कह कर सम्बोधित किया है और इस स्तर पर उसको त्रिगुणातीत, द्वैताद्वैतविलक्षण, अलख, अगोचर, अगम्य तथा

भावाभाव-विनिर्मुक्त कहा है और इन सब का समाहार उनके प्रेम-रूप भगवान् में हो जाता है। समस्त ज्ञान तत्त्वों से भिन्न होकर भी वह सर्वमय है और अनुभव से ही उसे जाना जा सकता है। प्रेम से प्राप्य, अनुभूति का विषय, सहज भावगम्य यह निर्गुण राम समस्त दार्शनिकवादों से परे है, तर्क-वितर्क से उसे ग्रहण करना सम्भव नहीं है। इस प्रकार की अभिव्यक्ति में कोई तत्त्ववाद निरूपित करना सम्भव नहीं है, "भक्त जन की प्रेम की पीर को राजा राम ही जानते हैं, और कोई क्या जान पायेगा। नेत्र की व्यथा वाणी जानती है, वाणी के दुःख श्रवण जानते हैं। पिण्ड का दुःख प्राण जानते हैं, प्राण का दुःख मरण। आशा का दुःख प्यास को मालूम है, प्यास का दुःख नीर को" इस प्रकार काव्यात्मक अभिव्यक्ति में अनुभव की समग्रता को देखा जा सकता है, जिसमें तत्त्ववादी चिन्तन अन्तर्निहित हो जाता है।

(4 : 4) कबीर के गुरु रूप में रामानन्द को माना जाता है, स्वयं उन्होंने इसे स्वीकार किया है। रामानन्द ने उन्हें चेताया, परन्तु यह स्पष्ट नहीं है कि कबीर ने किस रूप में उनको स्वीकार किया है। रामानन्द के "आनन्द-भाष्य" के आधार पर बताया गया है कि उन्होंने विशिष्टाद्वैत मत को ही ब्रह्म-सूत्रसम्मत माना है और इस प्रकार वह तत्त्ववाद की दृष्टि से रामानुज के मत को स्वीकार करते हैं। पर हजारीप्रसाद द्विवेदी ने समस्त ऊहापोह के बाद यह स्वीकार किया है कि उनके सम्प्रदाय में अद्वैत-वेदान्त का पूर्ण समादर है, यद्यपि वह स्वयं विशिष्टाद्वैती थे। लेकिन महत्त्व की बात है कि उनके शिष्यों में तत्त्व-चिन्तन के क्षेत्र में पर्याप्त स्वतन्त्रता रही है। उनके मत में केन्द्रीय बात भक्ति है—अनन्य भक्ति। हम देखते हैं, उनके शिष्य उनके अनुसार वर्णाश्रम-व्यवस्था को नहीं स्वीकारते और ब्रह्म से जीवों का भेद नहीं मानते। ऐसे भी उनके शिष्य रहे हैं जो दिव्य गुणों से भगवान् का सगुण होना भी स्वीकार नहीं करते, जबकि अन्य वैष्णव साधक सगुण ब्रह्म को मान कर चलते हैं। इस दृष्टि से कबीर अपने आचार्य की अनन्य भक्ति को स्वीकारते हैं। यह अनन्य भक्ति मोक्ष का अव्यवहित उपाय है और प्रपत्ति अथवा शरणागति इस मोक्ष का परम साधन है। कबीर में भक्ति का यह रूप तथा महत्त्व यथावत् है, मोक्ष की स्वीकृति भले ही न हो। कबीर एकमेक अनुभव को स्वीकार कर चलते हैं। कबीर के तत्त्व ज्ञान में कई परम्पराओं के स्रोत आकार मिलते हैं और एक नया रूप ग्रहण करते हैं। वस्तुतः वैष्णव आचार्य की वेदान्त चर्चा दार्शनिक तत्त्ववाद का रूप ग्रहण करती है। किन्तु कबीर की वाणियों की अभिव्यक्ति में इस प्रकार का तत्त्ववाद निरूपित नहीं है। अनेक तत्त्व चिन्तन के पक्ष उनकी अभिव्यक्ति में लक्षित किये जा सकते हैं, पर उनसे एक निश्चित व्यवस्था निरूपित करना उनका लक्ष्य नहीं रहा है। वेदान्त की मोक्ष सम्बन्धी अवधारणा की कबीर की अभिव्यक्ति में एक स्तर पर अन्तर्निहित माना जा सकता है। जब मनुष्य के लक्ष्य तथा पुरुषार्थ के रूप में मोक्ष को कहा गया है, तब उसका अर्थ संसार के समस्त बन्धनों से छुटकारा है। इस प्रकार मोक्ष का मूल अर्थ ब्रह्म-स्थित है अर्थात् ब्रह्म-स्वरूप को प्राप्त करना, यह कबीर के अनुकूल धारणा मानी जा सकती है। अपने आप में मोक्ष प्राप्त नहीं है, सत्य ज्ञान से जीव मुक्त हो जाता है और इसी को विद्या कहा गया है। विद्या एक मात्र "आत्म" "ब्रह्म" ज्ञान है।

(4 : 5) उपनिषदों के सम्बन्ध में कहा गया है कि उनमें ऋषियों के अनुभव के स्तर पर परम ब्रह्म का वर्णन अनेक पक्षों, स्तरों और आयामों में किया है। उनके माध्यम से

निश्चित-तत्त्व चिन्तन के सिद्धान्त को प्रतिपादन करना केवल मताग्रह रहा है। हम देखेंगे कि अनुभव के रूप में जब कबीर इस परम तत्त्व का वर्णन काव्य के स्तर पर करते हैं, तब उसके इन सभी रूपों की व्यंजना हुई है। कबीर की काव्याभिव्यक्ति में उपनिषदों की शैली में परम ब्रह्म के विलक्षण स्वरूप की अभिव्यक्ति हुई है। वेदान्त के अनुसार ब्रह्म-ज्ञान का एक स्तर "परा विद्या" का होता है, जिनके द्वारा ब्रह्म का यथार्थ ज्ञान (सम्यक् ज्ञान) सम्भव है। दूसरा "अपरा विद्या" का निम्न स्तर है, इसके माध्यम से कर्म-समृद्धि होती है और सुख तथा कल्याण की प्राप्ति होती है। वस्तुतः इसका माध्यम उपासना तथा भक्ति के लिए स्वीकार किया गया है। इसी प्रकार उपनिषदों में एक ओर आकार, उपाधि, गुण तथा विश्लेषण से परे निर्गुण, निर्विशेष, निराकार तथा निरुपाधि ब्रह्म है तो दूसरी ओर इन सबसे युक्त सगुण, सविशेष, साकार और सोपाधि ब्रह्म का रूप है। प्रत्यक्षतः यह विरोधाभासी जान पड़ता है। एक ही तत्त्व को सगुण और निर्गुण, साकार और निराकार, सविशेष और निर्विशेष तथा सोपाधि और निरुपाधि कहना असंगत जान पड़ता है। वस्तुतः श्रुतियों तथा उपनिषदों में बार-बार परम तत्त्व के बारे में कहा गया है, "वह न मोटा है न पतला, छोटा है न बड़ा, लोहित नहीं है और स्नेह भी नहीं, छाया नहीं है और अन्धकार भी नहीं, वायु भी नहीं आकाश भी नहीं है...।" इस प्रकार "वृहदारण्यक" में कहा गया है, वह परम तत्त्व यह भी नहीं है और वह भी नहीं। उसके बारे में "नेति-नेति" घोषित किया गया है। इसी प्रकार "कठोपनिषद्" में परम ब्रह्म की विलक्षणता की अतद्व्यावृत्ति रूप से कहा गया है, "वह शब्दरहित, स्पर्शरहित, रूपरहित, व्ययरहित, रसरहित और गन्धरहित है।" कबीर ने अनेक पदों में इस शैली का प्रयोग किया है। वह स्वीकार करते हैं, राम का नाम समझ पाना सम्भव नहीं, उसके मर्म को जाननेवाला कोई नहीं। समस्त चराचर में व्याप्त वह समस्त गुणों से परे है। वह पाप-पुण्य, भेद-अभेद से विवर्जित है और वेद भी उसे व्याख्यायित नहीं कर पाते। ज्ञान-ध्यान, स्थूल-शून्य से परे है। इस प्रकार तीन लोक से न्यारा अनुपम तत्त्व है। वेदान्त में प्रचलित सत् और चित् ब्रह्म और चैतन्य के लिए प्रयुक्त है। कबीर में इस भाव को अभिव्यक्त देखा जा सकता है; और वह अन्ततः आनन्दस्वरूप है। "वृहदारण्यक" में ब्रह्म से परे समस्त जगत् को दुःख रूप माना गया है, अतः ब्रह्म दुःखाभाव रूप है और आनन्द की कल्पना का स्रोत यही है। साथ ही उपनिषदों में ब्रह्म के दूसरे पक्ष को निरन्तर अभिव्यक्त किया गया है। "छान्दोग्य" में कहा गया है, "वह सब-कुछ का करता है, समस्त कामनाओं से परिपूर्ण है। सब रसों का आश्रय है, सर्वगन्धमय है।" यहाँ ब्रह्म की कल्पना गुणों की सम्पूर्णता के अर्थ में की गयी है। इस गुणमय ब्रह्म (अपर) की परिकल्पना के आधार पर संसार को रचने तथा गतिशील रखनेवाला ईश्वर को स्वीकार किया गया है, जिसे अद्वैतवादी मानते हैं कि मायोपाधिक चैतन्य ईश्वर है। इन सारी परिकल्पनाओं को कबीर की अभिव्यक्ति में यत्र-तत्र लक्षित किया जा सकता है।

(4 : 6) कबीर के "निर्गुण राम" की परिकल्पना एक ओर परात्पर परम तत्त्व को व्यंजित करती है, तो दूसरी ओर वह सामान्य जन के लिए नाम-जप को भी स्वीकार करते हैं। इस प्रकार के नाम-चिन्तन से साधक बिलकुल विचार शून्य होकर ब्रह्म में अपनी स्थिति के अनुभव का अभ्यास करता है। कबीर का कहना है, "हे भाई, निर्गुण राम का जाप करो।

अविगति की गति को देखा नहीं जा सकता। वेद, स्मृति, पुराण तथा व्याकरण कोई उसके मर्म नहीं जान सके। ...केवल हरि की छाया में भक्त जन ही बैठ सकता है, अर्थात् वह अनुभव के स्तर पर उसे ग्रहण कर सकता है।" इस प्रक्रिया में लौकिक कामनाओं को त्याग कर राम-नाम का जप करने से अभय पद प्राप्त होता है। निर्गुण ब्रह्म हृदय में ग्रहण कर लेने पर सहज ज्ञान प्राप्त होता है और विषय-वासनाओं की माया से मुक्ति मिलती है। यहाँ कबीर अविनाशी हरि का भजन करने के लिए मन को प्रेरित करते हुए प्रबोध देते हैं। जीव विषय-रूप दीपक पर पतिंगा होकर जल जायेगा, पर राम का स्मरण कर जिस प्रकार भ्रमरों के ध्यान में मग्न कीट स्वयं भ्रमरी बन जाता है, उस प्रकार वह राम नाम की लगन में राममय हो जायगा। ऐसे प्रसंगों में तत्त्व-चिन्तन का अन्तर्भाव अनुभव की काव्याभिव्यक्ति में हुआ है और उसके लिए सहज प्रतीक-विधान किया गया है। सांसारिक जीव के लिए कवि कल्पना करता है कि वह संसाररूपी व्यापक विस्तारवाले गहन-गम्भीर सागर की मद-मोह आदि की तरंगायित लहरों में डूब-उतरा रहा है। आर-पार कुछ भी गोचर नहीं है। इस मानवीय इच्छाओं के सीमाहीन भवसागर से पार जाने के लिए एक मात्र नौका राम है। उसकी शरण में जाने से ही इस सागर का सन्तरण सम्भव है। यहाँ यह स्पष्ट हो चुका है कि कबीर ने राम अथवा हरि आदि नामों का उल्लेख सगुण अवतारों के लिए नहीं किया है, विशेषकर अपने चिन्तन-क्रम में। उनके उपास्य के रूप में यह नाम परम तत्त्व रूप है। वह अलख निरंजन रूप में सेवा से परे है, विष्णु रूप में उसकी अभिव्यक्ति संसार में विस्तार ग्रहण करती है, कृष्ण रूप में जगत् का सर्जक है, ब्रह्माण्ड को धारण करनेवाला गोविन्द है और सनातन तत्त्व रूप राम है। इस क्रम में कबीर पुनः उपनिषदों की शैली में अपने निरंजन राम का वर्णन करते हैं, "उसका न रूप है न रेखा, वह न समुद्र है न पर्वत, न धरती है न आकाश, न सूर्य है न चन्द्र ही, न जल है न पवन, और वह समस्त भौतिक संसार से विलक्षण तथा सबसे विशिष्ट है।...वह सारे वेदों और भेदों से अतीत है, पाप तथा पुण्य से परे है, ध्यान तथा ज्ञान का विषय नहीं है, स्थूल तथा सूक्ष्म से भी परे है, डिम्ब तथा रूप से अतीत है। इस विलक्षण अनुपम परम तत्त्व को केवल बाह्य साधना से पाया नहीं जा सकता।" यह ध्यान देने की बात है कि कबीर ने अनुभव की अभिव्यक्ति प्रक्रिया में अपने आराध्य को अनेक रूपों तथा स्तरों पर व्यंजित किया है, पर निरन्तर यह स्मरण दिलाना नहीं भूलते कि उनकी साधना का आलम्बन सगुण न होकर निर्गुण राम है। यह उल्लेख बार-बार उन्होंने अपने पदों में अनेक प्रकार से किया है, "दशरथ सुत तिहुँ लोक बखाना। राम नाम कर मरम है आना।" जिन कार्यों का सम्पादन अवतारी राम (अन्य अवतारों) ने किया है, निर्गुण राम इनसे परे हैं, वह जगत् में व्याप्त अगम और अपार हैं। उसको अपने अन्दर ही खोजना होगा, वह सारे अस्तित्व में व्याप्त रहा है शरीर का भौतिक आकार-प्रकार भ्रम है, झूठ है। सत्य भाव राम है, जो मानव शरीर में रम रहा है।

(4 : 7) कहा गया है कि कबीर अपनी अभिव्यक्ति में अद्वैत, विशिष्टाद्वैत तथा शुद्धाद्वैत तत्त्ववादी दृष्टियों को प्रतिफलित करते हैं। इतना ही नहीं यत्र-तत्र उनकी अभिव्यक्ति में द्वैत की स्वीकृति और एकेश्वरवादी मान्यता को भी लक्षित किया जा सकता है। यह अवश्य है कि कबीर आराध्य को पति के रूप में, स्वामी के रूप में कल्पित करते हैं। इस प्रकार की

अभिव्यक्तियों में ऐसा भाव व्यंजित जान पड़ता है कि कबीर दो भिन्न स्तरों की चर्चा कर रहे हैं। परन्तु यह उनकी प्रेम-साधना को भाव-व्यंजना के कारण है। अन्यथा वह निरन्तर घोषित रूप में सावधान करते हैं कि एक भाव से सर्वव्यापी ब्रह्म है। वह पण्डित हो या योगी, राजा हो या प्रजा, वैद्य हो या रोगी, सब में समान भाव से रम रहा है और सारा जीव-जगत् उसमें रम रहा है। यह जो जागतिक प्रपंच नाना रूपों में गोचर हो रहा है, अनेक आकार-प्रकार के प्राणी दिखायी दे रहे हैं, यह सारा-का-सारा उसकी अभिव्यक्ति है। कबीर का निर्गुण मात्र निषेधात्मक को व्यक्त नहीं करता। इस सन्दर्भ में यह निषेध भौतिक गुणों का है, यहाँ सत्त्व, रज तथा तमोगुणों से अतीत मानने की बात है, इस गुणातीत को निर्गुण रूप से व्यक्त किया गया है। उन्होंने स्वीकार किया है, गुण में निर्गुण और निर्गुण में गुण। वस्तुतः उसे अजर-अमर कहने की अपेक्षा अलख तथा अगम्य कहना अधिक सही है। निषेधात्मक पद्धति से इतना ही समझा जा सकता है कि इस तत्त्व का न रूप है न वर्ण। लेकिन उसमें सभी रूप समाहित है, सभी वर्ण उसके वर्ण हैं, अतः उसे व्यापक अर्थात् घट-घट समाया हुआ कहना सही है। सृष्टि पिण्ड अथवा ब्रह्माण्ड के रूप में देश-काल में सीमित है, जबकि उसका आदि-अन्त नहीं है। कबीर के अनुसार यह परम तत्त्व इन सबसे परे है, वह अवगुण तथा सगुण दोनों में नहीं आता, अजर-अमर दोनों से अतीत है, अरूप तथा अवर्ण दोनों के परे है। इस प्रकार वह भावाभिव्यक्ति में भिन्न स्तर और आयाम ग्रहण करनेवाले अपने निर्गुण राम के बारे में बार-बार सफायी देते हैं। अनुभव के स्तर पर इस तत्त्व को ग्रहण करनेवाले कबीर यह भी कहते हैं कि वह तत्त्व भाव-अभाव दोनों से परे हैं, वह "भावाभावविनिर्मुक्त" है। न वह भाव रूप है और न उसे अभाव रूप कहा जा सकता है। इस साधना की भूमि में मानवीय मति तथा बुद्धि व्यक्त होकर विलीन हो जाती है और साधक सहज स्थिति में राम में लीन हो जाता है। इस स्थिति में पक्षों का तिरोभाव हो जाता है, न द्वैत और न अद्वैत का क्षेत्र रह जाता है। आत्मानुभव के स्तर पर ही इस एकमेक को जाना जाता है। यह प्रेमानुभव की वह स्थिति है जिसमें आत्मा के परम प्रीति के एकमात्र आश्रय आराध्य में साधक लीन हो जाता है। इसे भाषा में अभिव्यक्त कर पाना सही रूप में नहीं हो पाता, यह पूर्ण का ही साक्षात्कार है। इस प्रकार कह कर भी जब कबीर अनुभव के स्तर पर सहज भाव से एकमेक होकर राम से मिलन की स्थिति का वर्णन करते हैं, तब तह ब्रह्म सत्ता में चैतन्य का अद्वैत दृष्टिपरक विलय नहीं है। प्रेम के इस आश्रय-स्थल परम तत्त्व (भगवान्) से सहज मिलन की स्थिति में आत्मा और ब्रह्म का सम्बन्ध बना रहता है, "एकमेक ह्वै मिलि रह्या दासि कबीरा राम। सहज-सहज सब कोई कहै, सहज न चीन्हें कोइ।" दृश्यमान् सृष्टि ब्राह्य रूप में झूठी हो जाती है, अगर परम तत्त्व को भीतर (अदृश्य) कहा जाय। इसी प्रकार जो सत्य जगत् में अभिव्यक्त हो रहा है, उसे भीतर (आन्तरिक) मात्र कैसे स्वीकार किया जाय। कबीर के अनुसार उस परम तत्त्व को न भीतर कहा जा सकता है और न बाहर। वह बाहर-भीतर इस प्रकार परिव्याप्त है कि उसको कह कर समझना सम्भव नहीं है। वह बाह्य दृष्टि अथवा अन्तर्ज्ञान (दृष्टि) का विषय नहीं है। वह अलख, अगम तथा अगोचर है और उसकी भाषिक अभिव्यक्ति सम्भव नहीं। वस्तुतः उसे वही जानते हैं जो अपने अनुभव में पहचानते हैं, बिना इस साक्षात्कार के विश्वास करना सम्भव नहीं है।

(4 : 8) कबीर के निर्गुण राम की परिकल्पना अनेक रूपों में अभिव्यक्त हुई है, पर इस केन्द्रीय तत्त्व "अविगत गति लखी न जाई" का भाव निरन्तर व्यंजित हुआ है। वह सतर्क करते हैं कि लोक में उसे नन्द का नन्दन कहा जाता है, पर पृथ्वी-आकाश दोनों के अनस्तित्व की स्थिति में यह नन्द कहाँ स्थिर है। मनुष्य का जीव (नन्द) तो चौरासी लाख योनियों में भटकता है। वह निरंजन नाम से व्यंजित होनेवाला ब्रह्म न जन्म लेता है, न मरता है और न संसार के बन्धन में फँसता है। इस अभिव्यक्ति में कबीर ने अपने राम को व्याख्यायित करने का प्रयत्न किया है। फिर इस परम तत्त्व को जीव (आत्मा) तथा ईश्वर (ब्रह्म) के सम्बन्ध में चित्रित करते हुए जगत् की रचना का वर्णन करते हैं। यह एक मात्र राम है जो सृष्टि में कोटिशः सूर्य में प्रकाशित है। "उसकी सृष्टि में करोड़ों महादेव कैलास पर निवास करते हैं, दुर्गा असुरों का मर्दन करती है, ब्रह्मा वेद पाठ करते हैं। करोड़ों चन्द्रमा दीपक का प्रकाश करते हैं, नवग्रह दरबार में खड़े रहते हैं, धर्मराज द्वारपाल हैं। जिसके भवन में करोड़ों पवन विचरण करते हैं, शेषनाग शय्या रूप में विस्तार करते हैं। जिसके पनिहारी करोड़ों समुद्र हैं, कुबेर भण्डार की व्यवस्था करते हैं, लक्ष्मी शृंगार करती हैं...। इस समस्त पौराणिक सृष्टि-विधान का उपयोग कबीर ने अपने राम के सृष्टि-विस्तार करनेवाले रूप को प्रस्तुत करने के लिए किया है। यह तत्त्व चिन्तन में ब्रह्म का ईश्वर रूप है जो अपनी प्रकृति में जगत् का विस्तार करता है। परन्तु वह यह भी निर्दिष्ट करना नहीं भूलते, 'विद्या कोटि सभै गुण कहैं। तऊ पार-ब्रह्म का अन्तु न लहैं।" और साथ ही इस परम तत्त्व को घट-घट में व्याप्त मानते हैं। जीव रूप में आत्मा इस संसार में जन्म लेती है और जीव विभ्रम में फँस जाता है। पंच तत्त्व से निर्मित इस काया में जीव आबद्ध हो जाता है। कर्मचक्र में भटकता हुआ जीवन सत्य मार्ग नहीं पाता। पर कबीर के अनुसार "आकाश-पाताल में, दशों दिशाओं में गगन व्याप्त है, मात्र गगन की इस स्थिति में आनन्दमय पुरुषोत्तम निरन्तर निवास करते हैं और जिसका अनुभव घट के विनष्ट होने पर आत्मा को होता है।" वस्तुतः कबीर की दृष्टि में यह गगन परम तत्त्व की स्थिति है। और आगे वह इसी पद में यह भी व्यक्त करते हैं कि मानव शरीर हरि में निरन्तर स्थित है और शरीर में हरि हैं। इस प्रकार हम काव्याभिव्यक्ति में कई स्तरों को एक साथ व्यंजित पाते हैं। जब कबीर अवधूत को सम्बोधित करते हुए, "कुदरति की गति न्यारी" कहते हैं, तब सृष्टि के विस्तार में प्रकृति रूपी ब्रह्म शक्ति का वर्णन करते हैं। इसमें स्पष्टतः लक्षित किया जा सकता है कि मानवीय जीवन के उत्थान-पतन में, प्राकृतिक उलट फेर में और सृष्टि-क्रम की अलौकिक स्थितियों में तथा पैराणिक सन्दर्भों के व्यक्तिक्रम में इस परम तत्त्व को व्याख्यायित करने का उपक्रम है। कबीर ईश्वर के सर्जक रूप और प्रकृति के माध्यम से जगत् की सृष्टि का वर्णन करते हुए इस तथ्य को भी व्यंजित करते हैं कि इस प्रक्रिया में कर्त्ता ईश्वर परम तत्त्व रूप में अपने कर्म अर्थात् सर्जन से न्यारा है। वह न जन्म लेता है और न उसका मरण होता है। वह समस्त सृष्टि के विस्तार में फैला हुआ है और उसमें सहस्रों पृथ्वी और आकाश समाहित हैं। यह परम तत्त्व योगियों के नाद-विन्दु से परे है। अपने कर्मों के "हाथ बिका हुआ" यह कर्त्ता नहीं है अर्थात् अपनी सृष्टि से ईश्वर ब्रह्म रूप में परे है। यहाँ इन पदों में हम अनेक स्तरों को लक्षित करनेवाली कबीर की मूल-दृष्टि को रेखांकित कर सकते हैं।

(4 : 9) कबीर ने निरन्तर अपनी काव्याभिव्यक्ति में अनुभव को प्रमुख माना है। वस्तुतः काव्य रूप में जब सत्य को व्यक्त करने का उपक्रम होता है, तो अनुभव ही प्रधान होगा। तार्किक तत्त्ववादी चिन्तन काव्य की प्रक्रिया का ही निषेध है, और कबीर अनुभव को सम्प्रेषित करने के क्रम में ही काव्य के क्षेत्र में प्रवेश करते हैं। इसीलिए कहा गया है कि भक्त कवियों की मूल-दृष्टि रचना की है और वे निरन्तर साधना के स्तर के अनुभव को काव्याभिव्यक्ति में ग्रहण करने का प्रयत्न करते हैं। कबीर घट-घट में व्याप्त राम के लिए मृग की नाभि में कस्तूरी की उपमा देते हैं। इसी प्रकार नेत्रों की पुतली के समान परम तत्त्व को मानव शरीर में आत्मा रूप स्वीकार करते हैं। आगे वह सकल ब्रह्माण्ड में व्याप्त "साहब" को स्वीकार कर, त्रिकुटी में उसके साक्षात्कार को निषेध करते हैं। यहाँ इस प्रकार की अभिव्यक्ति में कबीर ने जिसे बार-बार द्वैताद्वैत-विशिष्ट-विलक्षण परम तत्त्व कहा है, वह अपनी विलक्षणता में भी एक स्तर का अनुभव रूप ग्रहण करता है। हम चाहें तो उसे भिन्न तत्त्ववादी दृष्टियों से व्याख्यायित कर सकते हैं। साधना (भक्ति) की अभिव्यक्ति के प्रसंग में इस पक्ष को अधिक विवेचित किया जा सकेगा। यहाँ कबीर पुष्प-गन्ध से भी सूक्ष्म उस अनुपम तत्त्व का संकेत देना चाहते हैं, लेकिन सापेक्षता में सूक्ष्म होने पर भी उस परम तत्त्व को ग्रहण करने की चेष्टा है ही, वह उसे रूपाकार से परे भले ही कहें। उसे भारी-हलका कह कर व्याख्यायित नहीं किया जा सकता, कबीर को यह भी कहना पड़ता है, "क्या जानूँ राम कौ, नैना कबहुँ न दीठ।" फिर कहते हैं कि "जो आत्मसाक्षात्कार है, उसे कहने पर कौन विश्वास करेगा। हरि तो अपने वैशिष्ट्य में जैसे का तैसा रहेगा; अतः आनन्द से उसका गुणगान कर।" इस अभिव्यक्ति में स्पष्टतः आत्मा और ब्रह्म का सम्बन्ध स्वीकार किया गया है। कबीर में निरन्तर इन दोनों स्तरों का बिम्ब-प्रतिबिम्ब देखा जा सकता है, उस निराले विशिष्ट तत्त्व में सम्पूर्ण ब्रह्माण्ड निहित है, और कबीर उसकी सेवा की बात कहते हैं, अपने घट में ही साक्षात्कार को स्वीकार करते हैं। इसी क्रम में भक्त की पूर्ण निर्भरता को भी अभिव्यक्ति मिली है, "यह शरीर न कुछ करता है, न करने योग्य है, जो कुछ करणीय है वह हरि ही करता है और साधक की यही आत्मवान् होने की उपलब्धि है। इस ब्रह्म तत्त्व की विलक्षणता को अभिव्यक्त करने के क्रम में कबीर उसे अवरणीय स्वीकार करते हैं। समुद्र में बूँद के समान आत्मा और परमात्मा के एकमेक होना कह कर दोनों की अभिन्नता को व्यक्त किया जाता है। इसको आत्म- साक्षात्कार के स्तर पर व्यंजित किया गया है और उसके लिए अनेक प्रकार का रूपक-विधान हुआ है। इस क्रम में भी हम देख सकेंगे कि किस प्रकार कबीर ने अपनी अभिव्यक्ति में परम तत्त्व और आत्म तत्त्व के सम्बन्ध को अनेक पक्षों में भी अभिव्यक्त किया है।

(4 : 10) कबीर के अनुसार वेद, पुराण तथा स्मृतियाँ इस तत्त्व के मर्म को जान नहीं सके, जिसके चरण कमलों को लक्ष्मी ग्रहण करने में अक्षम है और शेषनाग तथा गरुड़ की सारी पौराणिक परिकल्पनाएँ जहाँ समाहित हो जाती हैं। इस प्रकार परात्पर परिकल्पना करते हुए मानवीय स्तर पर वह यह भी अभिव्यक्त करते हैं कि हरि की छाया में उनका भक्त नाम स्मरण करता हुआ अपनी आत्मा को सुरक्षित रखता है। कबीर का ठाकुर यह निरंजन परमपुरुष जन्म-मरण के क्रम से परे है और उसका कोई माता-पिता नहीं। आगे कबीर विश्व

रूप में अपने परमपुरुष राम की परिकल्पना करते हैं। इस परिकल्पना में त्रिदेव, समस्त ग्रह-नक्षत्र, देवी-देवता प्रकृति के सभी उपकरण और सारी सृष्टि समाहित है और वह परब्रह्म इन सबसे परे कहा गया है। इस परम तत्त्व की द्वैताद्वैतविलक्षण स्थिति को व्याख्यायित करने के क्रम में उलटवाँसियों के व्यतिक्रममूलक रूपक-विधान का उपयोग यत्र-तत्र किया गया है, "यह एक तरुवर बिना तने के खड़ा है, उसमें शाखाएँ और पत्ते कुछ नहीं हैं, बिना फूले ही उसमें फल लगते हैं और वह आठों गगनों में व्याप्त है। वह बिना पग के नृत्य करता है, बिना हाथों के वाद्य-यन्त्र बजाता है, बिना जिह्वा के गाता है, यह कलाकार रूपाकार से परे है, केवल गुरु ही उसका साक्षात्कार कराता है।" इसी प्रकार प्रिय के साथ गौने में ससुराल जाने की रूपक-विधान है। इस क्रम में पति के साथ यौवन स्वप्न की भाँति बीतता गया और मनोकामना पूरी नहीं हुई। ससस्त विवाह के रूपक में कबीर जीव के पंच तत्त्वों, पंच इन्द्रियों के सम्मेलन की चर्चा करते हैं। परन्तु इस नाना रंगों के बीच जीव का शरीर से गठबन्धन और भाँवर घूमना विश्वसनीय नहीं है। बिना परम तत्त्व के यह सौभाग्य निरर्थक है, राँड़ होने के समान। वस्तुतः इस सांसारिक जीवन में परम-पुरुष का साक्षात्कार नहीं हो पाता, जब तक अपने सांसारिक सन्दर्भों से मुक्ति नहीं मिलती। इस प्रकार कबीर ने अनेक जीवनगत सन्दर्भों से रूपकों तथा उलटवाँसियों की रचना की है और उनके माध्यम से ब्रह्म-जीव-जगत् के सम्बन्धों की अभिव्यक्ति की है। अन्ततः कबीर स्वामी और सेवक सम्बन्ध को साधना के लिए ही स्वीकार करते हैं, "तब को ठाकुर, अब को सेवक को काके विश्वासा, "क्योंकि जीव इस सांसारिक बन्धन के क्रम में, "टूटै बँधै बँधै पुनि टूटै जब तक होई विनासा।" यह जीव और ब्रह्म के सम्बन्ध का जब आकाश विनष्ट हो जाता है, तब शब्द (ब्रह्म) उसमें समाहित नहीं हो पाता अर्थात् ब्रह्म से अलग होकर आत्म तत्त्व जीव रूप में उससे अलग होता है और इस समस्त प्रकृति के सर्जन-क्रम से मुक्त होकर ही उस परम तत्त्व में आत्म तत्त्व का विलय होता है।

(4 : 11) कबीर ने अपनी साधना में प्रेम-तत्त्व को स्वीकार किया है। यह अवश्य है कि उनकी भक्ति और उसके आधार में प्रेम-भावना को सगुण उपासकों के भक्तिपरक प्रेम से भिन्न माना गया है। परन्तु काव्य की अभिव्यक्ति के स्तर पर यह प्रेमाभिव्यक्ति जीवन से ग्रहण किये हुए रूपक-विधान का आश्रय लेती है। जब वह कहते हैं, "दुलहनी गावहु मंगलचार। हम घरि आए हो राजा राम भरतार।", तब इस अभिव्यक्ति में जीव के आत्मरूप में ब्रह्म तत्त्व से एकमेक होने का भाव ही व्यक्त हुआ है। परन्तु इस मिलन की आकांक्षा में आत्मा और ब्रह्म के सम्बन्ध में विशिष्टता का ही संकेत मिलता है, पूर्ण अद्वैत भाव का नहीं। यह अवश्य है कि विवाह के इस रूपक में पंच तत्त्व से निर्मित इन शरीर को और इन्द्रियों के अधिष्ठाता मन को राम में अनुरक्त करने तथा अपने स्वामी को यौवन-दान की कल्पना में आध्यात्मिक स्तर पर पूर्ण समर्पण की व्यंजना हुई है। यहाँ शरीररूपी सरोवर की वेदी पर ब्रह्मा के द्वारा वेदोच्चार के साथ रामदेव के साथ आत्मा की भाँवर पड़ने की कल्पना इस सम्बन्ध को अनुभव के स्तर पर व्यंजित करती है (पा. प. 5)। और यहाँ विवाह के रूपक से परम पुरुष अविनाशी ब्रह्म तत्त्व से आत्मतत्त्व के मिलन की व्यंजना ग्रहण की जायगी। इसी प्रकार प्रिय की प्रतीक्षा में जब विरहिणी आगमन की सूचना पा कर उल्लसित भाव से गाती है, "बहुत दिनन थैं मैं प्रीतम पाये, भाग बड़े घरि बैठे आये।", तब मीरा की

भावाभिव्यक्ति का स्मरण आता है। लेकिन कबीर यहाँ उत्सव भाव से गाये जानेवाले मंगलाचार में मन रमाने के साथ उस अनुभव का भी उल्लेख करते हैं जो "राम रसायन" रूप है और शरीररूपी मन्दिर में प्रकाश फैलने की चर्चा करते हैं। इसी प्रकार पुनः प्रिया अपने प्रियतम से न जाने देने का आग्रह करते हुए हर प्रकार से अपना लेने का वचन लेती है। बहुत दिनों के बाद बिछुड़े हुए अपने प्रिय हरि को पा लेने के सौभाग्य से वंचित नहीं होना चाहती। निश्चय ही यह कथन, "चरनन लगी करौं सेवकाई। प्रेम प्रीति रखौ उरझाई।" स्वामी भाव की भक्ति को व्यंजित करता है। साधना के स्तर पर प्रेम की इस व्यंजना को विविध रूपों में लक्षित किया जा सकता है। यहाँ इस तथ्य को रेखांकित करना अपेक्षित है कि कबीर अपने परम तत्त्व को भले ही "विलक्षण" कहते हों, परन्तु जब अनुभव के स्तर पर उसकी अभिव्यक्ति की जाती है, तब जीवनगत सन्दर्भों से बचना सम्भव नहीं होता; और परात्पर तत्त्व अनेक स्तरों पर अभिव्यक्ति ग्रहण कर सकता है। कबीर गोकुल नायक "बोठुला" से मन लगने की बात कहते हैं और बहुत दिनों से बिछुड़े रहने पर मिलने के अवसर की आकांक्षा करते हैं, तब समस्त सांसारिक राग-द्वेष, कपट, अभिमान का त्याग कर अपने प्रभु के चरण कमलों में चित्त लगाकर गुणगान करने की कामना करते हैं (वही : प. 6, 7, 10)। इसी प्रकार जब वह कहते हैं, "हरि रंग लागा हरि रंग लागा। मेरे मन का संसैय भागा", तब भी अपने प्रिय साहब की दासी के रूप में प्रार्थना करते हैं। अहम् भाव से दीवानी रहने पर प्रिय से विमुख रही है, पर जब दासी ने अपने को "खाक" बराबर अनुभव किया, तब उसे साहब के अन्तः का साक्षात्कार मिला है। यह अवश्य है कि कबीर इस मिलन को सोने से सुहागा के एकरस हो जाने के रूप में स्वीकार करते हैं।

(4 : 12) इस क्रम में कबीर अन्य स्थलों पर स्वामी-सेवक भाव को भी ग्रहण करते हैं। यह अवश्य है कि वह अपने अनुभव के प्रति निरन्तर सजग है। जब कमल-पत्र पर जल का रूपक-विधान साहब और दास के सम्बन्ध में करते हैं, तब इस सम्बन्ध की एकरसता को व्यंजित करते हुए कहते हैं कि, "मेरा-तुम्हारा मिलन भृंग के द्वारा कीट का रूपान्तरण है अथवा सरिता का सागर से मिलन है।" इस प्रेम सम्बन्ध में कई स्तर लक्षित किये जा सकते हैं। स्वयं कबीर काम-क्रोध-अहंकार के रूप में जीव व्याप्त माया से मुक्त होने के लिए "माधो की दाया" की प्रार्थना करते हैं। संसार के दुःख-दर्द को किससे कहा जाय, इस माया से मुक्ति कौन दिला सकता है? यहाँ कबीर अपने आराध्य के "दीदार" की प्रार्थना करते हुए इस सांसारिकता से मुक्त होने की कामना करते हैं। कभी वह वात्सल्य-भाव का आश्रय भी लेते हैं, "हरि जननी मैं बालिक तेरा, काहे न औगुण बकसहु मेरा"। यहाँ अपने अपराधों के लिए जननी रूपी हरि से ध्यान न देने की प्रार्थना है। माता बालक के अपराधों पर ध्यान नहीं देती, वह चाहे बाल खींचे या आघात करे। उसका प्रेम निरन्तर बना रहता है और माता बालक के दुःख से दुखी होती है। जो निर्भरता की भावना दास्यभाव की भक्ति में निहित है, कबीर उसकी अभिव्यक्ति यत्र-तत्र करते हैं, "अब मोहिं राम भरोसा तोरा। तब काहू का कवन निहोरा"। जिसका हरि सा ठाकुर हो, वह और दूसरों का क्यों आश्रय लेगा। जो तीन लोक को धारण करता है, वह भक्त का प्रतिपालन क्यों नहीं करेगा। एक उस आराध्य की सेवा करने से सब-कुछ बनेगा, जैसे पेड़ को मूल से सींचने पर डालें भी हरी-हरी होती हैं। कबीर की इस भावाभिव्यक्ति में स्पष्टतः स्वामी-सेवक भाव निहित है।

ईश्वर और जीव के सम्बन्ध को इस प्रकार की भक्तिपरक अभिव्यक्ति में लक्षित किया जा सकता है। वह कहते हैं, "गोविन्द हम ऐसे अपराधी हैं, कि जिस प्रभु ने जीव को शरीर दिया था, उसकी भाव-भक्ति की साधना नहीं की। इस जन्म को किस कर्मफल से पाया और किस कारण संसार में हमने रूप ग्रहण किया, इस पर विचार नहीं किया। सांसारिक जीवन में भवसागर से तारनेवाले चिन्तामणि प्रभु का ध्यान एक क्षण के लिए नहीं किया। अब तो दीनदयाल, कृपालु, भक्तवत्सल, भयहारी दामोदर ही एक मात्र अवलम्ब हैं। मैं सेवा में प्रस्तुत हूँ और अपने जन का भार तुम पर है" (वही : प. 40)। कबीर ने इस्लामी एकेश्वरवाद की परिकल्पना को भी कतिपय स्थलों पर अपनी शैली में समाहित किया है। उस महल को मजलिस की कल्पना करते हुए वे कहते हैं कि, "वहाँ मेरे जैसे गरीब की कहाँ पूछ। इस राज-दरबार में बड़े-बड़े सहस्रों की संख्या में सालार, पैगम्बर, शेख आदि जुटे हुए हैं। बाबा आदम से नजर दिलायी जा रही है। इन सम्राटों के सम्राट दाता के सामने मैं भिखारी मात्र हूँ। तुम मुझे अपनी शरण में लेकर निकट रख लो, क्योंकि तुम रहमान हो"। स्पष्टतः यह कल्पना एकेश्वर रूप की है, जो समस्त सृष्टि का नियन्ता माना गया है। कबीर के परिवेश में अवतारी ब्रह्म की कल्पना भी आ जाती है, जब भक्त प्रणत भाव से सेवक रूप में द्वार पर खड़ा प्रार्थना करता है, "तुम बिनु सुरति करै को मेरी। दर्शन दीजै खोल किवार", तब ऐसे आराध्य की कल्पना ही सामने आती है। यहाँ दास्य-भाव से कवि कहता है, "हमने अपने कानों से तुम्हारा सुयश सुना है, तुम्हारे समान धनी तथा उदार कोई नहीं है। किससे माँगूँ, सभी तो रंक हैं, केवल तुम ही मेरा निस्तार करोगे। विप्र सुदामा पर ऐसी ही अपार कृपा हुई है, तुम तो पूर्ण समर्थ दाता हो, चारों पदार्थ देने में तुम्हें विलम्ब नहीं लगता"। इसी क्रम में दर्शन की अभिलाषा अभिव्यक्त की गयी है, "क्योंकि बिना दर्शन भक्त के मन को चैन नहीं। या तो दास कुसेवक है या स्वामी को अनजान माना जाय, दोनों में किसको दोष दिया जाय? स्वामी तो त्रिभुवनपति कहलाता है और मनवांछित कार्य पूरा करनेवाला है। फिर हरि स्वयं दर्शन दे या भक्त को अपने पास बुला ले"। इस प्रकार कबीर की सम्पूर्ण काव्याभिव्यक्ति में हम दार्शनिक तत्त्व-चिन्तन के अनेक रूपों को देख सके हैं।

(4 : 13) कबीर ने अपनी ब्रह्म परिकल्पना के साथ जीव तथा जगत् को भी विविध रूपों तथा स्तरों पर अभिव्यक्त किया है। भाव-भक्ति के अन्तर्गत रूप (जगत्) के गतिशील पक्ष पर बल दिया गया है और इसी के माध्यम से इस संसार से विरक्त होने की स्थिति को स्वीकार किया गया है। कबीर जगत् के इस समस्त अस्थिर तथा गतिशील रूप में स्थिर अरूप परम तत्त्व की व्यंजना करते हैं। जीव इस संसार में दस दिन अपनी नौबत बजा कर उसकी नगर तथा गली को सदा के लिए त्याग कर चल देता है। सांसारिक वैभव के बीच मनुष्य ऐश्वर्य का उपभोग करता है, पर हरि के नाम के बिना जन्म लेकर सब-कुछ हार जाता है। वस्तुतः इस संसार की असारता में एकमात्र शाश्वत तत्त्व राम है। जीव की रक्षा उस अविनाशी की शरण में जाने से ही है, अन्यथा इस शरीर के नष्ट होने में कुम्भ के फूटने जैसी देर नहीं लगती है। यहाँ ब्रह्म, जीव और जगत् के सम्बन्ध को व्यक्त करते हुए माना गया है कि रूप तथा सीमा के द्वारा ही अरूप तथा असीम तत्त्व की ओर प्रेरित होना सम्भव है। भक्तिमूलक साधना में इस प्रकार रूप तथा सीमा के आधार पर शाश्वत परम

तत्त्व को उसके अरूप तथा परिव्याप्त असीम में ग्रहण करना सम्भव है। जैसा उल्लेख किया गया है काव्य की अभिव्यक्ति जिस शब्दार्थ पर सम्भव होती है, उसमें रूप से ही अरूप को अभिव्यक्ति मिलती है। अन्य भक्तों के समान कबीर की अभिव्यक्ति में देखा जा सकता है कि अनाम तथा अरूप परम तत्त्व की अभिव्यक्ति नाम तथा रूप के माध्यम से ही सम्भव है। वस्तुतः कबीर के अनुसार निर्गुण की निर्विशेषता उसके शून्य रूप में नहीं है, वरन् उसमें समस्त सृष्टि के समान समस्त गुणों का भी अन्तर्भाव है। प्रायः निर्गुण के विरोधी के रूप में गुण को समझा जाता है, परन्तु यह त्रिगुणात्मक प्रकृति का सारा प्रसार उस परम तत्त्व से परे नहीं है। इस दृष्टि से कबीर जैसे साधक ने रूप से अरूप की ओर उन्मुख होने की बात कही है, सीमा से असीम की खोज की प्रेरणा दी है। इस प्रकार जीव तथा जगत् के ब्रह्म के सम्बन्ध को निरूपित करते हुए गुण तथा निर्गुण की परिकल्पनाओं को संयोजित किया गया है। उनके अनुसार हम जगत् के रूपाकार के उस ब्रह्म को परे कहते हैं, तो उसका भाव यही है कि इस दृश्यमय जगत् और उसकी सीमाओं में उसे सही ढंग से व्यक्त नहीं कहा जा सकता। परन्तु यह भी कबीर ने अभिव्यक्त किया है कि अगर निर्गुण तत्त्व की सृष्टि के व्यक्त गुणों से बाहर कहा जाय या विपरीत माना जाय, तो यह भी भ्रम है, असत्य है। इस प्रकार यहाँ तत्त्ववाद की दृष्टि से कई स्तरों की व्यंजना देखी जा सकती है।

(4 : 14) कबीर जीव की शरीर से सम्बद्ध स्वीकार करते हैं, यह आत्मा का पंच तत्त्व से निर्मित त्रिगुणात्मक स्वरूप है, "पंच तत्त मिलि काया कीन्हीं।" पर प्रश्न है यह परम तत्त्व कहाँ से रचा गया है? वस्तुतः सांसारिक कर्म बन्धनों में आत्मा ही जीव है और अन्ततः शरीरधारी यह जीव आत्मरूप में "हरि" ही है, क्योंकि ब्रह्म रूप में यह सर्वव्यापी है। जगत् की प्रवाहमान स्थिति को रेखांकित करते हुए कबीर कहते हैं, "का माँगूँ कुछ थिर न रहाई। देखत नैन चल्या जग जाई।" इस प्रकार तत्त्ववाद की भाषा को छोड़ कर वह जीवन के स्तर पर जीवन की स्थितियों का वर्णन करते हैं। जीवन के समस्त ऐश्वर्य-विलास को नाशवान् तथा क्षणभंगुर मानते हुए उनका कहना है कि "इस समस्त वैभव से क्या? न आने के साथ कोई है, न जाते समय का कोई साथी होता है। अन्त समय इस जीवन से जीव इसी प्रकार जाता है जैसे जुआँरी हाथ झाड़ कर फड़ को छोड़ता है। इस क्रम में जगत् में जीव की अस्थिर स्थिति का काव्यात्मक वर्णन किया गया है। कवि के अनुसार भजन के बिना प्राणी का जन्म अकारथ जा रहा है, भले ही चार दिन वह अपनी नौबत बजाये। यह संसार की क्षणिकता का दृश्य है। इस समस्त जग-जीवन के बारे में सोच-विचार कर यही जान पड़ता है कि यहाँ इससे उबरना सम्भव नहीं है, केवल प्रभु की शरण जाने से ही जीव को जन्म-मरण से छुटकारा मिल सकता है। इस प्रकार जीव और जगत् की स्थिति को ब्रह्म की सापेक्षता में वर्णन करते हुए कबीर कई प्रकार के सम्बन्धों की कल्पना करते हैं, काव्य की अभिव्यक्ति में यह स्वाभाविक भी रहा है। पर कबीर इन समस्त वर्णनों के बीच में यह संकेत निरन्तर देते हैं कि "अन्ततः सृष्टि के विस्तार के विलीन होने के साथ अविनाशी राम (परम तत्त्व) रह जाता है। इस स्थिति में उसकी सम्पूर्ण व्याप्ति में पृथ्वी, पवन, आकाश, सूर्य और चन्द्र कोई नहीं रहते। हम और तुम नहीं रहते, क्रमशः यह जगत् विलीन हो जाता है और सर्वत्र परम तत्त्व व्याप जाता है।" निरन्तर कबीर इस प्रकार के तत्त्वपरक संकेतों को देते हुए

सामान्य जीवन के स्तर पर अपने अनुभव को व्यक्त करते हैं। उनका कहना है कि यह संसार सेमल के फूल के समान है, दस दिन की शोभा के बाद उसका सौन्दर्य नष्ट हो जाता है। मनुष्य का जीवन धूल एकत्र कर संयोजित किया गया है, जो चार दिन के दृश्य-रूप के बाद खेह का खेह हो जायेगा। यह जीवन स्वप्न के समान है और जीव उसके भ्रम में लूट में पड़ा हुआ है। आँख खुल जाने पर कुछ भी लेना-देना शेष नहीं रहता। इस प्रकार सहज जीवनगत अनुभव के स्तर पर कबीर संसार की इस असारता और उसमें पड़े हुए जीव की नश्वर शरीर में आसक्ति को अभिव्यक्त करते हैं। वह सचेत करते हुए कहते हैं, यह शरीर नश्वर है, इस जीवन में यदि उस तत्त्व को पाने का प्रयत्न हो सके तो करो। संसार से तो लखपती भी और करोड़पति भी नंगे हाथ आते हैं। यह संसार तो कहने-सुनने में ही बीतता जा रहा है, एक मात्र आत्मसाक्षात्कार जीव का आत्मवान् होने का मार्ग है। और इस मार्ग पर अहंभाव ही सबसे बड़ी बाधा है, क्योंकि यह अहंकार ''रुई लपेटी आगि'' है। इस प्रकार हम देख सकते हैं कि कवि के रूप में कबीर जीवन के भी विविध स्तरों का स्पर्श करते हैं।

(4 : 15) माया के सम्बन्ध में कबीर की दृष्टि व्यापक रूप से उसके अविद्यापरक रूप पर रही है। परन्तु इस क्षेत्र में भी उनकी अभिव्यक्ति में कई स्तरों को लक्षित किया जा सकता है। वेदान्त के अन्तर्गत हम देख चुके हैं कि माया को ब्रह्म की सर्जन-शक्ति के रूप में स्वीकार किया है और ईश्वर के रूप में ब्रह्म की अभिव्यक्ति से उसका सम्बन्ध स्थापित किया गया है। साथ ही अपने अविद्या रूप में संसार के समस्त भ्रमों तथा बन्धनों का कारण भी है। कबीर वेदान्त के सभी वादों में प्रतिपादित माया के रूपों को भिन्न-भिन्न सन्दर्भों में अभिव्यक्त करते हैं। उन्होंने सृष्टि के विस्तारपरक रूपकों में माया की सर्जनात्मक शक्ति का वर्णन किया है। फिर ''कुदरति की गति न्यारी'' मान कर सृष्टि के सारे विस्तार का रूपक-विधान किया गया है। यह माया अनेक आकर्षणों से हरि की ओर उन्मुख नहीं होने देती। इसके सुख के आकर्षण अन्ततः दुःखमय हैं। इसी प्रकार यह माया ''रघुनाथ'' की शक्ति है जो अहेर खेलने में संलग्न है। इसके प्रभाव में ज्ञानी-विज्ञानी, योगी-यती, वेदज्ञ सभी संसार-चक्र में फँसे हुए हैं। कबीर माया का रूपक प्रस्तुत करते हुए उसे जगत् की प्यारी सुहागिन नारी का रूप प्रदान करते हैं। उनके अनुसार इसके प्रभाव में सभी भटक रहे हैं, केवल गुरु की कृपा से सन्त बचा हुआ है। भक्त को उसका भेद गुरु से मिल चुका है और अब उसकी सांसारिक मोहासक्ति से कबीर बाहर हैं। फिर वह माया को महाठगिनी के रूप में चित्रित करते हुए कहते हैं कि उसके त्रिगुणात्मक आकर्षण में सभी फँसे हुए हैं। ''केशव (विष्णु) के पास लक्ष्मी रूप में, शिव के समीप भावानी रूप में माया ही है।'' यह पौराणिक सन्दर्भ में माया को ईश्वर की शक्ति कहा जा सकता है। इस क्रम में उन्होंने पुरुष के साथ नारी को माया रूप में ग्रहण किया है। जैसा हमने जीव और जगत् के सन्दर्भ में देखा है, यहाँ माया को सामान्य सांसारिकता के अर्थ में भी चित्रित किया गया है। जैसे माया जोड़ना, मायारूपी मदपान करना आदि वर्णन। यह माया सुर-नर-मुनि को छलनेवाली, पीर-पैगम्बर को भी पराभूत करनेवाली कही गयी है। इस क्रम में सहज जीवन के स्तर पर वह माया की कल्पना हाट में फन्द फैलानेवाली पापिनी के रूप में करते हैं, जो उसमें संसार को फँसा रही है। माया की कनक-कामिनी से उठी लपटों में जग जल रहा है। इस माया मोहनी ने बड़े-बड़े ज्ञानियों को भी मोह लिया है, इस प्रकार

माया के मोहक और विनाशक दोनों प्रभावों का वर्णन निरन्तर हुआ है। माया डाकिनी पापिनी है, आशा के फँदे में उलझानेवाली है, आसक्त करनेवाली है, निरन्तर बढ़ती हुई तृष्णा है। इस क्रम में कबीर निरन्तर इस बात का संकेत देते चलते हैं कि माया मोह के अन्धकार से व्यक्ति ज्ञान-दृष्टि पा कर ही मुक्त हो सकता है। इस माया के त्रिगुणात्मक वृक्ष में विषय-वासना और सांसारिक सन्ताप की शाखाएँ हैं। उसमें स्वप्न में भी न शीतलता मिलती है और न तन का ताप ही कम होता है। इस माया के अधीन जीव का एक मात्र आश्रय राम की शरण है। इस प्रकार की समस्त माया सम्बन्धी चर्चा सिद्धान्त की अपेक्षा जीवन के अनुभव को व्यक्त करती है। सम्पूर्ण ''माया कौ अंग'' में इस प्रकार की व्यभिव्यक्ति का रूप-विधान मिलता है।

सन्दर्भ

प्रकरण चतुर्थ : दार्शनिक चिन्तन की अभिव्यक्ति

अनु. 1 : (गीता : 13 : 11 ब्रह्मसूत्र 1 : 1 : 1; इ. कि. भा. 1 पृ. 25, भा. 2 पृ. 466, बृ. उ. 3 : 51; भा. द. पृ. 44 (ब्रह्मदेव उपाध्याय)।

अनु. 2 : (पदा. शब्दा. 29; क. ग्र. पद 156, 286) (पद 156) अकथ कहाँणी प्रेम की, कछु कही न जाई, गूँगे केरी सरकरा, बैठे मुसुकाई।। (पद 286) जन की पीर हो राजा राम भल जाँनै, कहूँ काहि को मानै।।

अनु. 5 : (वृहदारण्यक 3 : 8, 8 1 2 : 3, 6 1 कठोपनिषद् 3 : 5। क. ग्र. पद 220। वृहदारण्यक 3 : 4, 2। छान्दोग्य. 3 : 14) (पद 220) राम कै नाँइ निसाँन बागा, ताका मरम न जानै कोई। भूख त्रिषा गुण वाकै नाँहीं, घट घट अंतरि लोई।

अनु. 6 : (क. ग्र. पद 49, 346, 375। बीजकः रा. 20। क. ग्र. पद 327, 299, 220; पृ. 49) अबिगति की गति लखौ न जाई ... कहै कबीर जाकै भेदै नाँहीं, निज जन 242-43)

बैठे हरि की छाहीं।। एक ओर परात्पर सत्य के मर्म की वेद-स्मृतियों, ज्ञान-विज्ञान के परे न जानने की स्थिति है और दूसरी ओर 'हरि की छाहीं में अनुभव में स्थित 'निज जन' की भाव-व्यंजना है। 'आतम राम' अर्थात् परम-तत्त्व को निश्चय ही चीह्नना किसी के लिए क्या सम्भव है। (पद 346) पर अन्ततः 'कबीरा कोरी' वह अभिव्यक्त करता है कि 'हरि को नाँव अभय पद दाता है और कहता है, 'परिहरि काम राम कहि बौरे सुनि सुख बंधू मोरी।। (पद 327) कबीर निरन्तर साधना के विविध आयामों के सन्दर्भ में अपने ब्रह्म तत्त्व की अभिव्यक्ति को प्रस्तुत करते हैं, ''सिध साधू पैकंबर हूवा, जपै सू एक भेष है जूवा। अपरंपार की नांउ अनंत, कहै कबीर सोई भगवंत।। (पद 220) यहाँ कबीर द्वैताद्वैतविवर्जित परम-तत्त्व को अभिव्यक्ति करने की शैली में कह रहे हैं, ''राम कै नाँइ निसाँन बागा, ताका मरम न जानै कोई।...भेष बिबर्जित, भीख बिबर्जित, बिबर्जित ड्यंमक रूपं। कहै कबीरा तिहूँ लोक बिबर्जित, ऐसा तत्त अनूपं।।

अनु. 7 : (क. ग्र. पद 136, 179, 181, 31 शब्दा. : पद 28) (पद 186) जब थैं आतम

तत्त बिचारा।...इनमैं आप आप सबहिन मैं, आप आप सूँ खेलै।। नाँनाँ भाँति घड़े सब भाँड़े, रूप धरे धरि मेलै।। इस अभिव्यक्ति में किसी एक सिद्धान्त को प्रत्यक्षतः प्रतिपादित करना हो तो अद्वैत के स्वीकार के साथ विशिष्टाद्वैत तथा द्वैताद्वैत के स्तरों को लक्षित किया जा सकता है (लीला जस गावै)। फिर इन सबका अभिव्यक्ति के रूप में अतिक्रमण भी व्यंजित है। (पद 179) प्रचलित बिम्बविधान है, 'ज्यूँ बिंबहि प्रतिबिंब समाँनाँ, उदिक कुंभ बिगराँनाँ। कहै कबीर जाँनि भ्रम भागा, जीवहिं जीव समाँनाँ।।

अनु. 8 : (पा. क. ग्र. पद 155, 156, 157, 158) (पद 155) जौ जांचउ तो केवल राम। आन देव सौं नाहीं काम।।...कहै कबीर सुनि सरियां पानि। देहि अभै पटु माँगउँ दान।। यहाँ स्वामी रूप में आराध्य की कल्पना है जो सारी सृष्टि में व्याप्त वर्णित हैं। आगे (पद 156) गगन रूप में परम-तत्त्व की व्याप्ति का वर्णन है। इस पद में पंच तत्त्व की काया से परे परम-तत्त्व की परिकल्पना के साथ जीव के कर्मबन्धन का उपयोग किया गया है। अन्य में राम नाम की निर्भरता और सहज साधना के स्वीकार की अभिव्यक्ति हुई है। आगे के दोनों पदों में सृष्टि के क्रम-विकास एवं विस्तार के साथ परात्पर ब्रह्म की व्यंजना है।

अनु. 9 : (पा. क. ग्र. साखी 7 : 1, 2, 3 अन्य भी 1 8 : 5, 7) (साखी 7 : 1) मृग नाभि की कस्तूरी की गन्ध वन में ढूँढ़ता भटकता है, इस प्रकार सृष्टि में व्याप्त ब्रह्म तत्त्व को सांसारिक जीवन में हम पहचान नहीं पाते। (वही : 3) संपटि माँहि समाइया, सो साहिब नहीं होइ। सफल मांड मैं रमि रह्या, साहिब साहब कहिए सोइ। यहाँ कवि एक ओर योग के साधक पर कटाक्ष करता है और दूसरी तत्त्ववादी दृष्टि के परे परमब्रह्म की अभिव्यक्ति करता है। अनुभव के स्तर की व्यंजना इस प्रकार कबीर कर रहे हैं, 'दीठा है तो कस कहूँ, कह्या न को पृतियाइ। हरि जैसा है तैसा रहौ, तूँ हरिषि हरिषि गुण गाइ। (वही : 10) जो केवल अनुभव का विषय है, उससे आनन्दोल्लसित होकर गुणगान की प्रेरणा मिल पाती है। सामान्यतः गुणातीत का गुणगान क्या? पर यह अनुभव का स्तर है। यही बात अगली साखियाँ (8 : 5, 7) में है। 'अवरन' का क्या वर्णन किया जाय, वह सम्भव नहीं, वर्णनातीत जो है। 'होत होत' तो 'रहा कबीर हिराइ'। वस्तु साधना की प्रक्रिया का इस अभिव्यक्ति में परम तत्त्व की खोज में आत्मा के विलीन होने का संकेत है।

अनु. 10 : (पा. क. ग्र. 153, 156, 108, 109, 113) (पद 153) निरगुण राँम जपहु रे भाई, अबिगति की गति लखी न जाई।। कहै कबीर जाकै भेदै नाँहीं, निज जन बैठे हरि की छाहीं।। स्पष्टतः भाषिक अभिव्यक्ति में अनुभव में कई स्तर व्यंजित हैं। 'अबिगति की गति' मानवीय ज्ञान-दृष्टि से परे है, उसका मर्म वेद-शास्त्र-पुराण कौन जान सका है। फिर कवि दूसरे स्तर पर 'निज जन' की सारे भ्रमों से मुक्त 'हरि की छाहीं' बैठने अर्थात् शरण लेने की बात कहता और अन्ततः 'निरगुण राँम जपहु रे भाई' का आश्वासन देता है। यहाँ हमको दार्शनिक तत्त्ववाद से परे अनुभव की भावभूमि पर अभिव्यक्ति मिलती है। (पद 109) विवाह के रूपक में आत्मा-परमात्मा के सम्बन्ध को व्यंजित का उपक्रम है। इसका सहज रूप है—मैं सासरे पिय गौहनि आई। साईं संग साध नहीं पूजी गयौ जोवन सूपिनै की नाईं।। यह मिलन का अनुभव अनन्त में समाहित है।

अनु. 11 : (पा. क. ग्र. पद 5, 6, 7, 10) इन पदों में प्रिय-प्रिया, पति-पत्नी, स्त्री-पुरुष

के प्रेम-विवाह जैसे सम्बन्धपरक रूपक-विधान से जब आत्मा-परमात्मा के मिलन-सम्बन्ध की अभिव्यक्ति कवि करता है, तो उसमें विशिष्ट रूप में द्वैताद्वैत के आधार पर भाव-व्यंजना के रूप में ही परम-तत्त्व की अभिव्यक्ति हो पायी है। दूसरी ओर इस प्रेम में माधुर्य-सख्य-दास्य-वात्सल्य जैसे प्रेम के अनेक आयामों को समाहित किया गया है।

अनु. 12 : (पा. क. ग्र. पद 18, 36-38, 42, 40, 45 और 47) (पद 18) काव्याभिव्यक्ति में आत्मा तथा परमात्मा के सम्बन्ध की व्यंजना विविध रूपों में हुई है। 'मोंहि तोहि लागी कैसे छूटै। जैसे हीरा फोरे न फूटे।' के माध्यम से अटूट सम्बन्ध व्यक्त किया गया है। इस प्रकार के विभिन्न सम्बन्धों में व्यंजित भाव-स्तरों में तत्त्व-चिन्तन के विविध रूप निहित हैं। अन्य पदों में इन सम्बन्धों के आधार पर भाव व्यंजना है।

अनु. 13 : (क. ग्र. साखी 12 : 1, 2, 37, 38। वही पद 180) संसार की माया के रूप में नश्वर चित्रित किया गया। (38) नाशवान् शरीर के सन्दर्भ में रूपक-विधान है, 'यह तनु काचा कुंभ है, चोट चहूँ दिसि खाइ। एक राम के नाँव बिन, जदि तदि प्रलै जाइ।।. (पद 180) कबीर जीव और जगत् को ब्रह्म के सन्दर्भ में व्याख्यायित करने की कठिनाई का अनुभव ही इस प्रकार अभिव्यक्त करते हैं। संत धोखा कासूँ कहिए। गुँण मैं निरगुँण मैं गुण है, बाट छाँड़ि क्यूँ बहिए।...नाति सरूप बरण नहीं जाकै, घटि घटि रह्यौ समाई।...प्यंड ब्रह्मंड कथै सब कोई, वाकै आदि अरु अंत न होई। प्यंड ब्रह्मंड छाड़ि जे कथिए, कहैं कबीर हरि सोई।। स्पष्ट रूप में यहाँ भाषा की सीमा में विरोधाभास में सत्य को व्यंजित करने का उपक्रम है।

अनु. 14 : (पा. क. ग्र. पद 156, 99-102। क. ग्र. 12 : 13, 20, 22, 37, 49, 50, 60 और 61) (पद 98) आवत संग न जात सँगाती। कँहा भयौ दरि बाँधे हाथी।।...कहै कबीर अंत की बारी। हाथ झाड़ि जैसे चले जुवारी।। (पद 100) चारि दिन अपनी नौबति चले बजाइ।...वहि सुत वहि बिन नहि पुर पाटम बहुरि न देखै आई। इस प्रकार इन वर्णनों में यथार्थ जीवन की मार्मिक अभिव्यक्ति हुई है।

अनु. 15 : (पा. क. ग्र. 112, 157, 159, 161, 163, 164) संसार के यथार्थ का यह समस्त वर्णन चित्रमय कल्पना की अभिव्यक्ति के साथ उसकी भाषिक नश्वरता की विविध रूपों में व्यंजना करता है।

———————

प्रकरण पंचम

अभिव्यक्ति की भावमयी साधना-भूमि

(5 : 1) सन्त काव्य के कवियों की साधना-पद्धति पर पिछली योग परम्परा का प्रभाव माना गया है। निर्गुण मत को माननेवाले इन सन्तों का बौद्ध धर्म के सिद्धों तथा नागपन्थी योगियों की अभिव्यक्ति से सीधा सम्बन्ध है। इन कवियों ने वैसी ही पद, दोहे तथा चौपाइयों की शैली अपनायी है तथा राग-रागिनियों का प्रयोग किया है, जिसका पूर्ववती साधकों ने किया था। कबीरदास ने भाव, भाषा, पारिभाषिक शब्दावली, अलंकार तथा छन्द आदि का प्रयोग इनकी परम्परा से लिया है। इन पूर्ववर्ती साधकों ने कबीर के समान ही शास्त्रों तथा मतों का खण्डन किया था, वे गुरु के प्रति अगाध भक्ति प्रकट करते थे और सहज तथा शून्य में समाधि लगाने की चर्चा करते थे। सहजयानी सिद्धों तथा नागपन्थी योगियों के समान कबीर को हमने अक्खड़ पाया है और यह भी देखा है कि उसके साथ उनके व्यक्तित्व में सहज फक्कड़पन भी है। सन्तों के सन्दर्भ में साखी तथा सबदी के महत्त्व को भी समझना अपेक्षित है। साखी दोहा शैली में अभिव्यक्त होती है और सबद पद शैली का ही नाम है। परन्तु साखी वस्तुतः साक्षी है, पूर्ववर्ती साधकों के अनुभवपरक कथनों की साक्षी ये सन्त-कवि अपने अनुभव के आधार पर दे रहे हैं। इस प्रकार यह उनके सत्य का अनुभव व्यक्त हुआ है। शास्त्रीय सिद्धान्तों तथा संस्कारों से अलग रहने के कारण उनका सत्य का प्रमाण सहज अनुभव के स्तर का रहा है। इस प्रकार वे जड़ परम्पराओं, रूढ़ियों तथा विश्वासों से मुक्त रह सके। कबीर को दूसरों के विचारों को अपनी दृष्टि से उलट-फेर कर व्याख्यायित करने की अपेक्षा नहीं हुई, बिना अहम् भाव के अपने अनुभवपरक सत्य को आत्मविश्वास के साथ अभिव्यक्त करने की क्षमता उनमें रही है। कबीर ने अपने इस अनुभव को अभिव्यक्त करने के लिए सिद्धों, सहजयानियों तथा योगियों की पारिभाषिक शब्दावली को अपनाया है, पर भिन्न सन्दर्भों में इनको नया अर्थ दिया है। साधना की प्रक्रिया में योग की साधना में प्रयुक्त होनेवाले शब्द यहाँ भिन्न अर्थ ग्रहण करते हैं। निश्चय ही कबीर निर्गुण ब्रह्म की साधना में विभिन्न परम्पराओं से मुक्त रहे हैं। कबोर कहते हैं, "सुर नर मुनिजन औलिया, ये सब उरली तीर। अलह राम की गम नहीं, तहँ घर किया कबीर।" उनकी साधना सहज भाव-भूमि पर क्रियाशील है, उनके प्रतिदिन के जीवन का चरम साधना के साथ कहीं विरोध नहीं है। प्रतिदिन के जीवन और इस परम-साधना के अविरोधी भाव पर कबीर का "सहज पन्थ" प्रतिष्ठित है। अपने समय के बहुप्रचलित शब्द "सहज" को ग्रहण करते हुए कबीर अपना अलग अर्थ निर्धारित कर आगे बढ़े हैं, "सहज-सहज सब कहते हैं, पर सहज की पहिचान किसी को नहीं

को अलग समझता है, तो इस अंश का पूर्णता में समाहित होने का अभेद मूलक आकर्षण स्वाभाविक है। कबीर बार-बार इस आकर्षण की अभिव्यक्ति अनेक रूपों में करते रहे हैं। नदी के प्रवाह का प्रत्येक बूँद सागर की महानता में विलीन होने के लिए ही प्रभावित है। जिस प्रकार भक्ति के आचार्य स्वीकार करते हैं कि भगवान् का स्वरूप परात्पर है और मानवीय चिन्तन के परे है, कबीर इसी अचिन्त्य, अनन्य तथा अगम्य के प्रेम की चर्चा करते हैं। यह अविगत-अकल-अनुपम ब्रह्म है, जिसके बारे में कहा नहीं जा सकता। उसके अनुभव को आन्तरिक भाव से ग्रहण किया जा सकता है। वह अचिन्त्य और अंकथनीय ब्रह्म तत्त्व शब्दों के परे है। इसका अनुभव गूँगे का गुड़ माना गया है। जब भक्त के आचार्य इस ब्रह्म को सच्चिदानन्द कहते हैं, तब वे मानते हैं इस प्रकार उसका संकेत ग्रहण ही किया जा सकता है। परन्तु मनुष्य की कठिनाई है कि वह इस परम सत्ता को इस सत् (सत्ता), चित् (चैतन्य) तथा आनन्द रूप के अतिरिक्त किस प्रकार भावित करे। अद्वैत माननेवाले भक्त अपने को ज्ञानमार्गी स्वीकार करते हुए भी प्रेमपरक साधक हैं। परमसत्ता का प्रेम अखण्ड है, उसके अंश विशेष के प्रति शाश्वत होने से यह अखण्डता बाधित नहीं होती। इसी प्रकार प्रेममूला भक्ति अनेक साधना-मार्गों से उपलब्ध होकर भक्ति के अनेक प्रकार प्रस्तुत करती है। कबीर स्वतः इस प्रेम मूला भक्ति के इस पक्ष से परिचित है, उनके अनुसार "प्रेम प्रीति ही भक्ति है, उसके बिना उसका अस्तित्व नहीं। "भक्ति-सूत्रकार ने जब कहा, "अथातो ब्रह्म जिज्ञासा। सा परानुरक्तिरोश्वरे", वह उपनिषद् को ब्रह्म जिज्ञासा को मात्र ईश्वरविषयक परम अनुरक्ति मानता है। निश्चय ही आश्रय-भेद के आधार पर प्रेम की यह साधना अनेक रूप ग्रहण करती है, यद्यपि वह ईश्वर प्रेम के रूप में एक ही है। हम देखेंगे कि कबीर की साधना के प्रेमपरक रूप में इस व्यापक दृष्टि का समाहार हैं, जिसके अनुसार यह साधना अनन्य भाव से अपने आराध्य के प्रति अहेतुकी प्रेम है, जिसमें पूर्ण आत्मसमर्पण और शरणागति की अपेक्षा है।

(5 : 3) कबीर ने यह बार-बार निरूपित किया है कि परम-तत्त्व सबसे परे है, वह न तो सगुण में अविद्यमान है और न निर्गुण द्वारा वर्णित किया जा सकता है। निश्चय ही उसके न मुख है न माथा, वह न रूप है न रूपक। वह सूक्ष्म-से-सूक्ष्म अनुपम तत्त्व पुष्प-गन्ध से भी सूक्ष्म है।" परन्तु कबीर ऐसे ही मन-बुद्धि से परे रूप की सीमाओं से परे को अपने प्रिय के रूप में मान कर इस मार्ग पर चलते हैं। इस रहस्यमय प्रेम के लिए साधना की भूमिका कबीर निरूपित करते हैं। कबीर के अनुसार जीव को अपने जड़ विकारों से मुक्त होना है, इन्द्रिय, मन तथा बुद्धि के परे जाना है। इनके माध्यम से उस प्रियतम की ओर उन्मुख नहीं हुआ जा सकता। इनको साधन समझना भ्रम है। वस्तुतः इस नश्वर ससीम के माध्यम में एक शाश्वत चेतन स्थिर है और वही उस प्रिय की ओर आकर्षित होने का केन्द्र भी है। माया के आवरण को हटा कर उस प्रिय को पाना होगा, क्योंकि तन-मन-बुद्धि के माध्यम से उसने अन्तर उत्पन्न किया है। कबीर ने सांसारिक जीवन में कामनाओं और लालसाओं के त्याग को इस मार्ग का आधारभूत साधन माना है। इस क्रम में व्यक्ति अपने शरीर और मन के भ्रम से मुक्त हो सकेगा। कबीर मुक्तकण्ठ से घोषित करते हैं कि "इस भ्रम को त्याग कर ही भक्ति के मार्ग पर अग्रसर हुआ जा सकता है, कर्म के बन्धन से मुक्त हो कर इस प्रेम के मार्ग पर निष्काम भाव से ही आगे बढ़ा जा सकता है।" इस भूमिका पर कबीर ने गुरु

को स्वप्न के समान मान कर नहीं चला जाता, व्यक्ति इन बन्धनों से मुक्त नहीं हो सकता। पतंग मोहवश देखते हुए दीपक की लौ से उलझता है, पशु दावाग्नि को नहीं देख पाता। इसी प्रकार कनक-कामिनी में आसक्त प्राणी काल-बन्धन को अपने मुग्ध-भाव के कारण देखने में असमर्थ रहता है। वस्तुतः भगवान् के भजन में लगने के लिए इन सब से विरत होना अपेक्षित है। जब तक मनुष्य संसार में आसक्त है, सांसारिक उपलब्धियों पर गर्व करता है, तब तक प्रभु की ओर उन्मुख होना सम्भव नहीं है। यह संसार नश्वर है, शरीर भस्म हो जाता है। इस शरीर की महिमा इसी बात में है कि वह जल भरे हुए कच्चे कुम्भ के समान है। इस संसार में संग्रहवृत्ति मधुमक्खी के संग्रह के समान है, जो उसके काम नहीं आता। इस प्रकार संसार तथा संसार के सम्बन्धों की असारता के अनुभव के बिना व्यक्ति प्रभु की ओर उन्मुख नहीं हो सकता। यहाँ हम देखते हैं कि कबीर ने अपनी साधना के लिए मानव-जीवन के पक्षों का निरूपण किया है। जब तक मनुष्य ऐसी भावनाओं से प्रेरित है, जो उसकी कुप्रवृत्तियों से उत्पन्न होती है, वह सहज भाव से साधना के पथ पर अग्रसर नहीं हो सकता। दूसरी ओर इस भूमिका के लिए व्यापक मानवीय मूल्यों का उसे आश्रय लेना है। इन मूल्यों की चर्चा अगले प्रकरण में विशेष रूप से की जायगी। कबीर जीव का उद्‌बोधन करते हुए कहते हैं, "अब मन जागत रह रे भाई।" अगर मनुष्य गाफिल रहा तो यह मानव-जीवन व्यर्थ गँवा देगा। तब घर में सेंध लगाकर चोर मूल्यवान् सम्पदा ले जायेंगे। वस्तुतः कबीर यहाँ आत्म तत्त्व रूप में जीवन की सम्पदा का आकलन करते हैं। वह सुन्दर रूपक-विधान किया गया है, "षट् चक्रों की कोठरी में वह अनुपम वस्तु सुरक्षित है, लेकिन इन्द्रियों के पाँच पहरेदार विश्वसनीय नहीं हैं। उसके लिए निरन्तर जीव को सचेत रहना है, जिससे उसे प्रकाश प्राप्त हो सके।" अन्ततः यह कहना अपेक्षित है कि कबीर सतगुरु के सहारे को इस मार्ग में सबसे बड़ा सम्बल मानते हैं। अनेकानेक पदों में गुरु की महिमा को अनेक स्तरों पर अभिव्यक्ति मिल सकी है। वह जरा-मरण के भ्रम को दूर करता है। ध्यान-मुक्ति के माध्यम से आत्म-तत्त्व का ब्रह्म है साथ मिलन कराता है। इस पद में होली खेलने के रूपक के माध्यम से गुरु के द्वारा आत्मा के ब्रह्म मिलन की प्रक्रिया का सुन्दर वर्णन किया गया है। यहाँ यह स्पष्ट होता है कि साधना की इस भूमिका को निरूपित करने की प्रक्रिया में कबीर ने मानवीय सन्दर्भों तथा मूल्यों का उपयोग किया है। इस प्रकार उसके स्वीकार को हम देखते हैं।

(5 : 5) कबीर की साधना के महत्त्वपूर्ण पक्षों में प्रेम तथा अनुभव के अलौकिक स्तर आते हैं। उनके साधना-क्रम पर विचार करने से यह स्पष्ट होता है कि अनुभव के चरम क्षणों में यह भूमिका अलौकिक तथा लोक विशिष्ट है। परन्तु इस समस्त साधना के क्रम में आराध्य की परिकल्पना मानवीय सम्बन्धों में की गयी है; और सम्बन्धों के आधार पर प्रेम के जिन विभिन्न पक्षों का आश्रय लिया गया है, उनमें व्यापक मानवीय भूमिका को देखा जा सकता है। उल्लेख किया गया है कि विभिन्न प्रसंगों में राम के समान अनेक ऐसे नामों का आराध्य के लिए उपयोग हुआ है, जो सगुण उपासना के आलम्बन रहे हैं। एक पद में "गोकल नाइक बीठुला" से मन लगाने की चर्चा है। बहुत दिन बिछुड़ने के कारण साधक को उनका स्मरण निरन्तर आता है। अपने मोह से बँधे होने के कारण साधक कर्म की सीमाओं में अपने प्रिय के प्रेम को पाने की आशा में व्याकुल है, वह अपने गीत में आन्तरिक भावना को

पर है"। निश्चय ही यह विनय की भावना प्रत्यक्ष सगुण रूप स्वामी के प्रति की गयी है। यह अवश्य है कि इस विशिष्ट गुणों को व्यंजित करने की दृष्टि के सामने आकारमय व्यक्तित्व नहीं है। यहाँ इस समस्त अभिव्यक्ति में मानवीय मूल्यों की ऊँची भूमिका भी निहित है। इसी क्रम में पुनः कवि अपने स्वामी के दर्शन के लिए द्वार पर प्रतीक्षा करता हुआ प्रस्तुत है और निवेदन करता है 'तुम बिनु सुरति करै को मेरी।' तुम्हारा बहुत सुयश सुना है, तुम्हारे समान न कोई धनी है और न कोई उदार ही, मेरा उद्धार तुम्हीं से होगा। विप्र सुदामा पर तुम्हारी अपार कृपा हुई। तुम समर्थदाता हो। यहाँ सारी कल्पना एक उदार दानी की है, जिसके माध्यम से उस परम-तत्त्व को प्राप्त करने की आकांक्षा व्यंजित है। यह भी स्मरणीय है कि इस सेवक-भाव को व्यंजना में समर्पण-भाव के साथ मिलन-आकांक्षा भी स्थल-स्थल पर व्यंजित है। जब दर्शन प्राप्त करने की आकांक्षा उत्कण्ठा के साथ व्यक्त हुई है, तब दर्शन के साथ यह मिलन-आकांक्षा भी व्यंजित होती है। कवि इस उत्सुकता में कहता है कि 'हमाहिं बुलावौ के तुम चलि आवौ'। इस भावना को अन्यत्र अनेक प्रकार से अभिव्यक्त देखा जा सकता है। कबीर कहते हैं कि 'राम का गुण-गान करते चलो, परम तत्त्व इसी प्रकार प्राप्त होगा। न स्वर्ग की इच्छा करो न नरक का भय ही। बिना किसी आशा के जो होना है होने दो। इस साधना में क्या जप, क्या तप-संयम और क्या व्रत तथा स्नान! भगवान् की भाव-भक्ति की मुक्ति जानने से ही साहब सधेगा। वह परम तत्त्व सन्तों के हृदय में प्रकाशित होता है, यह जान लो, सेवक सेवा की विधि से अपने प्रिय (मुरारी) के साथ रमता है। यहाँ अनन्य भाव भगवान् की शरण में आत्मसमर्पण करने से अहेतुकी प्रेम की व्यंजना के अनेक स्तर लक्षित किये जा सकते हैं। कबीर अपने गोविन्द की शरण में प्रस्तुत होकर उनसे उबार लेने की याचना करते हैं। वह कहते हैं, 'व्यक्ति वृक्ष की छाया में धूप के दाघ से बचने के लिए जाता है, अगर उस वृक्ष से ही ज्वाला निकले तो फिर क्या उपाय है? व्यक्ति जलाशय के पास शीतल जल-पान के लिए जाता है, फिर जल से ही आग की लपटें निकलें तो क्या उपाय है? हे प्रभु, मैं तुम्हारी शरण में आया हूँ, मेरे लिये कोई दूसरा नहीं है।" यहाँ सम्पूर्ण सांसारिक परिस्थिति में साधक के मनोभाव को भावशीलता के साथ अभिव्यक्ति मिली है, क्योंकि साधक अपने प्रभु के प्रेम-पीयूष की कल्पना करता है, जिससे समस्त सांसारिक तापों का नाश होता है। इसी क्रम में कबीर अपने स्वामी के सम्मुख अपने तन-मन-धन के साथ गुलाम रूप में प्रस्तुत होते हैं। अपने सब-कुछ को समर्पित कर यह स्वामी के साथ एक-रस होने की ही व्यंजना है।

(5 : 7) मध्य युग में नाम-साधना का प्रचलन रहा है। भक्तिपरक साधना के क्रम में कवियों ने नाम के महत्त्व को स्वीकारा है और उसकी अभिव्यक्ति भी की है। परन्तु ध्यान रखना है कि भक्तों के "नाम" में आराध्य के गुणों तथा मूल्यों की आन्तरिक स्थिति निरन्तर बनी रही है। कबीर जब "नाम महिमा" के अन्तर्गत विविध रूपों में नाम के महत्त्व की व्यंजना करते हैं, तब उसमें विभिन्न स्तर के गुण व्यंजित होते हैं। यह कहते हैं, राम स्मरण करते चलो, बिना राम नाम के स्मरण के मनुष्य इस संसार में डूब जाता है। इस सांसारिकता के बन्धनों में यह राम नाम मुक्त करनेवाला तत्त्व है। कबीर यहाँ अन्ततः कहते हैं "गुरु प्रसादि जन कबीर रामु करि सनेही"। इस राम नाम स्मरण के साथ ही कबीर प्रेम तत्त्व को जोड़ते

तो अपूर्व तन्मय भाव, अहेतुकी प्रेम, अनन्य आस्था तथा एकान्त निष्ठा की है। इस दृष्टि से अद्वैत परात्पर प्रियतम के प्रति कबीर की प्रेम-साधना अपूर्व है। यह ससीम-जीव का असीम प्रियतम से मिलन का आनन्द अलौकिक रसानुभव है, जिसे अनुभव करनेवाला ही जानता है। उनकी काव्याभिव्यक्ति में असीम परम तत्त्व सीमा के लिए व्यग्र-उत्सुक भाव से सृष्टि का सर्जन करता है। जैसा उपनिषदों में व्यंजित है, अपने आप में असन्तुष्ट असीम सीमा में अभिव्यक्त होता है। कबीर जैसा साधक अपनी कल्पना में विश्व के सारे व्यापार को अर्थहीन नहीं मानता, यह उसके असीम प्रियतम की लीला का विस्तार है। इसी भावना को सगुण भक्तों ने भगवान् को ल़ीला में अभिव्यक्ति दी है। कबीर कहते हैं ''बेहद अगाधी पीव है, ये सब हद्द के जीव। जो नर राते हद्द सी, ते कदी न पावें पीव।'' स्पष्टतः सीमा असीम का निर्देश करती है, उसका पथ बताती है, पर वह स्वतः असीम नहीं मानी जा सकती। प्रेम मानवीय भाव के रूप में ससीम का ही सम्भव है, परन्तु सीमा के प्रति असक्त जीव उस परम प्रिय को नहीं पा सकता। उसके लिए ससीम प्रेम को असीम परम के प्रति उन्मुख करना अपेक्षित होगा। कबीर की प्रेम-साधना को समझने के लिए उनके प्रेम-तत्त्व की असीम में व्याप्ति को समझना होगा। यह प्रियतम हमारी सीमा में नहीं आता, वह असीम में व्याप्त रहा है और उसको पाने के लिए हमें असीम के स्तर पर प्रेम का अनुभव करना होगा। और इस असीम परात्पर प्रिय के प्रेम का अनुभव कर लेने के बाद भक्त कबीर निश्चिन्त है। यहाँ यह भी उल्लेखनीय है कि प्रेम-साधना के क्षेत्र में भी सद्गुण का उपदेश मार्गदर्शक है। वह अन्तर्पट को खोलता है, जिससे साधना का मार्ग प्रशस्त होता है। जब कबीर की विरहिणी आत्मा प्रिय की प्रतीक्षा करती है, उसके मन में झिझक और लज्जा है। प्रेम की आशंका से हृदय कम्पित है और पग आगे नहीं बढ़ते। वह इस प्रेम-मार्ग पर अनाड़ी है, इस संकुचित मार्ग पर अटपटी चाल से प्रिय का मिलन किस प्रकार सम्भव हो? इस स्थल पर गुरु का सहारा है। कबीर अपने प्रिय को अविनाशी मान कर प्रेम-केलि का वर्णन करते हैं, ''अबिनासी का सेज का कैसा है उनमान''। उसकी सेज की कल्पना कैसे की जाय। वह अनुमान से परे है। उसकी शोभा कही नहीं जा सकती, उसका अनुभव (प्रत्यक्ष) ही सम्भव है। हे विरहिणी (आत्मा), ''उस अविनाशी प्रियतम की शय्या पर परमानन्द विलास के लिए उन्मुखी हो।'' यहं परम तत्त्व के परात्पर अनुभव की ही अभिव्यक्ति का रूप-विधान है।

(5 : 9) प्रेम-साधना के क्रम में कबीर जीवन से सहज ही रूपक-विधान ग्रहण करते हैं। विवाह के प्रसंग का रूपक प्रस्तुत करते हुए वह कहते हैं, 'दुलहनी गावहु मंगलचार, हम घरि आए हो राजा राम भरतार।'' यहाँ प्रिय के आगमन पर मंगल गान करने का कथन है। इस क्रम में कवि तन और मन से आसक्त होकर पाँच तत्त्वों को बराती के रूप में कल्पित करता है। यौवन का मादकता से युक्त जीव को अपने प्रिय राय के अतिथि के रूप में स्वागत के लिए प्रस्तुत किया गया है और फिर विवाह के रूपक में शरीर रूपी सरोवर के तट पर ब्रह्मा के द्वारा वेदाच्चार करते हुए उसके रामदेव के साथ भाँवर फेरने की कल्पना है। इस सहज मानवीय स्तर की कल्पना के साथ कबीर इस बात का उल्लेख कर कि हमको अविनाशी पुरुष ब्याह कर ले चले हैं, सारे प्रतीक को गहन आध्यात्मिक अर्थ में व्यंजित कर देते हैं। इसी साधना के मिलन-भाव को व्यंजित करने के लिए पुनः कबीर प्रियतम के आगमन पर स्वागत का प्रतीक प्रस्तुत करते हैं। 'बहुत दिनों के बाद प्रियतम पधारे हैं, बड़े भाग्य से घर

सम्बन्ध व्यक्त है, "तू जलनिधि है मैं जल की मीन हूँ, इस संसार के जल में रहते हुए भी जलरूपी प्रिय के बिना खिन्न हूँ। जब पिंजड़ा रूपी काया में तुम्हारे द्वारा सुआ के रूप में मैं सुरक्षित हूँ, तब यह "भंजार" रूपी माया मेरा क्या करेगी।" जिस प्रकार मिलन-पक्ष में उसी प्रकार वियोग पक्ष में भी कबीर जीवन के स्तर पर विरह की अनेक स्थितियों का चित्रण करते हैं। विरहिणी अपने प्रिय की प्रतीक्षा करते हुए अपने प्रिय को सम्बोधित करती है, "बालम आउ हमारे गेह रे, तुम्ह बिन दुखिया देह रे।" वह उपालम्भ देती है कि "सब तो मुझे तुम्हारी नारी कहते हैं, पर मुझको सन्देह है। जब तक शय्या पर एकमेक होकर सोया न जाय, तब तक यह नेह कैसा है?" इस उपालम्भ की व्यंजना स्पष्ट है। आगे विरहिणी अपने मनोभाव को सरल ढंग से व्यक्त करती है, "न मुझे अन्न भाता है, न नींद आती है और घर या वन कहीं भी धैर्य नहीं बँधता। अपने प्रिय के बिना उसी प्रकार स्त्री व्याकुल है, जैसे पानी के बिना प्यासा। प्रिय को बिना देखे विह्वल होकर उसका प्राण जाने-जाने को है, है कोई ऐसा उपकारी जो हरि को यह कह सुनाये।" यह प्रेम की विरहपरक भाव-व्यंजना साधना के स्तर पर व्यापक मानवीय संवेदनाओं, अनुभवों तथा भावों को अभिव्यक्त करती है। कबीर का "यह दूल्हा (प्रिय) अविनाशी परम पुरुष है और प्रिया के रूप में उनकी आत्मा निरन्तर उससे मिलने के लिए आतुर है। इस संसार में जलरूपी परम तत्त्व से उत्पन्न आत्मा का प्रेम जल से ही है, पर माया के कारण वियोग में वह प्यास से आकुल है। विरहिणी अपने प्रिय राम की प्रतीक्षा में मार्ग पर खड़ी है, वह घर-परिवार के स्नेह सम्बन्ध को छोड़ कर प्रिय के चरणों में आसक्त है। विरह की मनःस्थिति में उसके अन्तर में "तालाबेली" मची है, जिस प्रकार जल के बिना मीन छटपटाती है। दिन में भूख नहीं, रात में नींद नहीं, सेज बैरिन हो गयी है और रात जागते बीत गयी।" यह पूरा चित्र विरह की स्थिति और मनोदशाओं को स्वाभाविक रूप में प्रस्तुत करता है। कबीर अपने को प्रियतम की दासी कहते हुए अन्त में इस कथन "दीन दयाल दया करि आवौ समरथ सिरजनहार" के माध्यम से अपनी अभिव्यक्ति को आध्यात्मिक स्तर प्रदान करते हैं। वस्तुतः प्रेम-साधना के विरह-पक्ष में भाव-व्यंजना अधिक सघन, मार्मिक तथा व्यापक स्तर पर संगठित होती है। इस स्तर पर यह विरह व्यापक मानवीय भावभूमि से सहज ही अलौकिक स्तर को व्यंजित करती है। कबीर विरहिणी की मनोदशा के रूप में अपनी साधना को रूपायित करते हैं। "कबीर की आत्मा (प्रेयसी) बालम के बिना तड़प रही है, न दिन में चैन है और न रात में नींद। वह तलफ-तलफ कर भोर करती है। अपनी सूनी शय्या पर वह जन्म गँवा रही है। शरीर चरखा बन गया है, नेत्र थकित हो गये हैं और प्रिय का मार्ग अब सूझता भी नहीं। उसके निष्ठुर प्रिय ने उसकी सुधि नहीं ली।" साधक इस प्रकार निरन्तर प्रिय के मिलन की कामना करता है, प्रतीक्षा में संलग्न है और बार-बार उसके मन में यह भाव गूँजता है कि "वे दिन कब आवैंगे भाइ।" इस मिलन की कामना में हिल-मिल कर खेलने, आलिंगनपाश में बाँधने, तन-मन-प्राण के समाहित होने की परम इच्छा निहित है। और साधक इस मिलन में सारे सांसारिक तापों को शान्त करने की अभिलाषा करता है, क्योंकि स्वामी से मिल कर आनन्दमंगल का उत्सव भाव ही व्याप्त हो जाता है।

(5 : 11) कबीर ने प्रेम-साधना की प्रक्रिया में अलौकिक अनुभव के स्तर का अन्तर्भाव

किया है। कहीं यह संकेतों में व्यंजित है और कुछ वर्णनों में विस्तार के साथ अभिव्यक्त हुआ है। यह प्रेम के मार्ग पर अग्रसर होनेवाली जब उस परात्पर ब्रह्म के अपूर्व प्रकाश को देखती है, वह विस्मय भाव से चमत्कृत हो उठती है। इस तेज की व्यापकता में असंख्य सूर्यों का प्रकाश तिरोहित हो गया है। इस अपरिमेय ज्योति का प्रकाश उस परम सत्य को व्यक्त कर रहा है। इस प्रकाश में न पाप है न पुण्य, न कर्म है न आचार! इस लोकोत्तर सीमा में प्रवेश कर साधक सीमा से असीम हो जाता है। और इस प्रकार अपने मूल रूप में प्रतिष्ठित होता है। इसी प्रकार कबीर प्रेम के प्रकाश में जीव को अनन्त ज्योति में भासित होते देखते हैं। उनके अनुसार इस साधना के स्तर पर सीमा से असीम में प्रवेश कर जीव शून्य में स्नान करता है। सारे संसार के द्वन्द्वों से मुक्त होकर अपने प्रिय स्वामी के साथ अनन्त शान्ति में स्थिर होता है। इस साधना के स्तर तक अन्य मुनिजन नहीं पहुँच पाते। इसी क्रम में कबीर सहज साधना की उस भूमिका पर संचरण करते हैं, जहाँ अन्य सभी पूजा तथा साधना के उपकरणों तथा क्रियाओं का अस्वीकार है। "साधो, सहज समाधि भली", इस साधना की भूमि पर पहुँचते आँखें बन्द करना, कान बन्द करना मुद्रा तथा आसन लगाना सब निरर्थक हो जाते हैं। हठयोग की कठोर साधना की अपेक्षा नहीं रह जाती। इस साधना-भूमि पर सामान्य जीवन ही साधना का रूप ग्रहण कर लेता है। इस भूमिका पर इधर-उधर चलना-फिरना ही परिक्रमा है, काम-काज ही सेवा है। शयन ही प्रणाम हो गया है, बोलना नामजप है और खाना-पीना ही पूजा-भाव हो गया है। इस स्तर पर प्रत्यक्षतः उस परम तत्त्व के सौन्दर्य तथा माधुर्य का साक्षात्कार होता है, अपने कानों से अनहद नाद सुनायी देता है और उठते-बैठते सारे समय समाधि का आनन्द प्राप्त होता है। यहाँ स्पष्टतः कबीर ने योगपरक साधना के स्थान पर अपनी दृष्टि से जीवन की सहजावस्था में मूल्यों के अलौकिक स्तर को प्राप्त करने की बात कही है। फिर वह यह स्वीकार करते हैं कि अपनी साधना के क्रम में क्रमशः साधक इस रूपात्मक-जगत् के सारे व्यापारों से मुक्त होता है, यह मायात्मक विस्तार ही उसकी दृष्टि को रोके हुए है। अनन्त सत्य का प्रकाश पाकर साधक इस बाधा से मुक्त होता है। और जब इस माया को छिन्न-भिन्न कर सकेगा, तब उसके सामने चमत्कारी विचित्र दृश्य उजागर होगा। तब न धरती होगी न आकाश, न जल होगा न पवन, न तिथि होगी न वार, न चन्द्र होगा न सूर्य और न हाट होगी न बाट। इस काल-बन्धन के परे एक विचित्र लोक उजागर होगा, जहाँ भूत और भविष्य का अन्तर मिट जायेगा यहाँ अनन्त और शाश्वत सत्ता का साक्षात्कार होता है और यह देश-काल से परे परम प्रकाशमय लोक है। यह सारी अलौकिक अनुभव की कल्पना अपने निषेध तथा स्वीकार दोनों पक्षों में एक ओर लौकिक जीवन पर प्रतिष्ठित है और दूसरी ओर उसके माध्यम से अलौकिक अनुभव को व्यंजित किया गया है। इस अनुभव में अलौकिकता के साथ सघनता तथा तन्मय भाव भी है। इस स्तर पर यह अनुभव मानवीय जीवन के अनुभवों का ही विशिष्ट तथा लोकोत्तर रूप है। साधक अपने अनुभव के देश में बारह मास बसन्त के आनन्दोत्सव में जी रहा है। वहाँ प्रेम का निर्झर निरन्तर झर रहा है, कमल विकसित हैं और जहाँ अनन्त ज्योति प्रकाशित है। इस निर्झर से झरते हुए महा-अमृत में साधक भीग रहा है। इस क्षेत्र में जाति-वरण-कुल का अस्तित्व नहीं है, यहाँ आकाश और पृथ्वी का अन्तर मिट गया है, केवल शब्द ही व्याप हो

रहा है। यहाँ अगम का दीपक बिना बत्ती तथा तेल के जल रहा है, निश्चय ही साधक का यह देश अपूर्व अलौकिक है।

(5 : 12) इस अनुभव के अलौकिक स्तर की अभिव्यक्ति, जैसा कहा गया है, कबीर योगपरक नहीं स्वीकार की है। यह अवश्य है कि उन्हें योग-प्रक्रिया का पूरा ज्ञान तथा अनुभव है और इस आधार पर ही वह बार-बार यह कहते हैं कि इस अलौकिक परम तत्त्व का अनुभव योग की साधना के स्तर से परे है। जैसा उल्लेख किया गया है इस अनुभव के साक्षात्कार में गुरु की महत्त्वपूर्ण भूमिका है। वह स्वीकार करते हैं कि गुरु की प्रेरणा से जिस स्तर पर साधक पहुँचता है वहाँ एकमेव भाव हो जाता है। जिस प्रकार गंगा में मिली हुई नदियों और नालों का पानी गंगाजल ही कहलाता है, उसी प्रकार मनुष्य का मन इस स्तर पर अचल हो जाता है। इस सीमा पर बन्धन से निरबन्ध होकर जीव परम तत्त्व राम के रंग में डूब जाता है। इसी प्रकार कबीर अपने आराध्य को परम सत्य रूप मान कर व्यापक तथा अन्तर्यामी स्वीकार करते हैं; और फिर उसके साथ एकमेव होने के लिए प्रेम-साधना के मार्ग पर चलते हैं। साधना की इस प्रक्रिया को वह वीर-भाव से ग्रहण करते हुए अपने मन को सम्बोधित करते हैं, "डगमग छाड़ि दे मन बौरा। अब तो जरें मरें बनि आवे लीन्हौ हाथि सिंधौरा।" इस वीर-भाव में साधक सांसारिक लोभ मोह-भ्रम से मुक्त होकर निःशंक भाव से मगन होकर नाच उठा है। वस्तुतः यह अनुभव का उल्लास है, यहाँ कवि ने इस साधना के मार्ग पर चलने-वालों को शूर रूप में कल्पित किया है, क्योंकि बिना इस दृढ़ता के बन्धनों से मुक्त होना सम्भव नहीं है। वह लोक-वेद-कुल की मर्यादा के बन्धन को स्वीकार नहीं करता और मार्ग पर बढ़ता जाता है, क्योंकि पिछड़ने से जग में हँसी होगी। सत्य के मार्ग पर नाम के सहारे व्यक्ति गिरता-पड़ता भी ऊँचा चढ़ता जायेगा। स्पष्टतः यहाँ साधना के मार्ग को सांसारिक जीवन के बीच से ही प्रशस्त किया गया है। संसार के बीच रहकर साधक अपनी भावना के आधार पर अग्रसर हो सकेगा। आगे कबीर ने साधना का एक पूरा रूपक युद्ध के रूप में कल्पित किया है। इस रूपक में साधक को शूरवीर रूप में कल्पना है। एक ओर विरोध में सांसारिकता के विभिन्न उपकरण इन्द्रियों तथा वृत्तियों के रूप में है और दूसरी ओर उसके पास ज्ञान, प्रेम, नाम तथा कृपा आदि साधन हैं, जिससे वह इस युद्ध में सफलता प्राप्त करता हूँ। राम की कृपा से अपने मन को साध कर, "अविगति" की शरण पाकर वह गढ़ में राम दुहाई फिरने में समर्थ होता है। अनुभव की एकतानता को व्यक्त करने के लिए कबीर प्रकृति के अलौकिक रूप-विधान का आश्रय लेते हैं। और इस प्रकार अनुभव के लोकोत्तर रूप को रूपायित करते हैं। वह जब राजा राम की कहानी को जानने की बात करते हैं, तब वस्तुतः राम की ज्योति के आन्तरिक प्रकाश की बात कहते हैं। फिर इस अनुभव के अन्तर्गत उनको अनन्त डालों-शाखाओं वाला तरुवर दिखायी देता है, जो पुष्प-पत्रों में रसमय है। यह अमृत की बाड़ी है, जिसे हरि ने लगाया है। यहाँ एक भँवरा पुष्प-गन्ध में अनुरक्त है और अनुभव में मगन है। आकाश में विस्तार पानेवाले इस वृक्ष को पवन झकझोरते हैं। परन्तु सहज समाधि से सींचा हुआ यह वृक्ष आकाश में ही फलता है। इस अलौकिक अनुभव रूपी वृक्ष को केवल साधक ही देख पाता है। यहाँ यह उल्लेख करना अपेक्षित है कि योग-साधना के किंचित् सन्दर्भों के बावजूद कबीर यहाँ "सहज समाधि" की कल्पना प्रस्तुत करते हैं। अनुभव

के इस अलौकिक स्तर को अभिव्यक्त करने के लिए कबीर अनेक पदों में निषेध या अस्वीकार का आश्रय लेते हैं। इस प्रकार विरोध के माध्यम से परम तत्त्व के अनुभव की विशिष्टता को लक्षित किया गया है। कबीर कहते हैं कि वह परब्रह्म अपने आप में अकेला है और अपने स्वरूप को स्वयं ही जानता है। फिर इस भाव को व्यंजित करने के लिए वह कहते हैं, "बिना पिता के बाँझ का जाया हुआ पुत्र, बिना पैर के वृक्ष पर चढ़ जाना, बिना बीज के अंकुरित हुए वृक्ष का उत्पन्न होना, बिना शाखाओं के तरुवर का फलना...बिना ज्योति के दीपक तथा दीपक के बिना ज्योति के समान ही साधक अनहद नाद सुनता है"। इस भाव-व्यंजना में यह स्पष्ट किया गया है कि यह सारा अनुभव का क्षेत्र लोक-जीवन के स्तर से भिन्न स्तर पर घटित होता है और इसे केवल आत्म-चेतना से प्रेरित समझ पाता है, क्योंकि वह हरि का साक्षात्कार करने में समर्थ होता है। इस प्रकार के विरोधाभास के माध्यम से कबीर इस अनुभव की अभिव्यक्ति में अनेक बार स्वीकार करते हैं। उनकी दृष्टि में, "मानुख तन पायौ बड़े भाग। अब बिचारिकै खेलौ फाग।" इस अनुभव के फाग गाने का पूरा रूपक कवि इसी पद्धति से प्रस्तुत करता है। बिना जीभ के आनन्द गान हो रहा है, बिना चरणों के नृत्य हो रहा है, बिना हाथ के वेणु बज रहा है। यह सारा उत्सव भाव इस अलौकिकता को व्यंजित करता है, क्योंकि यहाँ बिना मारे ही मरना होता है, बिना जले ही खाक होना होता है, बिना दीपक के ही अखण्ड-प्रकाश होता है। इसी प्रकार इस अलौकिक क्षेत्र में पाप-पुण्य का कोई सन्दर्भ नहीं है, क्योंकि यहाँ न चन्द्र और न सूर्य हैं और न इस वसन्त गान का कोई आदि-अन्त ही है।

(5 : 13) कबीर ने अपनी साधना-प्रक्रिया को अनेक रूपकों में व्यंजित किया है। इस रूपक-विधान में जीवन के अनेक पक्षों तथा सन्दर्भों से अनुभव को व्यंजित करने का प्रयत्न है। मन को नट रूप में कल्पित करते हुए कहते हैं कि "वह नट ज्ञान का ढोल बजा कर शब्द सब को सुनाता है। वह छापा-तिलक लगा कर बाँस पर प्रेम-मगन हो कर नृत्य करता है। उसकी इस कला के साथ राहु-केतु तथा नवग्रह नृत्य कर रहे हैं और यमपुर तक आनन्द छा गया है। इस कला पर सर्जनहार परम पुरुष भी रीझ गया है।" इस पूरे रूपक-विधान में प्रक्रिया का एक रूप प्रत्यक्ष होता है, जिसके साथ अन्त में कवि टिप्पणी करता है कि अगर इस कला से जीव भवसागर पार उतर जाता है, तो उसकी महिमा को स्वीकार करना होगा। और अन्त में इस प्रक्रिया को कबीर "राजा राम भजन" कह कर स्पष्ट करते हैं। अन्यत्र कबीर भट्ठी से शराब निकालने का रूपक प्रस्तुत करते हुए साधना के "नीझर झरै अमीरस निकसै" की व्यंजना करते हैं। "काया कलाली लाहन में गुरु के शब्द रूपी गुड़ को मिलाता है; फिर तृष्णा, काम, क्रोध, मद, मत्सर को उसमें काट-काट कर कस देता है। चतुर्दश भवनों को भट्ठी बना कर ब्रह्माग्नि प्रज्वलित करता है। इस समस्त प्रक्रिया के साथ जो मद सहज धुन के साथ निकाला गया है, वही यह अमृत-रस है।" यहाँ इस रूपक में कतिपय सन्दर्भ हठयोग से भी ग्रहण किये गये हैं। परन्तु अन्ततः इस अनुभव में निर्झर के समान झरनेवाले रस को कबीर सहज आन्तरिक आनन्द के रूप में ही स्वीकार करते हैं, जिस राम रस की एक बूँद को प्राप्त करने के लिए सारा जप-तप दलाली में दिया जा सकता। इस क्रम में अनुभव की विशिष्टता तथा उसकी उच्च भूमिका को व्यंजित करने के लिए कवि ज्ञान की आँधी का रूपक प्रस्तुत करता है, "संतौ भाई आई ग्यान की आँधी रे। भ्रम की टाटी सभै

उड़ाँणी, माया रहै न बाँधी।'' इस रूपक को थूनी-बलेड़ा, छानी-छप्पर आदि के उपकरणों से संयोजित किया गया है। फिर इस ज्ञान की आँधी से दुविधा, मोह, तृष्णा तथा दुर्मति के टूटने-फूटने की व्यंजना है। इस प्रकार साधक इस आँधी से गुजर कर आन्तरिक अनुभव की जल-वर्षा से भीगता है और आनन्दित होता है। अन्ततः कवि इस अनुभव को सूर्योदय के प्रकाश के समान स्वीकार करता है। कबीर ने अपने करघा का रूपक भी इस स्तर को व्यंजित करने के लिए स्वीकार किया है। वह कहते हैं, ''कोरी कौ काहू मरमु न जाना।'' वस्तुतः यह वह मरम है जिसके अन्तर्गत सारा जगत् ताना-बाना के रूप में फैला हुआ है। यह करघा धरणि-आकाश से निर्मित है, चन्द्र-सूर्य उसकी दो नलियाँ कार्यशील हैं। इस करघा में सहज तार लेकर पुरनी से सूतों को विस्तार दिया जा रहा है। इस प्रकार यह बुनकर (कोरी) सूत-से-सूत मिला कर इस कठिन दूरी के बीच बुनाई कर रहा है। यहाँ कबीर अनुभव का न केवल विशद रचनात्मक रूपक प्रस्तुत करते हैं, वरन् उसकी गहन मार्मिकता का स्पर्श भी करते हैं। इस अलौकिक अनुभव के ताने-बाने के विस्तार के साथ कबीर अपने लौकिक करघा (माया) को तोड़ कर मुक्त होने की घोषणा करते हैं।

(5 : 14) पीछे उल्लेख किया गया है कि कबीर योग-प्रक्रिया से न केवल परिचित रहे हैं वरन् उन्हें उसका अनुभव भी है। वह उनकी साधना का रूप नहीं है, क्योंकि वह अपने अनुभव में परम तत्त्व के साथ एक-रस एकतान हो जाते हैं। यह अवश्य है कि अपनी साधना की प्रक्रिया में वह हठयोग का प्रयोग रूपक-विधान में करते हैं। कभी हठयोग की प्रक्रिया के कुछ अंशों का उपयोग किया गया है और कभी प्रायः पूरी प्रक्रिया को रूपक में प्रस्तुत किया गया है। कवि कल्पना करता है कि ''गोविन्द के कदली वन में उसका मन अहेर खेलता है। इस क्रीड़ा में शरीर उपवन है, अनंग मृग है और शिकारी सर-सन्धान करता है।'' इस क्रम में कवि ध्यान को धनुष, ज्ञान के बाण का सन्धान और योग को कर्म मान कर षट्चक्रों के माध्यम से कमल के बेंधने की बात कहता है। इस अभिव्यक्ति में हठयोग के सन्दर्भ को ग्रहण किया गया है। परन्तु अन्ततः कवि इस साधना के अन्तर्गत काम-क्रोध-मोह-लोभ के हाके (घेर कर नष्ट करने) की चर्चा करता है और संसार से मुक्त होकर गगन-मण्डल के परे उस लोकोत्तर अनुभव की बात करता है, जहाँ दिन-रात नहीं होती। इस स्तर पर कवि अनुभव की एकतानता में लक्षित करता है कि राम-नाम में लौ लगने पर जीव जरा-मरण के सारे भ्रम से मुक्त हो जाता है। इस कल्पना-विधान में अनेक लोकोत्तर अनुभवों को क्रमशः संयोजित कर दिया गया है। आत्मा ने अगम-दुर्गम गढ़ में निवास किया है, जिसमें ज्योति प्रकाशित है। बिजली चमकती है, आनन्द होता है। वहाँ बाल गोविन्द प्रभु विश्राम करते हैं। वहाँ अनहद शब्द झंकारता है। अगम-अगोचर अभ्यन्तर में है, जिसका पार धरणीधर (कृष्ण) नहीं पाते। कदली का पुष्प दीप रूप में प्रकाशित हुआ, हृदय कमल में परम तत्त्व ने निवास लिया। अर्द्ध-ऊर्द्ध के बीच फैले हुए आकाश के शून्य-मण्डल में वह प्रकाशित हुआ, वहाँ न सूर्य है न चन्द्रमा। इस चित्रमय विचित्र कल्पना के माध्यम से वस्तुतः कवि परम तत्त्व के अनुभव को व्यक्त करने का उपक्रम करता है। अन्ततः इस परमलोक में आदि निरंजन के साथ आनन्द प्राप्त करने की बात है। और यही सहज शून्य में साधक की स्थिति भी है, क्योंकि यह तत्त्व आन्तरिक रूप से ही अनुभव का विषय होता है। गगन गुफा में अजस्र

रस झरने के रूपक में इस यौगिक प्रक्रिया को समाहित किया गया है। कहा गया है कि "योग की समाधि की अवस्था में अलौकिक दृश्य तथा ध्वनियाँ गोचर होती हैं। यहाँ इस समाधि की स्थिति में, जिसे अजपा स्मरण जाप कहा गया है, बिना वाद्य-यन्त्र के झंकार उठ रही है, बिना चन्द्रमा के प्रकाश दिखायी दे रहा है, यत्र-तत्र हंस उड़ रहे हैं। दसवें द्वार पर जब साधक की वृत्ति लीन हो गयी है, उसके ध्यान में अ-लख पुरुष है।" यहाँ द्रष्टव्य है, योगपरक ध्यान के इस पक्ष को प्रस्तुत करने के साथ अन्ततः कबीर अपने सहज अनुभव के सन्दर्भ से उसे संयोजित कर देते हैं। उनके अनुसार जब साधक इस भूमिका पर पहुँच जाता है, सांसारिक काम-क्रोध-मद-लोभ आदि स्पर्श नहीं करते, कराल काल पास नहीं आता और कर्म-बन्धन के भ्रम से मुक्त होकर युग-युग की तृष्णाएँ परे हो जाती हैं इस प्रकार का सांसारिक मूल्यों का सन्दर्भ हठयोग की साधना में स्वीकृत नहीं रहा है।

(5 : 15) आध्यात्मिक अनुभव को अभिव्यक्त करने की एक पद्धति उलटवाँसियों की रही है। वस्तुतः कबीर ने इस शैली का प्रयोग अनुभव की लोकोत्तर विशिष्टता को व्यक्त करने के लिए किया है। सामान्यतः इन पदों में जो रूपक-विधान प्रस्तुत किया गया है, उसके सभी प्रतीक तथा उपमान प्रत्यक्षतः अर्थहीन लगते हैं। वरन् इनके सन्दर्भ, प्रयोग तथा व्यापार सभी असंगत तथा विडम्बनापूर्ण जान पड़ते हैं। सम्प्रदाय के पण्डितों ने इन प्रतीकों तथा उनके क्रिया-व्यापारों का अर्थ निर्धारित कर पदों की व्याख्या की है, साधना के स्वरूप और उसकी प्रक्रिया को समझने में इस प्रकार की व्याख्याओं से सहायता मिलती है। इस प्रकार की व्याख्याएँ प्रायः कबीर की सिद्धान्तपरक विचार-पद्धति को दृष्टि में रख कर की गयी है। परन्तु इस रूपक-विधान में प्रयुक्त इन असंगत तथा अर्थहीन प्रतीकों के प्रयोग की एक अन्य दृष्टि भी व्याख्यायित की जा सकती है। व्याख्याकार पण्डितों का कहना है, कि कबीर जैसा साधक उलटवाँसियों का प्रयोग एक विशेष दृष्टि से करता है। वह अपने अनुभव की रहस्यमयी प्रक्रिया को इस प्रकार संयोजित करता है, जिससे साधना के क्षेत्र में संलग्न व्यक्ति मानसिक प्रयत्न करने पर इसके मूल भाव को ग्रहण कर सके। पर जैसा कबीर के व्यक्तित्व, उनके साधना के स्वरूप तथा उसकी अभिव्यक्ति की प्रक्रिया पर विचार किया गया है, कबीर हर स्तर पर सहज का समर्थन करते हैं। ऐसी स्थिति में सहज के आग्रही कबीर के लिए यह पूरी तरह संगत नहीं जान पड़ता कि उन्होंने किसी ऐसी रहस्यमयी शैली को अपनाया हो जिसका अर्थ पण्डितों की व्याख्या के आधार पर ही ग्रहण किया जा सके। यह स्वीकार किया जा सकता है, अनुभव को सामान्य स्तर पर सम्प्रेषित करने के साथ इन पदों में अर्थ-प्रक्रिया का एक भिन्न स्तर भी व्यंजित होता हो। अर्थ सन्दर्भ के इस स्तर पर रूपक के इन प्रतीकों का विशेष अर्थ भी स्वीकार किया जा सकता है। यहाँ मिथकों की प्रतीक-योजना और अर्थ-प्रक्रिया के सन्दर्भ को प्रस्तुत करना अपेक्षित है। मिथकों का अध्ययन करनेवाले आधुनिक विचारकों ने पर्याप्त चिन्तन-मनन के बाद यह प्रतिपादित किया है कि उनकी असंगतियाँ, विरोधाभास तथा अर्थहीनता वस्तुतः आज हमारे सन्दर्भ में स्वीकार की जा सकती है। आज का मनुष्य अपने अनुभव को प्रत्ययों, कोटियों के तार्किक क्रम में ग्रहण करता है। उसके लिए दृश्यमय-जगत् इसी वैचारिक स्तर पर प्रत्यक्ष होता है, घटित होता है। परन्तु मिथक-युग का व्यक्ति अपने अनुभव में प्रकृति के साथ संलग्न स्थिति में रहा है। वह प्रकृति

के सारे परिवेश से अपने "स्व" को पूरी तरह अलग-स्वतन्त्र अनुभव नहीं करता था। इस स्थिति में समग्र अनुभव को जब वह अपने मानस में प्रत्यक्ष करता था, तब उसके तार्किक क्रम को अथवा इस क्रम में उसकी अर्थ संगति को देख पाना सम्भव नहीं है। जबकि अपनी समग्रता में उसके लिए यह अनुभव यथार्थ रहा है और अर्थवान् भी। इस परिप्रेक्ष्य में काव्य के प्रतीक-विधान को देखा-समझा जा सकता है। कवि विपरीत दिशा में अपनी रचना-प्रक्रिया के स्तर पर जीवनगत अनुभव को समग्रता में ग्रहण करता है, रूपायित करता है। रचना के इस स्तर पर वह नानाविध प्रतीक-विधान करता है। हमने देखा है, आध्यात्मिक साधना के स्तर के अनुभव को अभिव्यक्त करने का उपक्रम हमारे भक्त कवियों ने किया है। कबीर ने भी अपने आराध्य के प्रेमपरक अनुभव अथवा उसके अलौकिक साक्षात्कार के अनुभव को अभिव्यक्त करने का प्रयत्न विभिन्न स्तरों और रूपों में किया है। यह उलटवाँसियों की शैली भी इसीं प्रकार का रूपक-विधान है। इन पदों में प्रत्यक्षतः अनेक असंगत प्रतीकों को संयोजित किया गया है। वस्तुतः मिथकों के प्रयोग के समान इस प्रकार का रूपक-विधान एक ओर अनुभव की समग्रता को व्यंजित करता है और दूसरी ओर उसमें अनुभव का अलौकिक स्तर निहित है। और रूपक-विधान की इस योजना से पद का प्रभाव सीधा पड़ता है, अर्थ ग्रहण की प्रक्रिया तो बाद में शुरू होती है। उदाहरण के लिए कबीर इस प्रकार का उलटवाँसी रूपक-विधान प्रस्तुत करने में एक कौतुकपूर्ण उत्सव की रचना करते हैं। यहाँ "धौल मँदलिया बैल रबाबी बऊवा ताल बजावै" और गदहा चोलना पहन कर नाच रहा है, भैंसा यहाँ नृत्य करानेवाला है। इस उत्सव में सिंह बैठा-बैठा पान कतर रहा है और मूस गिलौरी लगा रहा है। इतना ही नहीं "उँदरी बपुरी मंगल गावै, कछुआ संख बजावै।" कबीर इस चमत्कार की ओर सन्तों का ध्यान आकर्षित करते हुए कहते हैं—कि देखो यह कैसा चमत्कारी दृश्य है, भेड़ पर्वत खा गयी, चकवा अंगार निगल गया और समुद्र आकाश की ओर दौड़ पड़ा है। निश्चय ही इस समस्त रूपक में प्रयुक्त प्रतीकों का अर्थ लगाया जा सकता है, परन्तु जैसा कबीर कहते हैं हरि की इस विचित्र रचना का अनुभव इस मार्ग का हर पथिक सहज ही कर लेता है। इसी प्रकार कबीर गाय चराते सिंह की कल्पना करते हैं, पुत्र के बाद माँ के जन्म की बात कहते हैं, जल की मछली वृक्ष पर दिखायी देती है, कुत्ते को बिल्ली ले जाती है। यह सब ऐसा ही अचम्भे में डालनेवाला दृश्य है। भैंस का घोड़े पर चढ़ कर चराने जाना, पत्ते का नीचे और मूल का ऊपर होना तथा जड़ का पुष्पित होना, यह सब चमत्कारिक लोकोत्तर अनुभव को ही व्यंजित करता है। पद अपनी अर्थ की पहली प्रक्रिया में ही इस अनुभव का आन्तरिक बोध करा देता है और जब कबीर इस पद को समझनेवाले के लिए उस अलौकिक अनुभव के ग्रहण करने की बात करते हैं, तब उनका भाव यही जान पड़ता है। प्रतीकों के शास्त्रीय अर्थों के आधार पर पूरे अनुभव के विवेचन का प्रश्न अलग है।

सन्दर्भ

प्रकरण पंचम : अभिव्यक्ति की भावमयी साधना-भूमि

अनु. 2 : (नारद भक्ति-सूत्र 1 : 2। क. ग्र. पद 6, 36, 68) (पद 6) अब मैं पाइबो रे पाइबो ब्रह्म गियान...अपनै परचै लागी तारी, अपन पै आप समाँनाँ। कहै कबीर जे आप

बिचारै, मिटि गया आवन जाँना।। (36 पद) शब्दों से जो परे हैं उसे वर्णन करने का क़बीर का कवि-कर्म ही है—अच्यंत च्यंत ए माधौ, सो सब माँहि समानाँ।...प्रगट गुपत गुपत पुनि प्रगट, सो कत रहै लुकाई। कबीर परमानंद मनाये, अथक कथ्यौ नहीं जाई।। इस वर्णन में परम तत्त्व के प्रति भावात्मक सम्बन्ध का आधार व्यंजित है। पर इसका भावात्मक आयाम भिन्न है, (पद 68) तहाँ जिनि जाइ दाझन का डर है। कहैं कबीर घरहीं मन मानाँ, गूँगै का गुड़ गूँगै जानाँ।।

अनु. 3 : (क. बच. पृ. 11। पा. क. ग्र. पद 1, 2, 3 और 4) (पद 1) हमारै गुर बड़े भ्रिंगी। आनि कटिक करत भ्रिंग सो आपतैं तंगी।...बँध तैं निर्बंध कीया तोरि सब तंगी। कहैं कबीर अगम किया गम राम रंग रंगी।। यह सुन्दर काव्यात्मक वर्णन गुरु द्वारा शिष्य को साधना के अनुभव-क्षेत्र में प्रवेश कराने का है। (पद 2) कवि यह कह कर 'कहा कहौं कछु कहत न आवै अंम्रित रसन भरी'' काव्य के लोकोत्तर स्तर पर उस 'अजव ज़री' के प्रभाव का ही वर्णन कर रहा है ''भया घट निरमल सकल वियाधि टरी'।

अनु. 4 : (पा. क. ग्र. पद 12, 25, 65, 68, 80 और 144) 'तननाँ-बुनना', 'तागा बाहौं वेही' की रूपक-कल्पना के द्वारा यहाँ सांसारिकता के सन्दर्भ में 'पूरनहारा' के प्रेम की व्यंजना भक्ति के रूप को रेखांकित करती है। इसी प्रकार 'साधु संगति, अरु गुर की, किरपा तैं पकर्‌यौ गढ़ को राजा अर्थात् सांसारिकता में लिप्त करनेवाली प्रवृत्तियों का दमन होता है (पद 12 और 25)। (पद 88) फिरहु का फूले फूले फूले। जब दस मास उरध मुखि होते तो दिन काहे भूले।। इस प्रकार पद में संसार की असारता और उसके प्रति जीव का मुग्ध भाव वर्णित है। (पद 80) प्रस्तुत पद में कथन-शैली की मार्मिक व्यंजना सांसारिक यथार्थ के चित्रण तथा परम सत्य की उन्मुखता के संकेत में की गयी है—पंच पहरुआ दर महिं रहते तिनका नहीं पतिआरा। चेत सुचेत चित्त होइ रहु तौ लै परगासु उजारा।। (144) सतगुरु संग होरी खेलिए। जातैं जरा मरन भ्रम जाइ।।

अनु. 5 : (पा. क. ग्र. पद 10, 18, 24, 31, 36, 37 और 38) (पद 10) गोकल नाइक बीठुला, मेरौ मन लागौ तोहि रे। बहुतक दिन बिछुरै भए तेरी औसेरि आवै मोहि रे। इस प्रकार की भावाभिव्यक्ति में साधना के प्रेमपरक कई आयामों को समाहित पाते हैं। एक ओर प्रिय और स्वामी के रूप में। 'चरन कँमल चित' लगाने और 'राम नाम गुन' गाने की बात है और अपने आराध्य के लम्बे वियोग के कारण मन लगा हुआ है। इस भावभूमि पर प्रिय के वियोग में प्रतीक्षारत 'लोचन मरहिं पियास रे।' पर इस प्रेमाभिव्यक्ति के अन्तर्गत कबीर यह संकेत भी देते हैं, 'केवल कहिं समझाइया आतम साधन सार रे' अर्थात् प्रेम आत्म-तत्त्व की उपलब्धि का मूल साधन है (पद 18) यहाँ स्वामी सेवक भाव की दास्य-भक्तिपरक अभिव्यक्ति में एकमेक अनुभव के स्तर की व्यंजना है—मोहिं तोहिं कीट भ्रंग की नाई। जैसे सलिला सिंधु समाई।। अन्य पदों में प्रणत तथा निर्भरता के भाव के आधार पर प्रेम की अभिव्यक्ति की गयी है। अन्य भक्त कवियों के समान शरणागत भाव के साथ कबीर में पात्र-बोध की अभिव्यक्ति का प्रसंग आया पर यह सांसारिक विषय-वासनाओं के सन्दर्भ में कभी ही मिलता है (पद 39)।

अनु. 6 : (पा. क. ग्र. पद 40, 45, 47, 82 और 112) (पद 40) दास्य भक्ति का शरणागत भाव-गोविन्द हम अैंसे अपराधी। जिन प्रभु जीउ पिंडउ था दीया तिसकी भाव भगति

नहिं साधी।। (पद 45) इस भक्ति भाव की अभिव्यक्ति में परम सत्य पूर्ण सत्तावान् स्वामी की कल्पना में अंकित है—दरमाँद ठाढ़ी दरबारी। तुम बिनु सुरति करै को मेरी दरसन दीजै खोलि किंवार।। (पद 47) ध्यान देने की बात है कि स्वामी रूप में एक 'रमइया गुन गाइयै रे जातै पाइयै परम निधानु' की भावना के साथ कबीर एक ओर निश्चिन्त भाव से कहते हैं—'होना है सो होइहै मनहिं न कीजै आसु', तो दूसरी ओर अपने आराध्य के साथ एकमेक होने की कल्पना करते हैं,—'जो सेवक सेवा करै ता संगि रमै मुरारि'। (पद 112) इस अनन्य भावभक्ति भी अन्ततः कवि को सहज समाधि में 'अंतरि जोति राम परकासै' रूप में व्यंजित हुई है।

अनु. 7 : (पा. क. ग्र. पद 20, 21, 22, 30, 72 और 92) (पद 20) तजि भरम काम बिधि निखेद राम नामु लेही। गुर प्रसादि जन कबीर रामु करि सनेही।। स्पष्ट है कि यह राम नाम मन्त्र-जप नहीं है, यह भ्रमों एवं विधि-निषेधों से मुक्त होकर राम से प्रेम करने की प्रक्रिया ही है। (पद 21) इसी प्रकार इस दो अक्षरों के नाम को आत्मा का रक्षक माना है, वह 'चित्त' में ध्यान कर सांसारिक ज्वालाओं से बचाता है। (पद 22) नाम मूल्यपरक धन रूप माना गया है—इहु धन मेरै हरि कै नाउँ। गाँठि न बाँधिय ज्यूँ निधि पाई। कहै कबीर जैसे रंक मिठाई।। (पद 30) और भी स्पष्ट रूप में यहाँ यह दृष्टि व्यंजित हुई है कि नाम 'निरमल नरमल हरि गुन गावै। सो नर भाई मेरै मनि भावै।' में 'सहजि सहजि गन रमै कबीर' की स्थिति में पहुँचाता है। आगे नाम को कबीर अपने परम तत्त्व के अनुभव के आधार रूप में व्यक्त करते हैं। (पद 72) यह नाम-जप साधना के मार्ग का प्रकाश है, सहज-मिलन का उपाय है और आत्म-ज्ञान रूप है। (पद 92) अन्ततः राम-भजन को कवि जीतने का उपाय घोषित करते हैं—'नाम भजा सोइ जीता जग मैं'।

अनु. 8 : (अ. प्र. द्वि. : कबीर पृ. 1 : 321 पा. क. ग्र. साखी 9 : 21। क. वच. पृ. 141, 142। स. क. सा. 18 : 74-75) (साखी 9 : 7) पिंजर प्रेम प्रकासिया, जाग्या जोश अनंत। संसा खूटा सुख भया, मिल्या पियारा कंत।। यहाँ प्रेम थी व्यंजन। अनन्त ज्योति के रूप में परात्पर अनुभव है। इस प्रसंग की साखियों प्रेमाभिव्यक्ति के परात्पर स्तर को निरन्तर लक्षित किया जा सकता है।

अनु. 9 : (पा. क. ग्र. पद 5, 6, 7, 11 और 19) (पद 5) विवाह के इस प्रतीक-विधान के साथ आध्यात्मिक आयाम की व्यंजना कवि करने का उपक्रम करता है—तन रत करि मैं मन रति करिहौं पाँचउ तत्त बराती। राम दैव मोरै पाहुनैं आए मैं जोबन मैमाती। यहाँ इस आध्यात्मिक विवाह में—शरीर सरोवर बेदी करिहौं ब्रह्मा वेद उचार। (पद 6) ''राम रसाइन रसना चाखौ'', 'मंदिर माहिं भया उजियारा', 'नौ निधि पाई' तथा 'सहज सुहाग मोहिं दीन्हा' जैसे सन्दर्भों से यह व्यंजना इस पद में की गयी है।

अनु. 10 : (पा. क. ग्र. पद 8, 9, 13, 15 1 क. वच. पृ. 141) (पाद 8) राम भगति अनियारे तीर। जेहि लागै सो जानें पीर।। यहाँ भक्ति तीर की भाँति मन को बेंधनेवाली कही गयी है। यह मार्मिक अभिव्यक्ति है। (पद 9) आगे प्रेम-विरह की वेदना को आध्यात्मिक प्रेम के आयाम पर कवि व्यंजित करता है—तू जलनिधि हउ जल का मीनु। जल महि रहउ जलहि

बिनु खींनु।। (पद 13) प्रेम-विरह की मार्मिक अभिव्यक्ति में रचना के स्तर पर ही लोकोत्तर अनुभव को सम्प्रेषित किया जा रहा है।

अनु. 11 : (क. ग्र. सा. अ. 4, 5 से 1 शब्दा. 30, सं. क. सा. 63-65) (सा. अं. 4) यहाँ प्रेम की विरह-भावना में अलौकिक स्तर व्यंजित हुआ है; दीपक पावक आँणिया, तेल भी आँण्या संग। तीन्यूँ मिलि करि जोइया, (तब) उड़ि-उड़ि पड़ैं पतंग।। (1)।। उलटवाँसियों के रूपक-विधान का उपयोग इस भाव-व्यंजना के स्तर के लिए हुआ है—अगिन जू लागि नीर मैं, कंदू जलिया झारि। उतर दषिण के पंडिता, रहे बिचारि बिचारि।।5।। यहाँ प्रेम-साधना के विरह-भाव के सन्दर्भ में जीव के आत्म-रूप में परम तत्त्व से मिलन की कल्पना की गयी है—समंदर लागी आगि, नदियाँ जलि कोइला भईं। देखि कबीरा जागि, मँछी रूषाँ चढ़ि गईं।। (सा. अं. 5) प्रेम-परिचय के आध्यात्मिक अनुभव की अभिव्यक्ति वैचित्र्य पर अलौकिक रूपक-विधान से यहाँ किया गया है, यहाँ इस प्रसंग में प्राकृतिक व्यतिक्रम तथा उलटवाँसियों का प्रयोग किया गया है। (1) कबीर तेज अनंत का, मानी ऊगी सूरज सेणि। पति संगि जागी सूंदरी, कौतिक दीठा तेणि।। अनंत तज असंख्य सूर्यों के प्रकाश के रूप में कल्पित है। (7) अंतर कवल प्रकासिया ब्रह्म बास तहाँ होइ। मन भँवरा तहाँ लुबधिया, जाँणेगा जन कोइ।। यहाँ आध्यात्मिक प्रकाश की व्यंजना है।

अनु. 12 : (पा. क. ग्र. पद 1, 58, 59, 112, 119, 148) (पद 1) हमारै गुर बड़े भ्रिंगो। आनि कटिक करत भ्रिंग सो आपतैं तंगी।। साधना की प्रक्रिया में उसके चरम स्तर की व्यंजना की गयी है, 'बंध तैं निर्बंध कीया, तोरि सब तुंगी।' और इस स्तर पर 'राम रंग रंगी' होकर साधक 'अगम किया गम'। (पद 58) भाव-व्यंजना के सौन्दर्य में साधना का उपक्रम लक्षित हुआ है, 'यहु संसार सकल है मैला राम कहै ते सूचा। कहे कबीर नाउँ नहिं छाँड़ौ गिरत परत चढ़ि ऊँचा।।' (पद 112) जानी जानी रे राजा राम की कहानी। अंतरि जोति राम परकासै गुरमुखि बिरलै जानी।। इस प्रकार के चित्रों में विशेष प्रकार का रूपक-विधान है तथा भावाभिव्यक्ति भिन्न स्तर पर की गयी है।

अनु. 13 : (पा. क. ग्र. पद 14, 51, 52 और 150) (पद 14) नृत्य का रूपक साधना का प्रक्रिया के साथ व्यंजित होनेवाले आनन्द के साथ प्रस्तुत है—'नाचु रे मन मेरो नट होइ।' इस पूरे विधान में साधक 'प्रेम मगन होइ नाचु सभा मैं रीझे सिरजनहारा' से यही शर्त है, 'जौ तू कूदि जाउ भव भवसागर तभी उसकी कला का स्वीकार माना जायगा।' (पद 51) इस पद की मूल भाव व्यंजना इस प्रारम्भ की स्थापना में व्यंजित है, है कोई संत सहज, सुख अंतरि जाकौ जप तप देउँ दलाली। एक बूँद भरि देइ राम रस ज्यूँ मद देइ कलाली।। आगे कवि इसको रूपक में बाँधता है। इस आँधी के रूपक में आध्यात्मिक अनुभव की सुन्दर व्यंजना है, (पद 52)। इस प्रकार के अनेक रूपकों की सुन्दर योजना हुई है।

अनु. 14 : (पा. क. ग्र. पद 121, 130 और 145) (पद 121) रूपक की काव्यात्मक योजना में 'मेरी मन अहेरा खेलैं' के साथ 'ध्यान, जोग, ग्यान' के 'बान साधना' की कल्पना है। 'खट थक कँवल वेधा' से आत्मा के प्रकाशित होने का भाव व्यक्त हुआ है। अनन्तः

कवि इस पूरे रूपक से परात्पर अनुभव की व्यंजना करता है, 'गगन मंडल रोकि बारा तहाँ दिवस न राती। कहै कबीर छाँड़ि चले बिछुरे सब साथी।।'' (पद 145) यहाँ हम देखते हैं। हठयोग की साधना के अनुभव-प्रतीकों का उपयोग काव्य कल्पना में परात्पर अनुभव की अभिव्यक्ति के लिए किया गया है—'रस गगन गुफा मैं अजर झरै। अजपा सुमिरन जाप करै।।'

अनु. 15 : (पा. क. ग्र. पद 114, 116, 119 आदि) स्पष्टतः इन रचनात्मक प्रयोगों की काव्यात्मक व्याख्या यथार्थ जीवन-जगत् की विसंगतियों, अर्थहीनताओं और विडम्बनाओं के संयोजन के माध्यम से सत्य की अर्थ व्यंजना स्वीकार की जायगी। यहाँ सारा उलट-फेर वस्तुतः वस्तु-स्थिति के यथार्थ की अर्थहीनता की व्यंजना है।

———

अनु. 6 : (पा. क. ग्र. साखी 15 : से, 16 : 3-5, 23 : से, 21 : से) (साखी 16 अंग) इसके अन्तर्गत व्यक्ति को मूल्यपरक जीवन से संवलित करनेवाले बन्धनों तथा आकर्षणों से बचने के लिए सचेत किया गया है। इसके साथ ही यह भाव निहित है कि मानवीय जीवन में सदाचरण के मार्ग पर चल कर ऊँचे आध्यात्मिक जीवन में प्रवेश मिलता है। (वही : 3) कबीर नौबत आपनी, दिन दस लेहु बजाइ। यह पुर पट्टन यहु गली, बहुरि न देखहु आइ। इसी प्रकार अनेक उदाहरणों, दृष्टान्तों, रूपकों में इस भाव को सघन मार्मिकता के साथ व्यंजित किया गया है। (वही : 16) साँच बरोबर तप नहीं, झूठ बरोबर पाप। जाकै हिरदे साँच है, ताकै हिरदै आप।। जीवन में सच-झूठ के मूल्यपरक सापेक्ष स्थिति को व्यक्त किया गया है। इसी प्रकार 'साहुचोर' के अन्तर को रेखांकित किया गया है (वही : 17)। इस अंग के अन्तर्गत कबीर ने अनेक रूपों में सहज जीवन-यापन की स्थिति को प्रतिपादित किया है। इसकी मार्मिक व्यंजना है—कबीर बेड़ा जरजरा फूटे छेंक हजार। हरुए हरुए तिरि गए बड़े जिनि सिर भार।। (वही : 16 अंग) सांसारिक नश्वर तथा क्षणभंगुर जीवन के वर्णन में इस प्रकार की अभिव्यक्ति का दूसरा सन्दर्भ है। इस जीवन को सहज सन्तोष के आधार पर ही जीना श्रेयष्कर माना गया है—कहा चुनाबै मैडिया, लंबी भीति उसारि। घर तो साढ़े तीनि हाथि, घना त पौने चारि।। (वही : 12)। आत्मालोचन मनुष्य के लिए सत्मार्ग पर चलने की दृष्टि से महत्त्वपूर्ण है—दोख पराए देखि करि, चला हसंत हसंत। अपनैं चीति न आवई, जिनको आदि न अन्त।। (वही : 2) इसी प्रकार निन्दक से अपने मार्ग पर चलने में सहायता मिलती है—निन्दक नेरे राखिए आंगनि कुटी बनाइ। बिन साबुन पानी बिना, निरमल करै सुभाइ।। (वही : 5)। आगे (वही : अंग 21) मन के सन्दर्भ में अनेक प्रकार से उसके अहंकार, मोह, आकर्षण, मद, लोभ आदि कुप्रवृत्तियों पर चित्र प्रस्तुत किया गया है, जिससे निरन्तर मानवीय जीवन के सत्याचरण, मूल्यों के स्तर की व्यंजना अपने आप होती रही है। मन जान कर अवगुणों में लीन है, अच्छा-बुरा का विवेक उसे है। अगर जानकर सही रास्ते नहीं चला जाता तो कल्याण का मार्ग किस प्रकार मिल सकता है—मन जानैं सब बात, जानि बूझि औगुन करै। काहे की कुसलात कर दीपक कूँवे परै।

अनु. 7 : (पा. क. ग्र. पद 25, 32, 51, 52, 61, 73, 74, 77 और 92) (पद 25) कवि-कल्पना से दुर्गुणों एवं कुप्रवृत्ति की गढ़ का रूपक बाँधा गया है, जिसके ध्वंस करने की प्रक्रिया को रूपक में विस्तार देते हुए प्रेम, स्मरण, ज्ञान, सत्य, सन्तोष एवं सत्संग, सद्वृत्तियों, गुणों एवं मूल्यों के जीवन की संरचना प्रस्तुत की गयी है। यह भी स्पष्ट है कि इन मानवीय मूल्यों का प्रयोग साधक-ब्रह्म अगिनि सहजै परिजाली, एकहि चोट ढहाया' के लिए कर रहा है (पद 32) इस स्तर पर व्यक्ति—अस्तुति निंदा दोउ बिवरजित तजहि मानु अभिमाना।। यहाँ अनुभव की अभिव्यक्त के रचना-क्रम में मानव-जीवन की मूल्योपलब्धि को चरम लक्ष्य की ओर उन्मुख चित्रित किया गया है। 'नीझर झरै अमीरस निकसै' के लिए सहज सन्त जीवन 'गुरु का सबद' का सहारा ले रहा है और 'त्रिसना काम क्रोध मद मतसर' से मुक्त होने की प्रक्रिया से गुजर रहा है (पद 51)। दूसरी ''ज्ञान की आँधी' के रूपक-विधान के अन्तर्गत सुन्दर-मार्मिक उच्च स्तरीय मानव-जीवन की व्यंजना है—भ्रम की टाटी समै उड़ानी माया रहै

न बाँधी रे। दुचिते की दोइ थूनि गिरानी मोह बलेंडा टूटा। त्रिसना छानि परी घर ऊपरि दुरमति भाँड़ा फूटा (पद 52)। कवि धर्मराज से लेखा माँगने की कल्पना में धर्माचरण के स्वीकार को निहित करता है। स्मरण-भजन के साथ 'दया करने' की अपेक्षा को स्वीकार किया गया है (पद 74)। कव सहज-स्वाभाविक जीवन 'मोरे भाइ' से बिताने को साधना की भूमिका स्वीकारता है, जो 'परिहरु लोभ, अरु लोकाचारु। परिहरु कामु क्रोध हंकारु' पर प्रतिष्ठित मानी गयी है (पद 77)। सन्त मूल्यपरक जीवन के सहारे जीवन के सारे आकर्षणों से मुक्त रह कर अपनी भक्ति में स्थिर रह सकेगा और माया के आकर्षणों से रास्म-रानी, योगी-ज्ञानी कोई भी बच नहीं पायेगा—जिपरा जाहुगे हम जानी। आवैगा कोई लहर लोभ की बूड़ेगा बिनु पानी (4 : 28, 30 1 पद 92)।।

अनु. 8 : (पा. क. ग्र. पद 13, 17, 121, 144, 145, 191, 196 साखी। 4 : 28, 301 22 : 7, 12, 131 29 : 6, 71। 30 : 5-7, 25) (पद 97) सांसारिक माया-मोह में फँसे जीव का सुन्दर चित्र प्रस्तुत है—कालबूट की हस्तिनी मन बउरा रे चित्र रच्यौ जगदीस। काम अन्ध गज बसि परै मन बउरा रे अंकुस सह यौ सीस।।...ज्यौं ललनीं सुअटा गह्य मय बउरा रे माया यहु ब्यौहार। जैसा रंग कुसुम का मन बउरा रे त्यौं पसर्‌यौ पासारु।। ध्यान देने की बात है कि साधना के क्षेत्र में कवि निरन्तर कुप्रवृत्तियों तथा असद् भावों से मुक्त होकर अग्रसर होते हैं। इससे स्पष्ट है, उनकी दृष्टि में इस मार्ग पर अग्रसर होने के लिए व्यक्ति का जीवन शुद्ध तथा सदाचरण पर प्रतिष्ठित होना चाहिए। (पद 191) यहाँ कवि घोषित करता है,—जीअ बधहु सु धरमु करि थापहु अधरम कहहु कत आई। आपस कौं मुनिवर करि थापहु काकौ कहौ कसाई।। मन के अन्धे आपि न बूझहु काहि बुझाबहु भाई। माया कारनि विआ बेचहु जमनु अबिरथा जाई।। (सा. 4 : 24) सत्य और असत्य के विवेक को आत्मिक विकास के लिए अनिवार्य माना गया है—जानि बूझि साँची तजै, करै झूठ सौं नेहु। ताकी संगति राम जी सुपिनै हू जनि देहु।।

अनु. 9 : (पा. क. ग्र. पद 4, 40, 146, 166, 172 और 173) (पद 4) साधना के क्रम में ज्ञान से मन को नियन्त्रित करने और विवेक तथा विचारपूर्ण जीवन की अपेक्षा स्वीकार की गयी है। धीरज तथा गम्भीरता के साथ संसार के मायामोह से बचने की बात कही गयी है। यह अवश्य है कि यह जीवन-पद्धति साधना की ओर उन्मुख है, पर यह भी स्पष्ट है कि कबीर मूल्यों पर प्रतिष्ठित सदाचरण को इस मार्ग के अनिवार्य मानते हैं। (पद 40) कबीर निरन्तर काम-क्रोध-मद-मोह-मत्सर आदि भावनाओं से उबर कर सत्मार्ग पर चलने का आग्रह करते हैं, जिसका सांसारिक व्यक्ति अनुसरण नहीं कर पाता—दया धरम ग्यान गुर सेवा, ए सुपनंतर नाहीं।। (पद 146) इसी प्रकार कहा गया है—सील साँच कै खटै धरि पग ग्यान गुरु गहि डोरा। कहै कबीर सुनौ भाई साधौ तब वा फेल कौ तोरा।। (पद 166) अनेक सन्दर्भों से स्पष्ट होता है कि जिस प्रकार कबीर योग-मार्ग पर सम्पूर्ण ज्ञान तथा अनुभव रखने पर भी निरन्तर सहज मार्ग पर बल देते हैं, उसी प्रकार साधु एवं सन्त के सत्मार्ग पर चलनेवाले व्यक्ति की मूल्यों का सदाचरण करनेवाला माना है। वस्तुतः उनकी सहज साधना में जीवन के इस रूप का स्वीकार है। काव्य-व्यंग्य के आधार पर कहते हैं—कबीरा बिगर्‌यौ राम दुहाई। तुम्ह जिनि बिगरौ मेरै भाई।। चन्दन कै ढिग बिरिख जु भैला। बिगरि बिगरि सो चन्दन ह्वैला।।

...और इसी प्रकार पारस के साथ लोहा बिगड़ कर सोना और गंगा से जो पानी मिला बिगड़ कर गंगोदक हो गया। (पद 172, 173) वह स्पष्ट शब्दों में घोषित करते हैं, 'सो हिन्दू सो मुसलमान। जिसका दुरुस रहै ईमान।। अपने जीवन में हर स्तर पर सत्य आचरण करनेवाला ही धार्मिक है। उसके लिए वन जाकर साधना करने की अपेक्षा नहीं है।

अनु. 10 (पा. क. ग्र. साखी 3 : 994 : 20, और भी 117 : 2 118: 5-8 120 : 9, 10। 21 : से 122 : से 130 : 24, 25) (सा. 4 : 20) कबीर सोई दिन भला जा दिन संत मिलाहिं। अंक भरै भरि भेटिए, पाप सरीसुजाहिं।। साधु के सत्संग पर निरन्तर बल दिया है, क्योंकि उससे सदाचरण की प्रेरणा मिलती है। निर्वर, निष्काम, सत्संग, सहिष्णुता आदि को आचरण की बिशेषता माना गया है। (171 21) सीतलता तब जानिए, जौ समता रहै समाइ। पख छाँड़े निरपख रहै, सबद न दूखा जाइ।। (वही 18 : 5) कबीर लहरि समंद की, मोती बिखरे भाइ। बगुला परख न जानई, हंसा चुनि चुनि खाइ।। यहाँ जीवन में मूल्यों की पहचान विवेकी पुरुष में मानी गयी है। (20 : 9) हिन्दू मूआ राम कहि, मुसलमान खुदाइ। कहै कबीर सो जीवता, जो दुहँ के निकट न जाइ।। यहाँ सम्प्रदाय की सापेक्षता धर्म के मूल भाव अर्थात् जीवन को उदात्त भूमि का स्वीकार है। (21 : 4) मूल्यों तथा सत्याचरण की अपेक्षा शास्त्र के प्रमाणों का ऊहापोह करनेवाले पण्डितों की अपेक्षा सन्त-जीवन पर बल देते हुए कहा गया है—बाह्मन है, गुरु जगत् का, भगता का गुर नाहिं। उरझि उरझि कै मरि गया, चारिउ बैदा माँहि।। इसी क्रम में कबीर अहिंसा की दृष्टि से जीव-हत्या की आलोचना करते हैं, आचरण की शुद्धता तथा उच्च भावनाओं के बिना क़ाबा-काशी जैसे तीर्थों में जाना व्यर्थ मानते हैं तथा वेश-धारण करने पर व्यंग्य करते हैं। (21 : से) इसी प्रकार 'अंग 22 निगुणानर कौ अंग' के अन्तर्गत व्यक्ति के आचरण पर विचार किया गया है। खजूर वृक्ष के समान बड़प्पन काम का नहीं, पथिक के लिए छाया नहीं और फल लगें तो दूर (1)। मूर्ख को पत्थर तथा कोयले समान सीख देना सम्भव नहीं है, पत्थर बेधा नहीं जाता और कोयले पर रंग नहीं चढ़ता (2, 3)। ऊसर पर बीज बोना व्यर्थ है और पर्वत तथा डूगर पर वर्षा का पानी नहीं रुकता। (30 : 25) ज्ञानी पुरुष अहंकार भाव से मुक्त नहीं होता और इन्द्रियों के वश में रहता है, उससे सदाचारी साधारण व्यक्ति अच्छा होता है,—ग्यानी मूल गँवाइया, आपै भया करता। तातै संसारी भला, मन में रहे डरता।। वस्तुतः वह धर्म भाव से डरनेवाला है।

———––

प्रकरण सप्तम

भाषिक अभिव्यक्ति का रूप-विधान

(7 : 1) हम इस स्थापना के स्वीकार के साथ चले हैं कि हमारे सामने कबीर का कवि-रूप है, उनके काव्य की अभिव्यक्ति में हर स्तर पर उनका कवि-व्यक्तित्व व्यंजित हुआ है; और उनके काव्य की नानाविध भावाभिव्यक्तियों में उनका साधक, विचारक, भक्त रूप प्रत्यक्ष हुआ है। इतिहास, परम्परा, पन्थ में उनका व्यक्तित्व किस रूप में मान्य है, उनको साधना, भक्ति, विचार किस प्रकार प्रतिपादित किये जाते हैं, माने जाते हैं, यह हमारे लिये उनकी काव्य-दृष्टि, रचना-प्रक्रिया की भूमिका और चिन्तन-पद्धति को समझने के लिए मात्र सहायक तत्त्व हैं। हम क्रमशः उनके कवि-व्यक्तित्व एवं उनकी रचना-दृष्टि पर विचार भी कर चुके हैं। उनका स्वच्छन्द और सहज व्यक्तित्व उनकी काव्याभिव्यक्ति का आधार है और भावाभिव्यक्ति से आन्तरिक, सघन तथा अलौकिक अनुभवों के सम्प्रेषण की प्रक्रिया तक उनके कवि रूप को ही हम देखते हैं, साधक को उसी रूप में जानना-पहचानना सम्भव हो पाता है। वस्तुतः कबीर के समर्थ और सहज रचनाकार को पहचाने-समझने में ऐसे साहित्य-शास्त्रियों को ही कठिनाई हुई है या होती है जो काव्य को किसी-न-किसी रूप में अथवा स्तर पर रचनात्मक कौशल स्वीकारते हैं। वैदिक युग का ऋषि पूरी सृष्टि के रचनाकार को कवि कहता है, और हम देखते हैं कि किसी-न-किसी रूप में हमारे कवि में वह रचना की दृष्टि क्रियाशील होती है। वस्तुतः पूरी सृष्टि-क्रम में मानवीय परिस्थिति पर विचार करनेवाले चिन्तकों ने अपनी सापेक्ष स्थिति में मनुष्य को स्वचेतन, दायित्वपूर्ण एवं रचनाशील प्राणी माना है। स्वानुभव के आधार पर रचनाशील होने की विशेषता को अन्य प्राणियों की अपेक्षा में उसकी श्रेष्ठता एवं महानता अन्य मानने-मनवाने का प्रश्न नहीं है, जिसको लेकर आधुनिक वैज्ञानिक युग के कतिपय चिन्तकों ने विश्व के विराट् विधान में उसकी अकिंचन स्थिति लक्षित करना चाहा है। यहाँ यह स्वीकार अपने आप में हमारे लिये महत्त्वपूर्ण है कि जिस अनुभव को रूपायित कर पाने के मानसिक स्तर पर मनुष्य आदिम मिथकीय जीवन से क्रियाशील है वह इतर प्राणियों की मानसिकता से भिन्न है। इस रचनात्मक स्तर पर वह अपने अस्तित्व के संश्लिष्ट रूप में समाहित अनेक विभिन्नताओं, विषमताओं, जटिलताओं और यहाँ तक कि विरोधाभासों को निरन्तर अभिव्यक्त करने का प्रयत्न करता रहा है। मानव समाज, संस्कृति तथा इतिहास के अनेक महत्त्वपूर्ण चिन्तकों ने यह प्रतिपादित किया है कि मानवीय अस्तित्व, चेतना, मानस की वह प्रक्रिया जिससे उसने सृष्टि की है, रचनात्मक है, वस्तुयथार्थ और दृश्य-रूप मात्र नहीं है। और मनुष्य की संस्कृति इस रचनाप्रक्रिया के प्रतीकविधान में अभिव्यक्ति ग्रहण करती है, लक्षित होती है। अन्य अनेक महत्त्वपूर्ण चिन्तकों के साथ विभिन्न

मानवीय शास्त्रों के दार्शनिक चिन्तन अपनी शास्त्रीय दृष्टि की सीमा को स्वीकार कर मनुष्य की विशिष्ट परिस्थिति का प्रतिपादन करते हैं और मानते हैं कि उसको समग्रता में सांस्कृतिक रचनाशीलता के रूप में ही समझा जा सकता है। वस्तुतः उसकी मानसिक क्षमता को समस्त वस्तु-जगत् को रूपायित करने में समझा जा सकता है। उसका जगत् इस रूप-विधान की रचना-प्रक्रिया में अभिव्यक्त होता है। उसकी सीमा और सम्भावना को इस रचना के प्रतीक-विधान में देखा जा सकता है। कबीर जैसे कवि की रचनात्मक प्रतिभा को समझने के लिए अभिव्यक्ति की मौलिक स्थिति की दृष्टि में रचना अपेक्षित है। वस्तु-स्थितियों, यथार्थ दृश्य-रूपों को प्रत्यक्ष तथा कल्पना दोनों स्तरों पर रचना है और इस रूप में ही मानवीय अनुभव को ग्रहण किया जाता है।

(7 : 2) काव्याभिव्यक्ति में निहित मूल्य-प्रक्रिया को समझने के लिए संस्कृति की विभिन्न स्तर की गतिशीलता को समझना अपेक्षित है। कबीर जैसे मानवीय जीवन के विभिन्न आयामों पर अनुभवों की अभिव्यक्ति करनेवाले व्यक्तित्व की रचना को विवेचित करने के लिए यह भूमिका अपेक्षित है। एक स्तर पर संस्कृति मानवीय अनुभव में विश्वव्यापी है, फिर भी उसकी देश-कालगत अभिव्यक्तिकरण अपने आप में विशिष्ट होता है। दूसरे स्तर पर अपने स्थायित्व की प्रकृति में वह गतिशील भी है, उसमें लगातार परिवर्तन लक्षित होते हैं। तीसरे स्तर पर संस्कृति हमारी जीवन-धारा को परिपूर्ण करती है, एक सीमा तक निश्चित भी करती है, फिर भी वह हमारे चेतन विचारों पर यदाकदा ही आरोपित होती है। वस्तुतः मानवीय विशेषता के स्तर पर संस्कृति का सर्वाधिक महत्त्व का पक्ष उसकी रचनाशीलता है जो एक स्तर पर देश-काल की विशेषताओं के साथ विश्वव्यापी है, दूसरे स्तर पर स्थायित्व और गतिशीलता को एक साथ व्यंजित करती है। यह अवश्य है, यह उसका रचना का स्तर सर्वदा व्यक्त और प्रभावी नहीं रहता, पर यह उसके अनुभव की पूर्णता, जीवन की सम्पन्नता एवं मूल्यों की उपलब्धि है। संस्कृति के वस्तुगत अस्तित्व को किन्हीं मानवशास्त्रीय और समाजशास्त्रीय समस्याओं के लिए उपयोगी माना जा सकता है, पर इन क्षेत्रों की किन्हीं विधि सम्बन्धी अपेक्षाओं को स्वीकार कर हम अपने अध्ययन में नहीं चल सकते हैं। इस प्रकार तो हमारी मूल्य दृष्टि ही ओझल हो जायगी कि हम वस्तुतः किसी संरचना के बारे में विचार कर रहे हैं, जिसके आधार पर मानवीय संस्कृति की पूरी मूल्य-प्रक्रिया की परिस्थिति और उसकी रचना-धर्मिता के बारे में विचार करने में सरलता हो सकती है। मनुष्य और उसके समाज से सम्बन्धित शास्त्रों में उनका वस्तुपरक अध्ययन सम्भव होता है, जिसके अन्तर्गत परम्परा के स्तर पर सामाजिक जीवन में मनुष्य के व्यवहार का निरूपण निर्धारण किया जाता है। पर ध्यान देने की बात है कि मनुष्य की विशिष्टता, वैयक्तिकता, मूल्य दृष्टि, सर्जनशीलता को इसमें महत्त्व नहीं मिलता, वस्तुतः जिन्हें संस्कृति के संचरण में हम अधिक गतिशील पाते हैं। इस प्रकार कवि की रचना-प्रक्रिया और उसके रूप-विधान को समझने के लिए संस्कृति में समाहित मनुष्य की सर्जनशीलता और मूल्योपलब्धि को केन्द्र में रखना होगा, जिनको उसकी वैयक्तिक प्रतिभा एवं विशिष्टता से गहरे स्तर पर तथा आन्तरिक रूप में सम्बन्धित देखा जाता है। संस्कृति की गतिशील स्थिति से अनुभव के स्तर पर मूल्यों की सर्जनशीलता व्यंजित होती है। इस रचना-प्रक्रिया में अनुभवों की प्रत्यय, संकेत, मिथक, प्रतीक तथा बिम्बों में ग्रहण

किया जाता है। इस जीवन के स्तर पर कोई भी सर्जनात्मक अनुभूति सांकेतिक, मिथिक, प्रतीक-रूप या विम्बविधायनी होती है। वस्तुतः भाषिक संरचना के अंग रूप में ही इनमें कोई भी संवेदनशील रचना का रूप ग्रहण करता है। रचना की अभिव्यक्ति में ये रूप-विधान आन्तरिक अनुभव-जगत् के नाना रूपों, पक्षों और भूमिओं को उद्घाटित, विवृत्त तथा व्यंजित करने में सफल होते हैं। प्रायः भक्त कवियों के सन्दभ में कहा जाता है कि वे साधक हैं, उनके काव्य में दार्शनिक भूमिका है। यहाँ भारतीय सन्दर्भ में दर्शन तथा तत्त्ववाद के अन्तर को दृष्टि में रख कर कहना अपेक्षित है कि दार्शनिक प्रक्रिया में तमाम अनुभव-क्षेत्रों, मूल्य-चेष्टाओं, सर्जनक्रम को प्रत्ययों एवं प्रतीकों के रूप-विधान में व्यक्त किया जाता है। यह प्रक्रिया अमूर्त को रूपाकार प्रदान करती है। यह रूपाकार स्थितियों एवं अवयववाली वस्तुओं का ही नहीं, भाषिक अभिव्यक्ति ग्रहण करनेवाली किसी मानसिक क्रिया, मनःस्थिति तथा भावों का भी हो सकता है।

(7 : 3) पिछले अध्ययन-क्रम में भारतीय संस्कृति में धर्म शब्द के व्यापक प्रयोग पर विचार किया गया है। मानवीय जीवन की विभिन्न भूमिकाओं तथा व्यक्ति और समाज के सम्बन्धों के स्तरों की मूल्य-प्रक्रियाओं को धार्मिक अनुभव अभिव्यक्ति कबीर जैसे साधक-कवि की वाणी में सहज ही हो सकी है। हम देख सके हैं कि यहाँ कबीर धर्म के नैतिक आदर्शों के उपदेशक नहीं हैं, उनकी मूल्यपरक अभिव्यक्ति के रचनाकार हैं। इसी प्रकार हमने देखा है कि उनके काव्य में किसी दार्शनिक तत्त्ववाद का विवेचन प्रतिपादन नहीं हुआ है, वरन् परम-तत्त्व (दर्शन) का आत्मसाक्षात्कार अभिव्यक्त हुआ है। भारतीय शब्द 'दर्शन' 'धर्म' के समान व्यापक और आन्तरिक अर्थ को व्यंजित करता है। प्राचीन तत्त्ववाद और आधुनिक तार्किक प्रत्यक्षता तथा अनुभववाद इसकी पूरी व्याख्या करने में समान रूप से असमर्थ हैं। इस प्रकार तत्ववाद हो या आज के तर्क और भाषा पर आश्रित ज्ञान की प्रकृति पर विचार करनेवाले सिद्धान्त हों, मूलतः मनुष्य के ज्ञान अनुभव की आन्तरिक संगति को ऐसे प्रत्ययों, चिह्नों, प्रतीकों के माध्यम से व्यंजित करते हैं जो यथार्थ के नाना पक्षों को एक संघटित ज्ञान-रूप में प्रस्तुत करने की चेष्टा करते हैं। भक्त कवियों की रचना में इस स्तर पर अथवा इस रूप में दार्शनिक चिन्तक को नहीं देखा जा सकता है, क्योंकि सर्जन-क्षेत्र में विज्ञान और तत्त्व चिन्तन में मौलिक अन्तर नहीं है। विज्ञान विभिन्न क्षेत्रों की क्रियाओं, व्यवहारों तथा अनुभवों को एकत्र तथा संयोजित ज्ञान है और तत्त्ववाद इस प्रकार के समस्त ज्ञान के संयोजन का प्रयत्न करता है। पर दर्शन अनुभव-रूप एवं सर्जनात्मक है, उसके अन्तर्गत इन क्षेत्रों का प्रत्ययीकरण, प्रतीकीकरण तथा उनकी भाषिक संरचना आती है, जो मानवीय अनुभव क्षेत्र को जीवन के स्तर पर प्रभावित करती है, विस्तार देती है, समृद्ध करती है। इस प्रकार कबीर जैसा साधक रचनाकार धर्म की सांस्कृतिक प्रक्रिया को अभिव्यक्त करने के उपक्रम में जीवनगत मूल्यों से आध्यात्मिक अनुभव के क्षेत्र में प्रवेश करता है। इसी प्रकार उनके काव्य में दार्शनिक साक्षात्कार का क्षेत्र ज्ञान-विज्ञान की सर्जनशीलता के रूप में व्यंजित हुआ है। काव्याभिव्यक्ति की इस दार्शनिक प्रक्रिया में मूल्यों का स्तर अनुभवपरक है, अर्थात् वे सर्जनशीलता के रूप में व्यंजित है। यहाँ कवि और दार्शनिक के अन्तर को समझा जा सकता है। कवि दार्शनिक अनुभव को उसके प्रत्यय, संकेत, मिथक, प्रतीक और बिम्ब-रूपों में व्यंजित

करता है, जबकि दार्शनिक अपने चिन्तन में इस अनुभव का पुनर्मूल्यांकन करता है और इस प्रक्रिया में वह विश्लेषण-विवेचन-व्याख्यान का आश्रय लेता। कोई भी सर्जनात्मक अनुभूति सांकेतिक, मिथक, प्रतीक या बिम्ब रूप होती है और भाषिक संरचना के अंग रूप में ही ये सब संवेदनशील रचना होते हैं। कबीर के काव्य में आन्तरिक अनुभव जगत् के नाना रूपों, पक्षों और भूमिकाओं को व्यक्त, विकृत एवं व्यंजित होते पिछले प्रकरण में हम देख चुके हैं। उनमें कवि ने दार्शनिक अनुभव को अमूर्त से रूपाकार प्रदान किया है, जो अपनी रचनात्मक अभिव्यक्ति में रूपक, मिथक, बिम्ब, प्रतीक जैसे प्रयोगों में व्यंजित हुआ है। इस आधार पर यह कहना सम्भव हो सका है कि कबीर के काव्य में दर्शन का यह रचनात्मक रूप-विधान हम देख सकते हैं, तत्त्ववादी सिद्धान्त नहीं। यही कारण है कि उनको भाषिक अभिव्यक्ति में वह चिन्तन को रचनात्मक अन्तर्सम्बन्धों, संगतियों और अनुभव की सम्पूर्णता में ग्रहण करते हैं। हम देखते हैं कि दर्शन के स्तर पर उनका यह प्रतीकीकरण एक प्रक्रिया से दूसरी में संक्रमित होता चलता है। यह अवश्य है कि इस प्रक्रिया के सर्जनात्मक मूल्य का अनुभव हम अपनी संवेदनशीलता और सौन्दर्यदृष्टि के साथ आत्मिक भूमिका के आधार पर ही करने में सक्षम होते हैं।

(7 : 4) हमने देखा कि धर्म, दर्शन और साधना अपने अनुभव के स्तर पर रचनात्मक हैं, इनके मूल्यों की विभिन्नता भूमिकाओं की उपलब्धि उसके ही रूप-विधान में होती है और मानवीय अभिव्यक्ति का यह सारा विधान भाषिक है। इस स्थिति में कबीर तथा अन्य भक्त कवियों में स्पष्ट है कि इन सभी क्षेत्रों के अनुभव को विभिन्न स्तरों एवं रूपों में अभिव्यक्ति मिली है, और यह उनके काव्य का भाषिक रूप-विधान है। कबीर की काव्य-चर्चा में प्रायः उनकी भाषा को सधुक्कड़ी, अटपटी और मिली-जुली जन-समाजी कह कर यह व्यंजित किया जाता है कि वह काव्य-भाषा नहीं है, एक ओर उपदेश और सम्बोधन की है और दूसरी ओर रहस्यानुभव व्यक्त करने की सन्ध्या भाषा। पर भाषा की मूल प्रकृति को दृष्टि में रखने से स्पष्ट हो जाता है कि इस प्रकार कवि की भाषिक रचनाशीलता के बारे में कहना सम्भव नहीं है। भाषा की मूल प्रकृति को समझने से यह भ्रामक लगेगा कि विशेष रूप से प्रयोग में आनेवाली काव्य भाषा होती है। बाहरी अथवा ऊपरी प्रयोग के रूप-विधान से इस सम्बन्ध में सोचने के ढंग में यह मान्यता निहित है कि भाषा भाव और विचारों का माध्यम है, उनकी अभिव्यक्ति का साधन है। वस्तुतः हम अपने मानसिक स्तर पर अनुभवों को रूपायित अभिव्यक्ति और सम्प्रेषित भाषा में करते हैं। हमारी सारी चिन्तन-मनन, स्मृति, कल्पना और प्रत्ययीकरण की प्रक्रिया भाषिक है। मानवीय इतिहास और संस्कृति की धारावाहिकता में निहित अन्तर्वर्ती प्रक्रिया का भाषा रूप-विधान है। मानवीय व्यक्तित्व अपने सांस्कृतिक परिवेश और विकासक्रम में भाषा के प्रतीक-विधान पर आश्रित रहा है और इस प्रकार रचनाशील भी है। यह भाषिक रूप-विधान प्रारम्भ से अनुभव को रचना क स्तर पर व्यंजित मानवीय समाज आदिम स्तर पर प्रत्यक्ष यथार्थ जगत् (प्रकृति) का अनुभव सम्पृक्त रूप में ही करता था। इसी कारण मिथकीय भाषा का रूप-विधान वस्तु को अनुभव रूप में ग्रहण करता है। स्वचेतन होने के क्रम में मनुष्य इस प्रत्यक्ष प्रकृति से अपने को अलग अनुभव कर सका और प्रत्ययीकरण की प्रक्रिया से अपनी बौद्धिक मानसिकता और अपने व्यावहारिक

जगत् का आविष्कार कर सका। इस सारे विकास-क्रम से भाषा अभिन्न रूप से सम्पृक्त रही है और बौद्धिक स्तर पर उसका भावमूलक प्रत्यय रूप विकसित होता गया है। और इस रूप में अनुभवों की संरचना और उनके सम्प्रेषण के लिए भाषा पुनः रचनात्मक रूप-विधान में अभिव्यक्ति ग्रहण करती है। इस कारण अब काव्याभिव्यक्ति की भाषा अपने बौद्धिक एवं व्यावहारिक जगत् से पुनः उपमानों, प्रतीकों, बिम्बों, मिथकों के रूप-विधान में अनुभव को अभिव्यक्त करती है। परन्तु सबसे महत्त्व की बात है भाषिक संरचना का ऐसा रूप जो जीवनगत अनुभवों का सम्प्रेषण लोकोत्तर स्तर पर कर सके। यह स्वीकार किया जाता रहा है कि काव्य का अनुभव सामान्य जीवनगत अनुभव से भिन्न और विशिष्ट होता है। भारतीय काव्यशास्त्र में इस अनुभव को लोकोत्तर माना गया है। परन्तु यह स्मरण रखना है कि काव्य को लोकोत्तर अलौकिक नहीं है, उसे लोक-विशिष्ट रूप में ही लिया जाना अपेक्षित है। वैसे भारतीय चिन्तन के विभिन्न क्षेत्रों में मानवीय अनुभवों के मानसिक स्तर से परे तीन स्तरों का उल्लेख किया गया है। मनुष्य की लोक भाषा का रूप यदि बैखरी है तो नाद रूप भाषा के परा, पश्यन्ती तथा मध्यमा लोकोत्तर अनुभव के स्तर माने गये हैं। हमारी दार्शनिक परम्परा में इन स्तरों को व्याख्यायित करने का प्रयास उसी प्रकार किया गया है, जिस प्रकार कबीर जैसे साधक इस अनुभव को अभिव्यक्त करने के उपक्रम में संलग्न रहे हैं।

(7 : 5) भारतीय काव्य-शास्त्र के रस तथा ध्वनि सिद्धान्तों के आधार में स्फोटवाद जैसे दर्शन तथा व्याकरण के सिद्धान्त को माना गया है। है भर्तृहरि स्फोट को न तो वर्गों और न उनसे बने शब्दों के रूप में मानते हैं। यह शब्दों में निहित शक्ति है तथा समस्त अभिव्यक्ति का आधार है। वस्तुतः मनुष्य की भाषा जिस नाद (स्फोट) पर आश्रित है, वह जगत् का बीज माना गया है, यह अर्थ रूप में शब्द से विवर्त्तमान है। इस चिन्तन-क्रम में वाक् को केवल संचार का साधन अर्थात् मानव-समाज का भाष्यरूप न मान कर विश्व में जो कुछ सुन्दर है, सत्य है, उस सबका व्यंजक माना गया है। जब भर्तृहरि शब्द-समूहों का अर्थात् भाषा को पुष्यतम ज्योति का ऋजु मार्ग कहते हैं, अथवा भाषा-रूप शब्द-समूहों के प्रकाश से ही सम्पूर्ण चराचर जगत् को दीप्यमान मानते हैं। वस्तुतः भाषा का एक ऐसा स्तर स्वीकार करते हैं जिस पर अपनी अभिव्यक्ति में हमारे सामान्य जीवनगत अनुभव के परे पहुँचते हैं। उनके अनुसार भाषा द्वारा सांकेतिक जगत् असत्य है पर उसके वाक्य की अर्थ-व्यंजना सत्य को ग्रहण करती है (वाक्य पदीय, 1 : 12। 2 : 42)। हम देखते हैं यह लोकोत्तर अर्थ-व्यंजना को भाषिक रचना-विधान के आधार पर स्वीकार करने की दृष्टि है, जिसको दण्डी के इस कथन में ध्वनित देख सकते हैं कि अगर उच्चरित शब्द के प्रकाश से यह संसार दीप्यमान न हो तो सम्पूर्ण त्रिभुवन अन्धतमस में डूब जाय (काव्यादर्श, 1 : 4)। 'स्फोट' की अवधारणा आनन्द-वर्द्धन के ध्वनि-सिद्धान्त का आधार है, जिसमें अर्थ-व्यंजना के अनेक स्तरों को स्वीकार किया गया है। इस प्रकार भारतीय चिन्तन में मानवीय भाषा के ऐसे आयाम को निरन्तर स्वीकार किया गया है जो हमारे यथार्थ जीवन का अतिक्रमण करता है और जिसमें अनुभवों के लोकोत्तर से अलौकिक स्तरों तक का समाहार किया जाता है। यह अवश्य है, जैसा उल्लेख किया गया है, ये मनुष्य के लौकिक जीवन के भाषा-रूप बैखरी से भिन्न परा, पश्यन्ती तथा मध्यमा जैसे रूप हैं। और कबीर जैसा यथार्थ के परे इस अलौकिक आयाम के अनुभवों को

अभिव्यक्त करनेवाला रचनाकार उन स्वरों की भाषा को अन्वेषित करने में संलग्न है। वस्तुतः हमारी परम्परा में रचनाधर्मिता के स्तर पर कवि (रचयिता) शब्द का व्युत्पत्तिपरक अर्थ सर्वज्ञ एवं द्रष्टा है। यहाँ कवि की कल्पना में इसी आयाम का अन्तर्भाव है, जो मनुष्य के व्यक्तित्व में व्यापक एवं सार्वभौम स्तर पर अनुभवों को रूपायित करता है। श्रुति में कहा गया है, 'कविर्मनीषी परिभूः स्वयम्भूः' अर्थात् अपनी अनुभूति के क्षेत्र में सब-कुछ समेट लेनेवाला तथा अनुभूति की मौलिक उद्‌भावना करनेवाला कवि माना गया है। वाक् के श्रुतिपरक अर्थ की दृष्टि से उसके अधिष्ठाता कवि की प्रतिष्ठा अपने रचना-कर्म के स्तर पर जीवनगत अनुभवों के सीमित एवं विशिष्ट क्षेत्र के अतिक्रमण करने में है। इस दृष्टि से ही उसे स्वयं पूर्ण तथा सर्वज्ञ कहा गया है; वस्तुतः इस रचना के स्तर पर ही कवि शब्द ब्रह्म का रूप है। कवि की 'नवनवोन्मेषशालिनी प्रतिभा' जैसी रचनात्मक क्षमता उसको अनुभव की सम्पन्नता तथा विशदता के स्वीकार का परिचायक है। साथ ही उसकी भाषिक अभिव्यक्ति का असाधारण एवं लोकविशिष्ट रूप-विधान उसके काव्य के रचना-संसार को लोकोत्तर बनाता है। इस काव्य-संसार का सृष्टा या प्रजापति कवि है (अग्निपुराण, 339; 10)। हम देखते हैं कि इस आधार पर कबीर का कवि रूप कितना सहज और स्वाभाविक लगता है, जो निरन्तर लोक से लोकोत्तर एवं अलौकिक अनुभवों को अभिव्यक्ति करने के क्रम से जुड़ा रहा है और उसके लिए अपनी भाषा का नानाविध रूपों में प्रयोग कर रहा है।

(7 : 6) मानवीय व्यक्तित्व की सर्जनशील गतिशीलता उसकी सर्वाधिक महत्त्वपूर्ण उपलब्धि मानी गयी है और उसका सबसे अधिक मूल्यवान् एवं सम्पन्न क्षेत्र काव्य एवं कला का है। सामान्य जीवन में वस्तुओं एवं स्थितियों को हम प्रत्ययों में ग्रहण करते हैं हमारे अनुभव के सन्दर्भ में भी उनका मात्र प्रयोजनीय पक्ष आता है। बहुत दूर तक यह जीवन मान्यताओं और फार्मूलों पर चलता रहता है। काव्य के रचनात्मक अनुभव के क्षेत्र में यह स्थिति विभ्रम उत्पन्न करती है। वस्तुओं और दृश्यों के असंख्य पक्ष हमारे सामने खुलते जाते हैं, उनमें क्षण-क्षण परिवर्तन घटित होता रहता है। इन अनुभवों को किसी सरल नियम में ग्रहण करना सम्भव नहीं है, रचना के कल्पना के स्तर पर ही उनको व्यक्त करना सम्भव है। इस स्तर पर यथार्थ की विषय-वस्तु ही बदल जाती है, उसके विवरण के बजाय अनुभव की अभिव्यक्ति हो जाती है। इस प्रकार व्यक्तिपरक तथा तात्कालिक दृश्य-रूपों की अभिव्यक्ति में वस्तुओं एवं स्थितियों के वातावरण और छाया-प्रकाश की क्रीड़ा व्यंजित होती है। सामान्य रूप में प्रकृति का कोई दृश्य समान नहीं, निरन्तर बदलता रहता है। परन्तु रचनात्मक स्तर पर इस प्रकार का दृश्य कहीं ज्यादा विभिन्नताओं में, जटिल व्यवस्थाओं में अभिव्यक्त होता है। इस स्तर पर व्यक्ति अतुलनीय अनुभव को ग्रहण करता है और अभिव्यक्ति देता है। उसकी कृति में सारी सम्भावनाएँ वास्तविक हो जाती हैं, बाहर व्यक्त होती हैं और एक निश्चित रूपाकार ग्रहण करती हैं। यहाँ ध्यान देने की बात है कि हमारे भक्त कवि अपनी रचना के स्तर पर इस जीवन के यथार्थ से परे भिन्न आयाम में, लोकोत्तर अनुभव के स्तर पर क्रियाशील होते हैं। अतः कबीर-जैसा साधक अपने रचना-विधान में इन सारी विभिन्नताओं, जटिलताओं एवं सूक्ष्मताओं को आध्यात्मिक जीवन के अनुभवों में रूपान्तरित करने में संलग्न हैं और उसके लिए काव्य की भाषा को विशेष व्यंजकता और रूप-विधान में ग्रहण करता है। इस विधान

को समझने के लिए आदिम मानस के अनुभव का भाषिक रूप सहायक है। इस स्तर पर व्यक्ति यथार्थ से सम्पृक्त होकर अनुभव की समग्रता में उसे ग्रहण करता था, अपने व्यक्तित्व से विस्मृत वह इस समग्र अनुभव में जीता था। हमारा रचनाकार अपने व्यक्तित्व को स्वानुभव रूप में ग्रहण कर पाने में सक्षम है और साथ ही रचना के स्तर पर व्यक्ति यथार्थ के दृश्य-रूपों का अनुभव समग्रता के साथ करने में समर्थ है। पर यही कवि साधक रूप में अपने स्व का व्यक्तित्व का अतिक्रमण करने में सक्षम है और इस प्रकार कबीर जैसा कवि यथार्थ से भिन्न आयाम में अपने अनुभवों की संरचना में प्रवृत्त है। यह साधक के अनुभव के विशेष स्वीकार के साथ रचनाकार के विशेष अधिकार के रूप में सम्भव होता है। साधक के रूप में उसके अनुभव का संसार परात्पर है और रचनाकार अपने यथार्थ को कभी न समाप्त होनेवाले पक्षों में व्यक्त करता है। व्यक्तित्व के इस समग्र एवं संश्लिष्ट अनुभव के स्तर पर वैसे ही विषयपरक तथा विषयीपरक संसारों के बीच का अलगाव मिट जाता है। इस स्तर पर वस्तुओं के सामान्य साधारण भौतिक यथार्थ में हम नहीं जीते, व्यक्तिगत सीमाओं का अतिक्रमण करते हैं। यही वह भूमिका है जिस पर भक्त कवि अलौकिक अनुभवों को अभिव्यक्त करने का भाविक विधान करता है। उसकी रचना-प्रक्रिया में भावों के आधार पर रस-निष्पत्ति, शब्द-शक्तियों के माध्यम से अर्थ की व्यंजनाएँ और उपमानों, बिम्बों, प्रतीकों की भाषिक अभिव्यक्ति का सारा संयोजन इसी आधार पर समझा जा सकता है। कबीर की भाषा की रचनात्मक क्षमता को समझने-परखने के लिए यह दृष्टि में रखना होगा कि इन स्तरों पर अनुभवों के संयोजन-सम्प्रेषण में कवि को किस रूप में सफलता मिली है। उसके बाहरी रूप-विधान से कुछ नहीं कहा जा सकता, क्योंकि हम देख चुके हैं कि किसी स्तर पर ही, अनुभव भाषिक रूप में ग्रहण किया जाता है।

(7 : 7) कबीर के काव्य में रस, ध्वनि, अलंकार, गुण आदि की स्थिति और उनके प्रयोग पर विचार करने के लिए इस पृष्ठभूमि की अपेक्षा रही है। साथ ही यह समझना जरूरी है कि उनकी रचनात्मक अभिव्यक्ति में इस प्रकार के काव्य-गुणों अथवा प्रयोगों का अन्तर्निहित पाया जाता है। रचनाकार अपने अनुभव से अभिव्यक्ति की प्रक्रिया में इस प्रकार सम्पृक्त रहा है कि इन प्रयोगों की न उसमें जागरूकता है और न चेष्टा है। यही कारण है कि अनुभव की अभिव्यक्ति के क्रम में इनके प्रयोग में, रूप-विधान में, व्यंजनाओं में अधिक जटिलता, सघनता तथा उलझाव है। कई रस अपनी सीमाओं का अतिक्रमण करते हुए मिलजुल कर अलौकिक रसानुभव की व्यंजना करते हैं और व्यंग्यार्थ कई स्तरों पर घटित होकर इसी अनुभव को सम्प्रेषित करता है। कबीर की काव्याभिव्यक्ति में अलंकारों और गुणों के प्रयोगों को पहचानना, निर्धारित कर पाना सम्भव नहीं है। उनका प्रस्तुत-अप्रस्तुत विधान निरन्तर बदलता रहता है और उनकी लोकोत्तर कल्पना को अभिव्यक्त करने के क्रम में हमारे अलंकारों में परिचित-स्वीकृत विधान नये और विशेष रूपों में प्रस्तुत हुए हैं। इस प्रकार गुणों की स्वीकृत काव्यशास्त्रीय सीमाओं को कवि ने स्वीकार नहीं किया है। क्योंकि उसे इनका बोध ही नहीं है, वे सहज ही रचना-क्रम में समाहित होते जाते हैं। वस्तुतः काव्य की रचना-प्रक्रिया को समझने और उसके अनुभव को व्याख्यायित करने के सभी सिद्धान्त रचना को समग्रता में ग्रहण करने का प्रयत्न करते हैं। वे अपने विकास-क्रम में एक पक्ष पर बल देने

के कारण संगमित हो गये हैं। कबीर जैसे कवि पर इन सिद्धान्तों की मूल दृष्टि से विचार करना अपेक्षित है, क्योंकि उनके काव्य में इस रूप में इन प्रयोगों को देखा-समझा जा सकता है। प्रारम्भिक आचार्य भामह शब्द और अर्थ के समवाय को काव्य कहते हैं। (शब्दार्थौ सहितौ काव्यम्—काव्यालंकार, 1 : 16)। इस प्रकार भाषिक अभिव्यक्ति का निर्देश किया गया है। यहाँ शब्द-अर्थ के संश्लिष्ट भाषिक रूप-विधान का कथन है। सामान्य 'शब्दार्थ' मात्र वार्त्ता है, अतः उन्होंने काव्य को लक्ष्य रूप में 'अतिशय उक्ति' अथवा शब्दार्थ की 'रमणीयता' के रूप में ग्रहण किया है। ध्यान देने की बात है, वह इसे 'लोकातिक्रान्तगोचर' वचन मानते हैं और इस काव्य-सौन्दर्य की प्रतीति को वक्रोक्ति के अभाव में सम्भव नहीं मानते (वही; 2 : 87, 81, 85)। इस प्रकार भारतीय काव्य-चिन्तन में रचना के स्तर पर अनुभव का विशिष्ट, असामान्य, लोकोत्तर प्रतिपादित किया जाता रहा है। और रचनात्मक लोकोत्तर के आधार पर ही हमारे साधक भक्त कवि परात्पर अनुभव को अभिव्यक्त करने का उपक्रम करते हैं। भामह ने वक्रोक्ति को सम्पूर्ण अलंकारों में व्यापक स्वीकार कर काव्य में उनके प्रयोग की मूल भाव-व्यंजक दृष्टि का उल्लेख किया है। इस स्तर पर अभिनवगुप्त की सामान्य अर्थ के अतिक्रम रूप में वक्रोक्ति को काव्य का प्राण-तत्त्व स्वीकार करते हैं। वस्तुतः यहाँ अर्थ को विभामय बनानेवाली समस्त विधा को वक्रोक्ति रूप माना गया है और माना गया है कि इसके बिना सौन्दर्य-रूप अलंकार की परिकल्पना नहीं हो सकती। वक्रोक्ति के रूप में अलंकार को स्वीकार करने के पीछे काव्य की रचना प्रक्रिया का अन्तर्भाव है। कबीर के काव्य के सन्दर्भ में अलंकार का प्रयोग इसी रूप में माना जायगा; और इस दृष्टि से उनकी रचना में शास्त्रीय परिभाषा के आधार पर विभिन्न अलंकारों को विवेचित-निर्धारित करने के बजाय, अभिव्यक्ति की भाव-व्यंजना में कई को एक साथ 'सम्बद्ध तथा आरोपित' देखा जा सकता है। आगे चलकर रुद्रट कवि प्रतिभा से प्रादुर्भूत कथन विशेष (भाषा रूप), दण्डी काव्य के शोभाकारी धर्म-रूप और कुन्तक विदग्धों की वक्रोक्ति शैली के अर्थ में अलंकार को स्वीकार करते हैं। पर कबीर की अभिव्यक्ति का यह सारा रूप-विधान सहज है, काव्य-कौशल नहीं।

(7 : 8) कबीर के काव्य के प्रसंग में अलंकारों के प्रयोग को बाह्य शोभाकारक धर्म के रूप में नहीं समझा जा सकता। वे अर्थ-सौन्दर्य की व्यंजना में सहायक न होकर रचनात्मक अनुभव के रूप-विधान ही हैं। शास्त्रीय चिन्तन में अलंकारों को भाव-सौन्दर्य को उत्कर्ष देनेवाले शब्द-अर्थ के प्रयोग कहा गया है। माना गया है इनसे अभिव्यक्ति में स्पष्टता, भावों में प्रभविष्णुता तथा प्रेषणीयता और भाषा में सौन्दर्य का सम्पादन होता है। इस प्रकार अभिव्यक्ति की विभिन्न चमत्कारपूर्ण विधाओं को अलंकार माना गया और उनकी स्थिति इस स्तर पर मात्र प्रयोग रूप में रह जाती है। कबीर जैसे सहज भाव-व्यंजना और रचनात्मक अभिव्यक्ति में संलग्न कवि से इस प्रकार के कौशल अथवा प्रयोगों की अपेक्षा नहीं की जा सकती है। तुलसी जैसा कवि, जो काव्यशास्त्र पर अधिकार रखता है और सजग रचनाकार है, अपनी भावाभिव्यक्ति के प्रवाह में कवि-कौशल अथवा प्रयोगों की सजगता से ऊपर उठ जाता है। फिर कबीर तो शास्त्रीय दृष्टि के विरुद्ध घोषित रूप से हैं। वह अनुभव को विविध आयामों में तथा स्वरों पर ग्रहण करने की प्रक्रिया के साथ उसे अभिव्यक्त करने में संलग्न रहे हैं। इसलिए उनकी अभिव्यक्ति में अलंकारों का प्रयोग प्रक्रिया के साथ रूप-ग्रहण

करता है और इसी कारण इस स्तर पर विविध अलंकारों को एक साथ मिले-जुले, एक-दूसरे पर आरोपित रूपों में जाना-परखा जा सकता है। यह स्वाभाविक है कि जब कवि सजग रूप में अलंकारों का प्रयोग करता है, तब उसकी दृष्टि में प्रयोग का विशेष रूप रहता है जो किसी परिभाषित अलंकार का होगा। पर भावों एवं अनुभवों की अभिव्यक्ति में संलग्न कवि अपने भाविक रूप-विधान में अलंकारों के प्रयोग में किसी निश्चित अलंकार को दृष्टि में नहीं रखता। परन्तु ऐसे कवियों में भी प्रतिभा के साथ अभ्यास और शास्त्र-ज्ञान हो सकता है। कबीर जैसा कवि उनसे भी भिन्न हैं, क्योंकि वह अनुभव के स्तर से रचना-कर्म में संलग्न है। पर भावों की सघन, मार्मिक तथा बहु-आयामी व्यंजना के क्रम में भाषा अपने रूप-विधान में अनेक अलंकारों, रीतियों, व्यंजनाओं और रसों की अभिव्यक्ति करती है। सामान्यतः अलंकारों में अप्रस्तुत विधान अनेक रूपों में किया जाता है, जिनके माध्यम से सौन्दर्य का उत्कर्ष तथा भावों की व्यंजना सम्भव होती है। सादृश्यमूलक अलंकारों में उपमान-उपमेय की समान रूप में कल्पना निहित है। इनमें कुछ में उनके साधर्म्य में भेद नहीं, तुल्य साधर्म्य की स्थिति रहती है। कुछ में उपमेय, उपमान के साधर्म्य में अभेद कथन किया जाता है, इनमें भी उनके आक्षेप तथा अध्यवसाय के अन्तर से यह भेद व्यक्त होता है। इस वर्ग के अन्तर्गत ही ऐसे अलंकार भी हैं जिनमें उपमेय-उपमान भाव अथवा औपम्य प्रतीयमान अथवा व्यंग्य रहता है, वाच्य नहीं। इनमें भी कुछ में उपमेय या उपमानों का अथवा दोनों का एक धर्म कथन एक ही पद में किया जाता है, कुछ में पदार्थ के बजाय वाक्यार्थगत कथन होता है। इस उपमेय, उपमान के माध्यम से की गयी भाव-व्यंजना में कभी उनके पारस्परिक भेद में गम्यमान औपम्य की स्थिति मान्य रहती है, कभी यह स्थिति विशेषण वैचित्र्यगत गम्यमान औपम्य और कभी विशेषण-विशेष्य वैचित्र्यगत गम्यमान औपम्य की होती है। एक दूसरे वर्ग के अलंकारों का मूलाधार विरोधात्मक होता है, एक अन्य वर्ग की शृंखलामूलक। ध्यान देने की बात है, इन वर्गों में उपमेय और उपमान के रूप-विधान के साथ पर प्रस्तुत-अप्रस्तुत की स्थितियों की योजना का आधार ग्रहण किया गया है। फिर एक वर्ग में ऐसे अलंकारों का विधान है जो तर्क आदि विभिन्न न्यायों के आधार पर वर्णन का आकर्षण उत्पन्न करता है। गूढ़ अर्थ की प्रतीति कराने की दृष्टि से कुछ अलंकारों का प्रयोग माना गया है। वस्तुतः अलंकारों के इस वर्गीकरण तथा विवेचन से स्पष्ट होता है कि इसके पीछे अनुभव की सौन्दर्यपरक अभिव्यक्ति के विविध रूपों एवं प्रकारों को समझने-समझाने का प्रयत्न है। कबीर जैसे कवि की काव्याभिव्यक्ति में इन प्रयोगों को अलग रूपों में रेखांकित करने के बजाय उनके संक्रमित और आरोपित विधान को देखना सम्भव है।

(7 : 9) कबीर समाज के बारे में, लोक के व्यवहार और आचरण के बारे में; उसमें प्रचलित धार्मिक विश्वास एवं मान्यताओं को लेकर जो कुछ कहते हैं, उसमें कटाक्ष, व्यंग्य, कटूक्ति और आलोचना की भाषा-शैली का प्रयोग है। परन्तु इसके अतिरिक्त धर्म, दर्शन, साधना के क्षेत्र के मूल्यों के अनुभव की अभिव्यक्ति के भाषिक विधान में रूपकों, प्रतीकों तथा बिम्बों का प्रयोग किया गया है। जैसा कहा गया है, इस प्रक्रिया में भावों का संयोजन अनुभव के भिन्न स्तरों पर होता है। साथ ही इस अभिव्यक्ति में ऐसी सघनता और जटिलता रहती है कि कोई क्रम या विन्यास देख पाना सम्भव नहीं है। रूपकों की योजना के

क्रम में उपमानों का विधान इस प्रकार हुआ है कि उसके अन्तर्गत प्रतीक अपने अर्थ को व्यंजित करते हुए बिम्ब-रूप ग्रहण कर लेते हैं। उपमानों और अप्रस्तुतों की योजना में सादृश्य, साधर्म्य, अध्यवसाय, प्रतीयमान, व्यंग्य जैसे प्रयोग किसी निर्दिष्ट आलंकारिक योजना के बजाय भावों की अभिव्यक्ति का अलौकिक अनुभव में व्यंजित करते हैं। और इसी कारण उनकी स्थिति प्रतीक विधान और बिम्ब-योजना में किसी निश्चित रूप में नहीं मिलती। रचनाकार अपने काव्य में इनके रूप-विधान का प्रयोग मात्र अपने अनुभवों को सम्प्रेषित करने के लिए कर रहा है। इस क्रम में अप्रस्तुतों का विरोधात्मक वर्णन भी आ जाता है, शृंखलामूलक क्रम भी प्रस्तुत हो सकता है और तर्कपूर्ण सूक्ष्म, ब्याज और वक्र उक्तियों के प्रयोग भी मिल जाते हैं। पर ध्यान देने की बात है कि इन प्रयोगों के प्रति कवि सजग नहीं है और न वह अपनी भाव-व्यंजना से किसी स्तर पर भी तटस्थ हो सका है। अपने विवेचन-क्रम में हमने देखा है कि मानवीय भाषा का प्रारम्भिक रूप प्रतीक विधान का रहा है, जिसमें बाह्य जगत् के यथार्थ का बिम्ब अनुभव सम्पृक्त था। यह आद्य बिम्बों की प्रतीक भाषा मिथक रूप थी। प्रकृति के बीच आदिम मनुष्य यथार्थ के साथ इस प्रकार अपने अनुभव को रूपायित कर रहा था। धीरे-धीरे व्यवहार और प्रयोजन के स्तर भाषिक अभिव्यक्ति का रूप-विधान प्रत्ययपरक होता गया, उसके प्रतीक रूढ़ अर्थ ग्रहण करते गये। फिर यह भी स्थिति देखी गयी कि अब रचनाकार भाषिक अभिव्यक्ति में उल्टे क्रम से अनुभव के स्तर पर भावमय प्रतीकों का प्रयोग करता है, बिम्बों की योजना करता है। इस मान्यता के आधार पर हम देखते हैं कि कबीर की भावाभिव्यक्ति में, अनुभव के स्तर की व्यंजना में जीवन की सहज भाषा, साधारण व्यवहार की भाषा में परम्परित उपमानों, अप्रस्तुतों और प्रतीकों को नया अर्थ सन्दर्भ, नयी भाव-व्यंजना और अनुभव का अलौकिक स्तर मिल सका है। यद्यपि कबीर को योग-परम्परा की जानकारी एवं अनुभव रहा है, पर उसके प्रति उन्होंने 'अवधू' को सम्बोधित करते हुए अस्वीकार कर भाव ही व्यक्त किया है। इसी कारण उनके काव्य में सिद्धों, सहजीयों, नाथों जैसे योगमार्गियों के अनेक उपमान (अप्रस्तुत), रूपक तथा प्रतीकों का उपयोग नये अर्थ-सन्दर्भों तथा भाव-व्यंजनाओं में किया गया है। इस प्रकार के परम्परित प्रयोग प्रायः रूढ़ होकर अपनी भावाभिव्यक्ति की क्षमता खो देले हैं। परन्तु कबीर इस प्रकार परम्परित उपमानों एवं प्रतीकों को अपने विशेष प्रयोगों से नये अर्थ की व्यंजनाओं से सम्पृक्त कर सके हैं। अनेक बार इनसे संयोजित रूपक या बिम्ब-विधान परम्परा के अर्थ-सन्दर्भ के निषेध को व्यक्त करता हुआ सहज अनुभव की साधना-भूमि को व्यंजित करने के लिए किया गया है। कई बार व्यंग्यार्थ से उसका अर्थ दूसरे स्तर पर अभिव्यक्त हुआ है। वस्तुतः रूपक और प्रतीक अनुभव के बिम्बों तथा भाव-व्यंजना के स्तर पर रचनात्मक होते हैं। कबीर ने परम तत्त्व की कल्पना जब परमात्मा और आत्मा में सम्बन्ध के आधार पर की है, तो वस्तुतः यह जीवन के स्तर से ग्रहण किया गया प्रतीक-विधान है। पिता-पुत्र, जननी-बालक, प्रेमी-प्रेमिका, स्वामी-दास आदि सम्बन्धों को यहाँ इस प्रकार से प्रतीक माना जायगा।

(7 : 10) हम देखते हैं, मनुष्य का जीवन अपनी समग्रता के अनेक सन्दर्भों में विविध पक्षों को समाहित करके चल रहा है। और उसका काव्य इन सबकी इस समग्रता में अभिव्यक्ति करता है, सभी का अनुभव उसमें समाहित है। आधुनिक युग में इस रचनात्मक

अभिव्यक्ति की समग्रता के कारण ही जीवन के विभिन्न क्षेत्रों के सिद्धान्तों एवं नियमों के आधार पर साहित्य पर विचार करने की पद्धतियाँ विकसित हुई हैं। कबीर के काव्य का अध्ययन इस स्तर पर जैसा हमने देखा है, धर्म, दर्शन, समाज आदि दृष्टियों से किया गया है। पर इन दृष्टियों की सीमाओं की विवेचना के साथ प्रतिपादित हुआ है कि पूरे मनुष्य को शास्त्रीय तर्क-पद्धति से निरूपित-व्याख्यायित नहीं किया जा सकता, फिर उसकी रचना-शीलता में तर्कातीत आयाम भी व्यंजित होता है। हमने अभी यह भी देखा कि काव्यशास्त्र के आलंकारिक उपमान, रूपक एवं प्रतीक-विधान जैसे प्रयोगों की कबीर जैसे कवि की अभिव्यक्ति में किसी निश्चित-निर्धारित पद्धति के रूप में नहीं रखा-समझा जा सकता। अतः इस प्रकार के सारे प्रयोगों की समग्रता में ग्रहण करने की अपेक्षा है। इस स्तर पर भाषा की अनिवार्य एवं सार्थक स्थिति को केन्द्र में रखने से 'सामान्य' को विशिष्ट और 'अमूर्त' को मूर्त में रूपान्तरित या संचरित करने की प्रक्रिया सामने आती है। तब कवि-रचनाकार अनुभव-संसार को व्यक्त करनेवाली सामान्य भाषा के माध्यम से अपने विशिष्ट अनुभव को अभिव्यक्त करने में प्रतीक-विधान एवं बिम्ब-विधान की खोज करता है और इस प्रक्रिया में काव्य-भाषा का प्रतीक-विधान बिम्बात्मक अथवा अनेक स्तरों पर अर्थ-व्यंजना करने-वाला होता है। इस प्रतीक-पद्धति में बिम्ब-परक भाषिक रूप-विधान व्यक्ति के निजी और सामाजिक अनुभवों की तीव्र गतिशीलता एवं आन्तरिक अनुभूतियों की सघनीभूत क्रियाशीलता से सम्प्रेषित होता है। यह अनुभवों के सम्प्रेषण का विशिष्ट स्तर माना गया है। बिम्बों के रूप-विधान में भाषिक अभिव्यक्ति इन अदृश्य और अमूर्त मूल-वृत्तियों पर आधारित अनुभवों को व्यंजित करने में सक्षम होती है। पर जीवन के स्तर का बिम्ब-ग्रहण और रचना की भावात्मक बिम्ब-प्रक्रिया भिन्न स्तर पर होते हैं। यह मानवीय व्यक्तित्व का विशिष्ट रचनात्मक आयाम है, जिसमें यथार्थ के वस्तु बिम्ब के बजाय अनुभव के भाव-बिम्ब काव्य की भाषा-प्रक्रिया में रूपायित होते हैं। इस प्रकार बिम्ब-विधान अनुभव को समग्रता में व्यंजित करने की प्रक्रिया में उपमान, अप्रस्तुत, रूपक एवं प्रतीक सभी को समाहित करता है, तथा अभिव्यक्ति के विशिष्ट स्तर पर व्यंजित होता है। अतः कबीर के काव्य में बिम्ब-योजना पर विचार करने के क्रम में उनकी अभिव्यक्ति के विशिष्ट स्तर और अनुभव की लोकोत्तर व्यंजना को समझा जा सकता है। अपने बिम्ब-विधान के लिए कबीर ने जीवन और जगत् के व्यापक क्षेत्र से उपमानों-अप्रस्तुतों और रूपक-प्रतीकों को चुना है। अनुभव को गहरे और सूक्ष्म स्तर पर व्यक्त करने के लिए उनमें कल्पना की अपूर्व क्षमता है; महत्त्व की बात है, उसका सारा क्षेत्र चतुर्दिक् का संसार है और इस सहज विधान के माध्यम से अलौकिक अनुभव को व्यंजित करने का उपक्रम है। उनकी भाषा की रचनात्मक प्रक्रिया में अनेक अलंकार एक-दूसरे से जुड़ते, एक-दूसरे पर आरोपित होते, एक-दूसरे में मिलते सादृश्य-विरोध, क्रम-शृंखला, न्याय-गूढ़ार्थ आदि के वैचित्र्य से अनुभव के सौन्दर्य की व्यंजना करते हैं कि अनेक बार उनकी पारिभाषिक पहचान सम्भव नहीं रह गयी है। फिर इस काव्य-विधान में अनेक प्रकार के ऐन्द्रिय प्रभाव-चित्र, स्मृति और कल्पना के चित्र और अलौकिक जीवन के चित्र प्रस्तुत होकर अनुभव के विशिष्ट स्तरों को खोलते चलते हैं। उनमें रसानुभूति के विविध पक्षों के व्यंजित होने के अनेक रूप समाहित होते जाते हैं। कहा जाता है कि कबीर कवि रूप में जागरूक नहीं, उनका साधक रूप ही प्रमुख तथा प्रत्यक्ष है। पर यह उनकी काव्याभिव्यक्ति की क्षमता

ही है कि अनुभव के विविध आयामों, स्तरों और पद्यों की इतनी सूक्ष्म तथा सघन रूप में अभिव्यक्ति हो सकी है।

(7 : 11) कबीर की सतगुरु की परिकल्पना ब्रह्म-रूप है। वह मानते हैं कि उसके माध्यम से ब्रह्म-तत्त्व का साक्षात्कार होता है। उसका प्रतीक भृंगी मान कर कीट के उसमें रूपान्तरण का बिम्ब-विधान किया गया है। इस विधान में भक्तों के साथ भंगी का भगत, नदी-नाले का गंगा में मिलकर गंगा हो जाने और दरिया का दरियाव में सामने के दृष्टान्तों से इस बिम्ब को विकसित किया गया है, 'आनि कीटक करत भ्रिंग सों आपसैं रँगी। पाईं और पंख और रंग रंगी।' यहाँ इस रूपान्तरण में कवि मन अचल होने का संग में संगी के साथ आत्मा के परम तत्त्व के साक्षात्कार को, सब बन्धनों से मुक्त होने की प्रक्रिया के साथ 'राम रंग में रंग कर अगम में गमन' अर्थात् परमात्मा अनुभव का वर्णन करता है। गुरु मन्त्र अर्थात् आत्म-साक्षात्कार का वर्णन 'हमारे गुरु दीन्हीं अंजन जरी' के रूपक-विधान में किया गया है। यहाँ इस 'जड़ी' को अनुभव के रूप में 'अम्रित रसन भरी' कहा गया है। इस विधान में उसे 'गुपुत धरी' कहा गया है, सूँघते ही 'पाँचों नाग पचीसौ नागिन'' को मरने और उसे देख कर सारे जग को खानेवाली 'डाइन' के डरने का वर्णन अप्रस्तुतों के द्वारा इन्द्रियों, तत्त्वों और सांसारिक माया से मुक्त होकर निर्मल आत्म-रूप होने की व्यंजना के साथ किया गया है। कवि संसार के भ्रम-जाल में फँसे हुए जीव की स्थिति का उपमा और रूपक के अप्रस्तुत-विधान के रूप में वर्णन करता है। 'अपराध भावना के साथ तीर्थ करने से क्या? काम-क्रोध रूपी मल देह को तीर्थजल में पखारने से दूर नहीं होता। कागज की सहज नाशवान् शरीर रूपी नौका पर जीव को संसार सागर के पार जाना है और उस पर लोहा जैसा भारी कर्मों का बोझा लाद रखा है। परम तत्त्व को पाने का 'सबद भेद' जाने बिना बीच धार में डूबना ही होगा।' यही देखा जा सकता है कि पूरे सांसारिक जीवन के अनुभूत सत्य को किस प्रकार अभिव्यक्त किया गया है। कवि सांसारिक माया के कोट का रूपक प्रस्तुत करता है, जिसका अधिकार मोह-अहंकार से उन्मत्त राजा के पास है। इस कल्पना में सद्गुरु को शाह तथा सन्त को सौदागर रूप में माना गया है। गुरु के सम्मुख मन की मोहर समर्पित कर साधक को ज्ञान का घोड़ा मिलता है। ध्यान देने की बात है कि कबीर अपनी साधना को यहाँ सहज मान कर उसकी सवारी में चित्त की चाबुक, 'लौ' की लगाम से आत्मथींग की अभिव्यक्ति करते हैं। आगे रूपक की कल्पना में 'तन तरकस' विचार-विवेक के बाणों से भरा है और 'सुरति' (स्मरण) की कमान चढ़ायी हुई है। यहाँ कोट को ढहाने के लिए धैर्य खड्ग और गम्भीरता मुग्दर रूप हैं। स्पष्टतः कबीर अपने रूपक-विधान में योग की प्रक्रिया के कुछ प्रतीकों का उपयोग कर रहे हैं, क्योंकि अपनी साधना में सहज ही सांसारिक माया-मोह तथा कुप्रवृत्तियों को 'रौंद' कर, उन पर अधिकार पाकर परात्पर अनुभव 'अनहद' की घोषणा (डुग्गी पिटवाना) करते हैं। हमने साधना के प्रसंग में कहा है कि कबीर की इस स्तर पर प्रेम की अभिव्यक्ति माधुर्य-भाव की भक्ति से भिन्न है। वस्तुतः इस प्रकार मिलन-विरह से सम्बन्धित उनको भावाभिव्यक्ति भी रूपक-विधान आध्यात्मिक अनुभव के प्रतीक हैं। इनमें कभी 'राजा राम भरतार' के आगमन पर 'दुलहनी' आत्मा के मंगलगान की कल्पना है और कभी बहुत दिनों पर परदेशी प्रीतम के आगमन पर अहोभाग्य की अभिव्यक्ति हुई है। आगे

विवाह के रूपक में तन-मन से अनुरक्त होने, पाँचों तत्त्वों को बराती मानने, नवयौवना के रूप में रामदेव पाहुन का स्वागत करने, ब्रह्मा के द्वारा वेदोच्चार से शरीर की वेदी पर प्रियतम के साथ भाँवर फिराने का पूरा विधान इसी प्रतीक की व्यंजना करता है। फिर एक दूसरे पद में बहुत दिनों बाद परदेशी प्रियतम के आगमन की प्रतीक-रूप कल्पना की गयी है। और रूपक में मन में मंगलगान हो रहा है, जिसमें राम रसानुभव रसना कर रही है। मन्दिर में प्रकाश फैल गया है और प्रिय-मिलन का सुख परम तत्त्व के आत्मानुभव रूप में व्यंजित हो रहा है। यह प्रिया और उसके 'सुहाग' का प्रतीक अधिक स्पष्ट हो जाता है, जब कहा जाता है कि न जाने कौन 'पियहि पियारी' है जिसके 'सब परिहरि सुहाग' मिलनेवाला है और मूल आध्यात्मिक भाव शुरू में ही व्यंजित है, "राम भगति अनियारे नीर। जेहि लागे सो जानैं पीर।"

(7 : 12) कवि अप्रस्तुत योजना से सांसारिक ज्वाला के बीच जीवात्मा के ताप का वर्णन करता है—'राम बिनु तन की तपनि न जाइ। जल महिं अगिनि उठी अधिकाइ।' जल और अग्नि के विरोधाभास से अधिक व्यंजक बनाया गया है। और इस अभिव्यक्ति के क्रम में सागर और मछली तथा पिंजरा और सुआ के उपमानों के सम्बन्ध के आधार पर प्रेमानुभूति की अभिव्यक्ति नें व्यापक और असीम को समाहित किया गया है। नट के नृत्य के रूपक में साधना के अलौकिक आनन्द की सृष्टि के व्यापक संगीत के साथ अभिव्यक्ति हुई है—'नाचु रे मन मेरो नट होइ।' इस रूपक-विधान में नाच का सहज-स्वाभाविक वर्णन अप्रस्तुत रूप है। ज्ञान का ढोल बज रहा है, छापा-तिलक लगाकर नट बाँस पर चढ़ कर नाच रहा है, सभा के बीच प्रेम-मगन होकर नाच रहा है। इस अप्रस्तुत योजना के साथ वातावरण और सन्दर्भों का ऐसा संयोजन है, जिससे सारी रचनात्मक अभिव्यक्ति अलौकिक अनुभव रूप हो जाती है। इस नृत्य के वाद्य-यन्त्रों का 'सबद' सर्वत्र व्याप रहा है, जिसके प्रभाव से 'राहु केतु अरु नवग्रह नाचैं जमपुर आनंद होई।' नर्तक अपने बाँस पर नृत्य करता हुआ जग से न्यारा है और उस सभा में, उसके नृत्य से 'सिरजनहारा' रीझ गया है। ध्यान रखने की बात है, कवि ने अपने रूपक विधान के साथ यह संकेत भी समाहित किया है, 'जौ तू कूदि जाउ भवसागर कल बंदौं मैं तेरी।' इसी प्रकार का एक रूपक 'पिया मोरा मिलिया सत्त गियानी' का प्रस्तुत हुआ है। प्रिय की कल्पना सर्व-व्यापक, सर्वज्ञ और अन्तर्यामी के रूप में की गयी है। प्रिया ने सुरति-निरति से कढ़े हुए प्रेम के 'चोला' से सहज शृंगार किया है, शील-सन्ताप के कंगन पहने हैं, कुमति को जला कर बनाये हुए काजल को लगाया है। इस प्रकार वह अलौकिक प्रिय के सौन्दर्य को देखकर लुभा गया है, प्रेम-रस की वाणी पढ़ सका है और 'मगन' होकर दीवानी हो गयी है। यहाँ यह रूपक अपने बिम्ब-विधान में पूरे अनुभव को रूपायित कर रहा है। हम देखते हैं कि कबीर सहज अनुभव को स्वच्छन्द रूप-विधान में अभिव्यक्त करते हैं, तो समान अलंकारों के प्रयोग क्रमिक रूप में अथवा आरोपित होकर समग्र बिम्ब रूप में प्रस्तुत हो जाते हैं। उस परम-तत्त्व के साथ सम्मिलन की कल्पना में कहा गया है—'मोहि तोहि लागी कैसे छूटै। जैसे हीरा फोरे न फूटै।' इस मिलन में आदि-अन्त सब-कुछ समाहित है, कुछ भी छिपा नहीं है। उदाहरण की शृखंला इस भाव को विकसित करती है—'तुम स्वामी और मैं सेवक, जैसे कमल-पत्र जल में वास करता है। हम-तुम, कीट-भृंग के रूप हैं, जैसे सरिता सिन्धु में समायी जा रही है।' अभिव्यक्ति क्रम में उपमा का अन्तर्भाव और रूपान्तर के भाव

को व्यक्त किया जाता है—'कहै कबीर मन् लागा। जैसे सोनै मिला सुहागा।' सांसारिक जीवन का गढ़ का रूपक सांगोपांग प्रस्तुत किया गया और उसके विधान के माध्यम से इस माया के बन्धन से मुक्त हो कर परम पद पाने की कल्पना है—'दास कबीर चढ्या गढ़ ऊपरि राज लियो अविनासी।' इसके संयोजन में कहीं-कहीं अप्रस्तुत से प्रस्तुत की व्यंजना की गयी है—'गढ़ बंका' यानी सांसारिक माया को जीतना है, उसकी दोहरी दीवाल और गहरी खाईं है, इस जीवन में माया का कठिन घेराव माना गया है। फिर उपमान-उपमेय का संयोजन चलता है काम किवाड़े हैं, दुःख-सुख द्वारपाल हैं, क्रोध प्रधान है, लोभ भारी दुन्द मचानेवाला है। इनका अधिपति मन का राजा है। आगे रूपक की कल्पना में इस मन रूपी राजा के सैनिकों की सज्जा का वर्णन है—स्वाद सलाह है, क्षेप ममता है, कुबुद्धि ही चढ़ी कमान है, तृष्णा तीर हैं—ये सारे मानव-शरीर में क्रियाशील हैं, अतः गढ़ पर विजय पाना कठिन हो रहा है। आगे के क्रम में रूपक के विधान में साधना-मार्ग का चित्रण चलता है—सुरति के नाल में प्रेम पलीता लगा कर ज्ञान का गोला चलाया, सहज साधना-मार्ग से ब्रह्म-अग्नि प्रज्वलित की, फिर तो एक ही चोट (धावे) में गढ़ ढह गया। और युद्ध आगे बढ़ता है—सत्य-सन्तोष (अस्त्र-शस्त्रों) से लड़ाई चलती है और गढ़ के द्वार टूट जाते हैं और साधु-संगति और गुरु-कृपा से गढ़ का राजा पकड़ा जाता है। इस पूरे चित्र में बिम्ब-योजना कलात्मक स्तर पर व्यंजना करने में सफल हुई है।

(7 : 13) सांसारिक जीवन में जीव की स्थिति आत्मा और ब्रह्म के एकमेक भाव को व्यंजित करने के क्रम में उदाहरण, दृष्टान्त, उपमा और अर्थान्तरन्यास जैसे अलंकारों के उपमेय-उपमान का संयोजन किया गया है और उसमें रूपक-विधान सांग रूप अनुभव का विशद बिम्ब प्रस्तुत करता है। कबीर कहते हैं—'हैं साधू संसार मैं कँवला जल माहीं। सदा सरबदा संगि रहै जल परसत नाहीं।' इस अनुभव को व्यंजित करने के क्रम में अप्रस्तुतों के बिम्ब चित्रों का अंकन होता चलता है—'जल की कुकुट्टी जल में रहती है, पर पानी से उसके पंख भीगते नहीं (लिपै नहीं-लिप्त नहीं होते)। मीन के ऊपर-नीचे पानी है, पर उसे कुछ भार नहीं लगता; बिना अटक जलधारा में तैरती है। सीप समुद्र में है, पर उसकी वृत्ति आकाश में है और इस प्रकार मोती में रूपान्तरित हो जाती है। यह तो स्वामी-सेवक का सम्बन्ध है।' इसके बाद निम्न-चित्र में परिवर्तन होता है। सहज साधना का कवि दूसरा स्तर प्रस्तुत करता है, जिसमें नट, बाजीगर और गारुड़ी की क्रीड़ाओं के प्रतीक-विधान का उपयोग किया गया है। अपनी 'युक्ति' को पाकर इन्हें विष व्यापता नहीं, इन्द्रियों का आकर्षण मोहता नहीं और न विष का प्रभाव घेरता है और साधना के इस स्तर पर परम-तत्त्व का अनुभव सहज हो जाता है। सांसारिक माया-प्रपंच के बीच अपनी कारुणिक स्थिति का बहुत मार्मिक निम्न-विधान कवि करता है और अपने आराध्य से विनय के रूप में कहता है—'माधौ कब करिहौ दाया।' चित्र का क्रमशः विकास होता है 'सांसारिक जीवन में काम-क्रोध-अहंकार व्याप रहा है और माया के मोहजाल से छुटकारा नहीं मिलता। बिन्दु रूप उत्पत्ति के साथ यह क्लेश जो शुरू हुआ उसे कभी छुटकारा नहीं मिल पाया। सांसारिक तत्त्व और जीव की इन्द्रियाँ जीवन में संग-संग उसे गँवा रही हैं। माया भामिनी सर्पणों के रूप में तन-मन डस रही है। जिससे उठती लहरों की सीमा नहीं है। गुरु रूपी गारुड़ी के मिले बिना विकराल विष जीवन में व्याप

रहा है।" सांसारिकता के इस बिम्ब के साथ कवि अपने हृदय की वेदना को व्यक्त करते हुए अपने आराध्य के 'दीदार' की आकांक्षा व्यक्त करता है। इस क्रम में गाँव को सांसारिकता का प्रतीक मानकर अनेक प्रकार के अप्रस्तुतों-प्रस्तुतों के विधान से पूरा बिम्ब रचा गया है—'बाबा अब न बसउँ यहि गाँउँ। घरी घरी का लेखा माँगै काइथ चेतू नाँउँ।।' इस रचनात्मक विधान में गाँव के जीवन और उसकी व्यवस्था के विभिन्न पात्रों की प्रतीक रूप में अभिव्यक्ति हुई है। माया के आकर्षणों से मुक्त होकर आत्मानुभव की अभिव्यक्ति में बिम्ब-विधान रूपकों के विशिष्ट संयोजन से किया गया है—'अब मुझे नाचना नहीं आता और न मेरा मन मृदंग बजा रहा है। सांसारिक तृष्णाओं की गागर (शरीर) फूट गयी है। काम का चोला (शरीररूपी नृत्य की वस्त्र-सज्जा) पुराना हो चुका है और उसके भ्रम से मुक्त हो चुका हूँ। सांसारिक जीवन बहूरूपिया के अभिनय में बीता, अब इस अनेकरूपता से मुक्त हो गया हूँ। राम नाम के वश में होकर सगे-सम्बन्धियों से अलग हो गया हूँ।' अनुभव के स्तर पर ही कबीर परात्पर के साथ अपनी स्थिति की व्यंजना करते हैं। मदिरा पान की मादकता की उपमा ब्रह्मानन्द से देने की परम्परा रही है। मदिरा निकालने की प्रक्रिया के आधार पर रूपक के सांग विकास-क्रम में परमानन्द का अनुभव-बिम्ब संयोजित करना कबीर को प्रिय है। यद्यपि इस रूपक-विधान में 'योग-साधना' की प्रक्रिया का उपयोग किया गया है, पर स्मरण रखना है कि उनकी सहज साधना में यह सारी प्रक्रिया भी अप्रस्तुत प्रतीक रूप में उसके परमानन्द अनुभव बिम्ब को संयोजित करती है। कबीर की स्थापना है—'है कोई संत सहज सुख अंतरि जपतप देउँ दलाली। एक बूँद भरि देइ रामरस ज्यूँ मदु देइ कलाली।' यहाँ इस सहज अनुभव के लिए 'जप-तप' तो दलाली में दिया जा रहा है। इस साधना-भूमि पर निरन्तर 'नीझर झरै अमीरस बरसै' और योग की समाधि की भाँति इस भूमिका से उतरने की बात नहीं मानी गयी है। वह 'अवधू' को इस दृष्टि से सम्बोधित करके बताते हैं 'अवधु मेरा मन मतिवारा, उनमनि चढ़्या मगन रस पीवै त्रिभवन भया उजियारा।' यहाँ इस भावभूमि से वापस नहीं आना है—'उछकि न कबहूँ आई।'

(7 : 14) हरि नाम के स्मरण की ओर मन उन्मुख करते हुए विविध रूप में उपमानों-अप्रस्तुतों के क्रम की योजना से कवि साधना की प्रक्रिया एवं परात्पर अनुभव की व्यंजना करती है। एक ओर 'सांसारिक माया के विस्तार में रात-दिन पंच चोरों के द्वारा गढ़ लूटने की और इस बात का उल्लेख है कि गढ़पति (आत्मा) अधिकार भाव से रक्षा करने में तत्पर होता है तो फिर कौन लूट सकता है,' तो दूसरी ओर 'इस संसार के अन्धकार में दीपक के प्रकाश की अपेक्षा कही गयी है। इस आत्मा रूप के प्रकाशित होने पर ब्रह्म तत्त्व जैसी अगोचर वस्तु प्रत्यक्ष हो जाती है और उसका अनुभव करके आत्मा ब्रह्मानुभव में विलीन हो जाता है अर्थात् एकमेक हो जाता है। फिर इस बिम्ब में दूसरा दृश्य-रूप जुड़ कर व्यंजना को विस्तार देता है। 'आत्म-साक्षात्कार करने के लिए आत्मा रूपी दर्पण मांजते रहना है, दर्पण पर काई लगने पर, आत्मा के मोहाच्छादित होने पर यह साक्षात्कार सम्भव नहीं होता।' इस अनुभव की अभिव्यक्ति के साथ 'सहज मिलन' को वेद-पुराण के पढ़ने-सुनने-गुनने से विशेष कहा गया है और उसे आत्मानुभव रूप ही माना गया है—'कहै कबीर मैं जाना। मैं जाना मन पतियाना। पतियाना जौ न पतीजै। तो अंधे को कर कीजै।' मायामय जगत् के बीच मनुष्य

की स्थिति की कल्पना भँवरा और भँवरी के प्रतीक के माध्यम से कवि बिम्बात्मक चित्र-योजना में कर रहा है। यहाँ सांसारिक मोहासक्त जीव रूप भँवरा है, तो भँवरी उसका आत्मा रूप है। यह बिम्बचित्र का संयोजन सहज और मार्मिक है। 'वन-वन भटकते, अनेक फूलों का भोग करते भौंरे का प्रबोध उसकी भँवरी (आत्मा) करती है कि वह चार दिन रहनेवाले फूल के रंगों में भूला हुआ है। प्रश्न करती है कि वनस्पतियों में आग लग जाने पर वह कहाँ भाग कर जायेगा। पुराने फूलों के सूख जाने पर भौंरे को अधिक भूख लगी हुई, जीव की आकांक्षाएँ बढ़ी हुई हैं और उनको पूरा करने की उसकी शक्ति क्षीण हो चुकी है। भँवरी आन्तरिक परिताप से सिर धुनकर रोती है, पर भौंरा को जब सही दिशा का बोध हो जाता है, तो भँवरी उस ओर पूर्ण भाव से ले चलती है।' और इस आध्यात्मिक स्तर को भाव-व्यंजना का मूल संकेत पद की टेक में ही दिया गया है—"चलि चलि रे भँवरा कँवल पास।" इसी प्रकार दूसरी बिम्ब-विधान 'जतनु बिनु मिरगिन खेत उजारे' प्रतीकात्मक अप्रस्तुत योजना के रूप में किया गया है। यहाँ खेतों के उजाड़नेवाले मृगों का चित्रण है, 'जो रात-दिन चरने में लगे हैं, हटते नहीं और किसी प्रकार भगाने से भी भागते नहीं'। आगे उनके स्वभाव एवं व्यवहार से प्रस्तुत इन्द्रियों की कल्पना व्यंजित होती है, 'वे अपने-अपने रसों के लोभी हैं तथा उनकी करनी भी न्यारी-न्यारी है। अपने अभिमान में किसी को कुछ नहीं गिनते, लोग कोशिश करके हार गये।' साधक कवि इस सांसारिक इन्द्रियों के मोहाकर्षण से बचने के लिए राम के दो अक्षरों को रखवालों, बुद्धि को 'किरखी' तथा गुरु को 'बुझुका' के रूप में कल्पित करता है। कभी-कभी कबीर संकेत रूप में अप्रस्तुत का आधार लेकर आध्यात्मिक जीवन की अभिव्यक्ति में दार्शनिक अनुभूति को व्यंजित करते हैं। केन्द्र में अप्रस्तुतों के विधान से आत्मा-परमात्मा का एकमेक भाव व्यंजित है—'जल मैं कुंभ कुंभ में जल है बाहरि भीतरि पानी। फूटा कुंभ जल जलहि समाना यहु तत कथौ गियानी।।' इसके साथ एक और सृष्टि का यह चित्र है कि पंच तत्त्व की सृष्टि का मूल स्रोत परम तत्त्व उससे बिछुड़ कर विस्तार पानेवाली इन तत्त्वों से निर्मित यह रचना पुनः उसमें सहज ही सीमित हो जाती है। दूसरी ओर बिम्ब-चित्र इस प्रकार पूरा होता है—"आदै गगना अंतै गगना मद्धै गगना भाई।" ध्यान देने की बात है कि इन अनुभव और साक्षात्कार के बिम्ब-चित्रों के साथ प्रायः पद के आदि अन्त में कबीर स्थापना और समाहार करते हुए प्रस्तुत हुए हैं।

(7 : 15) कबीर के पदों को शब्द (सबद) कहा गया है। जैसा हमने देखा है, इसमें भाव-व्यंजना का विस्तार है और अनुभव के विभिन्न स्तरों पर अभिव्यक्ति की योजना लक्षित होती है। 'सबद' रूप में वस्तुतः शब्द ब्रह्म का अर्थ माना गया है, क्योंकि इनमें इस परम सत्य के अनुभव को शब्द-रूप में भाषिक रूप-विधान में ग्रहण किया गया है। इसी प्रकार उनकी साखियाँ इस अनुभव की साक्ष्य रूप मानी गयी हैं। विद्वानों ने अपनी आँखों देखे के आधार पर वस्तु-स्थिति अथवा घटना के बारे में प्रमाण देनेवाले व्यक्ति को साक्षी कहा है और बाद में इनका प्रयोग आप्तवचन के रूप में होने लगा। (परशुराम चतुर्वेदी : कबीर साहित्य की परख : 136)। पर वस्तुतः कबीर के काव्य के आधार पर यह स्पष्ट है कि इनकी साखियों में अनुभवपरक सत्य की अभिव्यक्ति हुई। यह अनुभव क्षेत्र विस्तृत है। व्यक्ति और समाज के जीवन से लेकर साधना की विभिन्न भूमियों तक इनका विस्तार देखा जा सकता है। वस्तुतः

साखियों में यह अनुभव संक्षित कथन, मार्मिक उक्ति तथा केन्द्रित प्रभाव के रूप में व्यंजित हुआ है। इनमें अप्रस्तुत-विधान, प्रतीक-योजना तथा बिम्ब-चित्र उसी रूप में प्रयुक्त हुए हैं। इनमें प्रस्तुतों एवं उपमेयों का कथन कम-से-कम करके रचनाकार अपने अनुभूत सत्य को व्यंजित करने का प्रयत्न करता है। संसार-सागर का बिम्ब-चित्र प्रस्तुत करता हुआ कवि कहता है—'गहरी जलराशि में डूबने-डूबने वाला हूँ कि गुर की लहर चमक कर प्रकाशित हो गयी और देखता हूँ कि मेरा बेड़ा जर्जर है, तब उससे उतर कर दूर हट गयी हूँ।' इसी प्रकार की कल्पना 'सद्गुरु के द्वारा' धनुष से बाण चलाने की है, जो प्रेम भाव से फेंका गया एक बाण शरीर के अन्दर प्रवेश करता है।'' यह साधक के अस्तित्व को पूरी तरह प्रेमनिमग्न करने की बात है। गुरु की प्रेरणा से अनुभव में प्रवेश करने का दूसरा चित्र है—''सतगुरु हम सूँ रीझि करि, एक कह्या प्रसंग। बरस्या बादल प्रेम का, भीजि गया सब अंग।।'' अलौकिक प्रेमानुभूति का मार्मिक बिम्ब प्रस्तुत हुआ। इस अनुभूति का बिम्ब-प्रतिबिम्ब भाव से चित्रण किया गया है, 'आम्रकुंज में कुररी कूक रही है और घनघोर गर्जन के साथ सरोवर भर गये हैं। जो अपने प्रियतम से बिछुड़ गयी हैं उनका क्या हाल है! कबीर ने 'प्रेम-विरह' के अंग के अन्तर्गत विरह के ताप का ऊहात्मक वर्णन किया है, पर इन प्रसगों की व्यंजना साधना के पक्ष में सघन अनुभव का है। प्रेम की इस साधना में 'शरीर को इस प्रकार जला कर मसि करने की बात है कि उसका धुआँ स्वर्ग तक छा जाये' और कहा गया है कि 'राम दया कर उसे बरस कर बुझायें नहीं।' इस बिम्ब-चित्र से प्रेम-विरह की आध्यात्मिक व्यंजना की गयी है। विरह की भावस्थिति के वर्णन के लिए नेत्रों के साथ निर्झर और रहट जैसे अप्रस्तुतों के अनवरत प्रवाहित होने तथा वाणी से पपीहा के समान 'पिउ-पिउ' पुकारने का बिम्ब-विधान किया गया है। कबीर सटीक उपमानों एवं अप्रस्तुतों के प्रयोग में कुशल है, 'भक्त हजारी कपड़ा है जिसमें मैल नहीं समाता, शक्ति काली कमली है जो कहीं भी बिछाया जा सकता है।' और उनका चित्रण प्रस्तुत उपमेयों को व्यंजक बनाने के लिए किया गया ''चन्दन की कुटकी भली; ना बबूल लखराव। साधुन की छपरी भली, ना साकत बड़गाँव।।'' कहा गया है कि कबीर जैसे स्वच्छन्द भाव से अभिव्यक्ति करनेवाले कवि ने सजग रूप से अलंकारों का प्रयोग नहीं किया है, उनकी रचना में इसी कारण रूपक, उत्प्रेक्षा, उपमा, अप्रस्तुत प्रशंसा, दृष्टान्त, उदाहरण प्रतिवस्तूपमा जैसे सादृश्यमूलक, कारणमूलक अलंकारों का मिला जुला रूप-विधान प्रायः मिलता है, जिससे चित्रण का सौन्दर्य और अभिव्यक्ति की व्यंजकता और मार्मिकता सघन एवं विस्तृत हो गयी है। कवि कहता है कि 'कस्तूरी मृग की कुण्डली में बसी है और वह उसे वन में ढूँढ़ता फिर रहा है, इसी प्रकार घट-घट में राम है, दुनिया देख नहीं पाती।' फिर दूसरा दृष्टान्तमूलक बिम्ब प्रस्तुत होता है, 'नेत्रों में पुतली की तरह वह परम पुरुष घर-घर में व्याप्त है।''

(7 : 16) परात्पर के साथ होने के बिम्ब में सहज आत्मीय सम्बोधन के साथ बूँद और समुद्र एकमेक भाव से एक-दूसरे में प्रवेश करते हैं ''हेरत हेरत हे सखी, रहा कबीर हिराई। बूँद समानी समुंद मैं, सो कत हेरा जाई।'' अगली साखी में सारी भाषिक संरचना की आवृत्ति के साथ उलट कर कहा गया है, ''समुंद सामाना बूँद में'' और इस प्रकार कबीर ब्रह्म के साथ एकात्म भाव की व्यंजना करते हैं। इस 'कबीर रहा हिराइ' की स्थिति को दूसरे रूप

में प्रस्तुत किया गया है, ''जब मैं था तब हरि नहीं, अब हरि है मैं नाहि' और इसके समर्थन में अप्रस्तुत-विधान के साथ चित्र व्यंजक हो जाता है, ''सब अँधियारा मिटि गया, जब दीपक देख्या माहिं।।'' इस एकमेक भाव को अनेक बिम्ब-चित्रों में प्रस्तुत किया जाता रहा है। पाला गल कर पानी होकर ढुलक कर जलराशि में मिल जाता है, पानी से हिम हो गया और फिर हिम विलीन हो जाता है, मन-मधुकर कमल में निरन्तर वास करता है जो जल के बिना पुष्पित हुआ है, अन्तरात्मा में साधक उसी ब्रह्म का अनुभव करता है। ब्रह्म तत्त्व के साथ आत्म-तत्त्व के संयोग का बिम्ब मानसरोवर हंस एवं मुक्ता जैसे उपमानों के माध्यम से किया गया है। आत्मा परमात्मा में विलीन हो जाती है, और उसका अलग अस्तित्व नहीं रह जाता। कवि भावमयी अपनी साधना के प्रेम-रस की व्यंजना दृष्टान्त, रूपक, उदाहरण आदि के माध्यम से सहज रूप में करता है। साधक की वृत्ति अपने आराध्य राम में लगी है, जैसे समुद्र में भी सीप की प्यास स्वाति के जल के बिना नहीं बुझती। कुआँ में ढेकुली से पानी निकालने के रूपक के माध्यम से योग-साधना के प्रतीकों का सहारा लेकर प्रेम के आध्यात्मिक अनुभव को अभिव्यक्ति मिली है। संसार की परिस्थिति जीव की दशा का वर्णन इस रूप में किया गया है, ''कबीर बेड़ा जरजरा, फूटे छेंक हजार। हरुए हरुए तिरि गए, बूडे जिन सिर मार।।'' ऐसे अनेक चित्र मिलते हैं, जिनमें पूरा अप्रस्तुत-विधान अन्योक्ति के रूप में संसार की परिस्थिति का बोध कराता है,'' धौ को दाधी लाकरी, दाढ़ी करै पुकार। मति बसि परौ लुहार के, जारै दूजी बार।।'' शिकारी और हरिणी के माध्यम से इस जीवन की नश्वरता एवं विडम्बनाओं का वर्णन है, 'ताल के किनारे के हरे-भरे मैदान में भी हरिनी दुबली है, उसे निरन्तर भय है उन लाख अहेरियों का, जिनसे बचने का उसका कब तक भाग्य है।' इस प्रकार प्रकृति के एक बिम्ब से अन्योक्ति की व्यंजना है, ''पात झरंता यौं कहै सुनि तरवर बनराइ। अब के बिछुड़े न मिलैं, कहूँ दूर पड़ैंगे जाइ।'' सांसारिक जीवन की अस्थिरता का बोध कराया गया है। इसी प्रकार सामान्य जीवन से माली और लोहार जैसे पात्रों के माध्यम से जीवन की असारता की व्यंजना हुई है, ''माली को उपवन में आते देख कर कलियों में हलचल के साथ पुकार मच गयी। जो फूल गयी हैं वे चुनी जा चुकी हैं और कल हमारी बारी भी आनेवाली है।' कबीर जीवन की बहुत सामान्य स्थितियों का वर्णन सहज-चित्र के रूप में प्रस्तुत करते हैं, पर उसमें जीवन का गहरा और व्यापक मूल्य व्यंजित हुआ है, ''तरवर तासु विलंबिए, जो बारह मास फलंत। सीतल छाया पहिर फल, पंखी केलि करंत।'' यहाँ सांसारिक जीवन के स्तर से अलौकिक जीवन को निर्दिष्ट किया गया है, पर अन्यत्र पूरा अप्रस्तुत-विधान सीधे उसी अनुभव पर अर्थ ग्रहण करता है, ''समुद्र की लहरों ने मोती बिखेर दिये हैं, पर बगुला को उनकी क्या परख है, हंस ही उनको चुन-चुन कर खाता है।'' यहाँ शुद्ध आत्मा के परात्पर अनुभव की बात कही गयी है। कभी अप्रस्तुतों की क्रमिक उच्चतर स्थितियों से मनुष्य के मूल्यों के स्तरों को व्यंजित किया गया है। रोड़ा से अभिमानहीनता का बोध होता है, पर रास्ते पर पथिक को दुःख देने के कारण 'धरनी की खेह से सहनशीलता को व्यक्त किया गया है। पर वह उड़-उड़ कर शरीर पर पड़ती है, अतः हरिजन को जल के समान सहज निर्मल, शीतल और पावन होना चाहिए। और अन्त में उसे हरि जैसा होना ही कहा गया है, क्यों हरि सब मूल्यों का स्रोत होकर भी उनसे परे है।

(7 : 17) कबीर जैसे कवि के काव्य में रस-व्यंजना को समझने के लिए यह ध्यान में

रखना होगा कि साधना की प्रक्रिया और उसकी अलौकिक भूमिका के आधार पर ही उसे सही परिप्रेक्ष्य में समझा जा सकता है। रस-प्रक्रिया को व्याख्यायित करने के क्रम में आचार्यों ने मनुष्य के व्यक्तित्व में निहित रचनाशीलता की प्रक्रिया को समझने का प्रयत्न किया है। इस सिद्धान्त की रस-निष्पत्ति, साधरणीकरण और लोकोत्तर जैसी परिकल्पनाओं के सहारे कबीर के काव्य की अभिव्यक्ति को समझा जा सकता है। हम देखते हैं, मनुष्य के अनुभव का स्तर भावात्मक है और जब साधनापरक अनुभव अभिव्यक्ति ग्रहण करता है तो उसके आधार में भाव-जगत् रहता है। माना गया है कि भरत के सूत्रों से ही रस-प्रक्रिया में मानवीय भाव-जगत् के उस स्तर का निर्देश है जो अपनी विशिष्टता में मनुष्य के अनुभव का सार्वभौम एवं सार्वकालिक रूप माना जा सकता है। रस-निष्पत्ति के प्रथम दो आचार्यों ने इस स्तर पर भाव के आस्वाद को जीवन के स्तर पर व्याख्यायित किया है, पर भट्ट नायक जीवनगत इस अनुभव को रस-निष्पत्ति नहीं मानते हैं। इस स्तर पर व्यक्ति-निरपेक्ष बोध माना गया है, कलात्मक अथवा रचनात्मक अभिव्यक्ति के कारण सामाजिक का मन विशेष के सन्दर्भ से अलग हट कर व्यक्ति अथवा स्थिति से निरपेक्ष होता है। रचना में अभिव्यक्त विभावादि को केवल किसी विशिष्ट व्यक्ति का न मान कर सामान्य रूप में ग्रहण किया जाता है। यहाँ 'भावकत्व शक्ति' और 'साधारणीकरण व्यापार' से ताटस्थ्य तथा आत्मगतत्त्व सम्बन्धी दोष दूर हो जाते हैं। इसके बाद 'भोजकत्व शक्ति' निजत्व मोह की स्थिति से मुक्त कर सामाजिक के मानस में साधारणीकृत स्थिति में विभावादि का रस रूप में भाव्यमान करती है। अभिनवगुप्त ने इस सारी प्रक्रिया को लक्षणा तथा व्यंजना से सम्पादित माना है और उनके अनुसार इसका आधार अन्तःकरण में वासना रूप से स्थायी भावों की स्थिति है। इसमें सामाजिक साधारणीकृत विभावादि से भावात्मक स्थिति की कल्पना करने में समर्थ होता है। जिस प्रकार प्रत्यक्ष बोधों के संचित अनुभवों के आधार पर वस्तु-स्थितियों की स्मृति एवं कल्पना सम्भव होती है, उसी प्रकार वासना के स्थायी भावों के संचित संस्कारों के आधार पर सामाजिक भावनात्मक स्थितियों की कल्पना (अनुभव) करने में सक्षम होता है। यहाँ साधारण की प्रक्रिया कथावस्तु को कल्पना में ग्रहण कराने में ही सहायक नहीं होती, वरन् प्रेक्षक या पाठक उस भावात्मक स्थिति को अपने वासना में स्थित स्थायी भावों की साधारणीकृत स्थिति में ग्रहण करता है। इस प्रकार इस प्रक्रिया में कल्पना का आधार है, तो साथ ही पूर्वसंचित स्थायी भावों के व्यापक आधार पर इस भावात्मक स्थिति का स्वीकार है। कल्पना के सहारे व्याप्त यह मनःस्थिति काव्य के लोकोत्तर सौन्दर्य एवं आनन्द के अनुभव में व्यंजित मानी गयी है। इस अनुभव के अलौकिक स्वीकार के पीछे पूर्ण मानसिक घटना के रूप में रस-निष्पत्ति में कार्य-कारण का क्रम लक्षित न होना भी है। यह आत्मवादी रस-प्रक्रिया अभिव्यक्ति के भाव-पक्ष को उसकी विशिष्टता और अतिक्रम के अलौकिक राय में ग्रहण करती है। यहाँ इस भूमिका पर हम आध्यात्मिक अनुभव की अभिव्यक्ति देने में संलग्न भक्त कवियों की रस-दृष्टि पर विचार कर सकते हैं। वैष्णव सम्प्रदायों में इस दृष्टि का सैद्धान्तिक विवेचन हुआ है। भक्ति को व्यापक एवं श्रेष्ठ रसरूप में प्रतिष्ठित करने का मौलिक श्रेय 'भागवत पुराण' को है। उसके प्रारम्भ में भगवद्विषयक अलौकिक रस की चर्चा मिलती है। शाण्डिल्य 'भक्तिसूत्र' में भक्ति को रस से प्रतिपाद्य रागस्वरूपा माना गया है और नारद 'भक्ति-सूत्र' में भक्ति को 'परम प्रेमरूपा' मान कर रसरूप ही स्वीकार किया है। यह

गया है कि इन सूत्र-ग्रन्थों में ज्ञान और भक्ति के पारस्परिक सम्बन्ध तथा भक्ति के स्तर पर राग तथा विराग की भावना के अविरोध पर सूक्ष्म प्रकाश डाला गया है।

(7 : 18) रूपगोस्वामी के 'हरिभक्तिरसामृतसिन्धु' में भक्ति रस का काव्य शास्त्रीय दृष्टि से विचार किया गया है। उन्होंने भक्ति के पाँच रूप माने हैं। ये शान्त, प्रीति, पेय, वत्सल और मधुर रूप शान्त, दास्य, संख्य, वात्सल्य तथा माधुर्य भाव-भक्ति के मूल हैं। इनको रसों के रूप भी माना गया है और उत्कृष्टता के आधार पर भक्ति रस परा तथा अपरा कोटि का स्वीकार किया गया है। वस्तुतः इस रस-दृष्टि का आधार 'भागवत' की नवधा भक्ति और नारद के 'भक्ति-सूत्र' की एकादश आसक्तियों में मिलता है। फिर ''उज्ज्वलनीलमणि' में माधुर्य भाव की भक्ति का विस्तृत विवेचन उन्होंने किया है। इन शास्त्रीय चर्चाओं में एक सीमा तक व्यापक रूप में प्रतिपादित करने का प्रयत्न है कि रसानुभूति की लोकोत्तर अभिव्यक्ति में साधना के स्तर का अनुभव किस प्रकार व्यंजित होता है। पर हम देखते हैं कि जीवनगत अनुभवों को हमारे भक्त कवियों ने अपनी साधना के स्तर पर किस प्रकार लोकोत्तर काव्यानुभव रूपान्तरित किया है। कबीर दार्शनिक दृष्टि से परात्पर ब्रह्म को मानवीय ज्ञान और अनुभव से परे मानते हैं। हमने देखा है कि बार-बार उन्होंने इस सत्य को कहा है। परन्तु इस परम तत्त्व को जब वह अनुभव के स्तर पर ग्रहण करते हैं और उसकी भाषिक अभिव्यक्ति करने में संलग्न होते हैं, तब यह सत्य रूपायित होने लगता है, वरन् सम्बन्धों के सन्दर्भ ग्रहण करने लगता है। वह स्वामी, पति, पिता-माता, सखा जैसे सम्बन्धों में कल्पित किया जाता है। इस अभिव्यक्ति में भक्ति-भावमूलक शान्त, दास, संख्य, वात्सल्य एवं माधुर्य रस-व्यंजना देखी जा सकती है। इस दृष्टि से सगुण राम तथा कृष्ण भक्त कवियों से एक स्तर की समता के बावजूद कबीर की उनसे भिन्नता महत्त्वपूर्ण है। इस विवेचन में उसको रेखांकित किया जायगा। इसके अतिरिक्त सांसारिक जीवन के सन्दर्भ में कवि ने शोक, क्रोध, उत्साह, भय और विस्मय आदि स्थायी भावों की अभिव्यक्ति की है जिसमें करुण, रौद्र, वीर तथा अद्‌भुत रसों की व्यंजना हो सकी है। यह अवश्य है इनका उपयोग भिन्न दृष्टि से और अनुभव के स्तरों पर किया गया है। जहाँ तक विभिन्न भक्ति रसों का सम्बन्ध है, कबीर सम्बन्ध के आधार पर भाव की व्यंजना में विभाव, अनुभव, संचारी भावों के संयोग मुक्त भाव से करते हुए उसमें एक आयाम निरन्तर ऐसा जोड़ते हैं जो अनुभव को लौकिक सम्बन्ध से अलौकिक भूमिका प्रदान कर देता है। इस भूमिका पर प्रेम की अभिव्यक्ति आध्यात्मिक जीवन की व्यंजना के साथ सम्बन्ध का अतिक्रमण करती है। सगुण भक्त कवि इन सम्बन्धों के आधार पर अपने आराध्य के प्रति प्रेम के विविध पक्षों को स्थायी भाव और उसके साथ अनुभवों तथा संचारी भावों के संयोजन में अभिव्यक्त करते हैं। उनके काव्य में यह प्रेम की अभिव्यक्ति ही लोकोत्तर से अलौकिक सीमाओं में प्रवेश करता है। इसी प्रकार इन कवियों ने अन्य रसों की अभिव्यक्ति अपने आराध्य के चरित्र के सन्दर्भ में की है। इनके चरित्र का विस्तार लौकिक जीवन में प्रस्तुत किया है, अतः ऐसे प्रसंगों की स्थिति उसके अन्तर्गत स्वाभाविक है। यह अवश्य है कि इन विभिन्न रसों की अभिव्यक्ति में कवि अलौकिक छायातपों या सन्दर्भों का निरन्तर प्रयोग करता है अथवा उनके संकेत देता है। इस दृष्टि से कबीर की स्थिति अलग है। उन्होंने भिन्न रसों की अवतारणा सांसारिक

जीवन अथवा माया-प्रपंच के वर्णनों में अधिकतर की है। संसार के जीवन में सारा विस्तार विस्मयकारी है, जुगुप्सित है, भयानक है और शोक देनेवाला है। इसमें मनुष्य को काम, क्रोध, शोक, भय की भावनाएँ घेरती हैं। इन कुप्रवृत्तियों से मुक्त होने के लिए उत्साह भाव का आवाहन किया गया है। इस प्रसंगों एवं सन्दर्भों में शृंगार, रौद्र, करुण, भयानक, विस्मय तथा वीभत्स जैसे रसों की अभिव्यक्तियों को सीमित रूप में झलक मारते तथा एक-दूसरे पर आरोपित होते देख सकते हैं।

(7 : 19) कबीर ने भक्तिपरक भावों में रसाभिव्यक्ति के स्तर पर मुख्यतः माधुर्य, दास्य और शान्त को अपनाया है। साथ ही उनकी साधना की अभिव्यक्ति का एक विशिष्ट रूप है, जो अन्य रसों में भी व्यंजित हुआ है। इस आयाम में यह संकेत मिलता चलता है कि ब्रह्मानुभूति के एकमेक भाव को अलौकिक परात्पर रूप में ही ग्रहण करना सम्भव है। जैसा कहा गया है, अन्य कतिपय स्थायी भावों का उपयोग अभिव्यक्ति के क्रम में किया गया है, रसाभिव्यक्ति के रूप में नहीं है। स्मरणीय है कि कबीर जैसे साधक की अनुभवपरक अभिव्यक्ति में हम शास्त्रीय विधान के अनुसार रसों का विवेचन नहीं कर सकते। इस प्रकार के भावों में जिनका प्रासंगिक उपयोग किया गया है, वीर रस के उत्साह स्थायी भाव का सांसारिकता के रूपक में मिलता है। आत्मा (जीव) यहाँ वीर सेनानी के रूप में संसार के पाप कर्मों एवं जीवन की कुप्रवृत्तियों के गढ़ पर विजय प्राप्त करता है। इसी प्रकार 'सूरातन के अंग' के पदों में इस लोभ-मोह-भ्रम के संसार में आत्मा की रक्षा के लिए संघर्ष करते वीर का वर्णन है। कवि कहता है, ''डमगम छाँड़ि दे मन बौरा। अब तो जरें मरें बनि आवै लीन्हौं हाथि सिंधौरा।।'' नाम के सहारे जीवन में संघर्ष करते गिरते-पड़ते व्यक्ति को आत्मिक विकास के पथ पर वीर-भाव से बढ़ना है। और फिर साधक के जीवन के संघर्ष को कवि चित्रित करता है, ''भाई रे अनी लड़ै सोई सूरा। दोइ दल बिचि खेलै पूरा।।'' निश्चय ही यहाँ वीर भाव का उपयोग साधक के आत्मिक स्तर के संघर्ष को व्यंजित करने के लिए किया गया है। सांसारिक माया के विस्तार में सभी प्रकार के दृश्यों के माध्यम से मनुष्य के जीवन की असारता, भीरुता, जुगुप्सा आदि का वर्णन किया गया है, जिनके माध्यम से कवि उसके सत्य लक्ष्य की व्यंजना करता है। इन चित्रों में उन भावों का अन्तर्भाव हुआ है। रघुनाथ की माया शिकार खेलने को निकली है। उसने चतुर-चिकनिया लोगों को चुन-चुन कर मारा है, किसी को नहीं छोड़ा। मौनी वीर दिगम्बर और यत्न करते योगियों को मारा है। उसने गलबिहयाँ दे-देकर जंगम, वेदपाठी, पण्डित आदि को मारा है।...न वह परिणीता है और न कुमारी पर पुत्र को जन्म देनेवाली है...काले सिरों में एक को नहीं छोड़ती है...न वह पीहर जाती है और न ससुराल में रहती है और अपने पुरुष को साथ नहीं रखती। इन चित्रों में जीवन के भयानक पक्षों को इस प्रकार व्यंजित किया गया है। आगे जीवन के यथार्थ के ऐसे चित्रों की झलक मिलती है, ''जिस माया को जोड़ कर इकट्ठा किया गया है, वह कलवारिन की तरह मद पिला कर बौरा देगी। कुछ पड़े धरती पर लोटेंगे और दूसरे बावले होकर छले जायेंगे। यह माया सुर-नर-मुनियों को छल रही है और पीर-पैगम्बरों को पकड़ कर खा रही है।...वह माया बाघिनी शिकार करके संसार में सभी को खा रही है। काजल-टीका लगा कर आँखें मटकाती है और ललचा-ललचा कर अपने शिकार के कलेजों को निकाल कर खा रही है।' इस प्रकार

के वर्णनों में भय के साथ जुगुप्सा का भाव भी कुछ स्थलों पर व्यंजित होता है, 'ऐसा भेद बिगूचन भारी। बेद-कतेब दीन अरु दुनिया कौत पुरिख कौन नारी।। एक रुधिर एकै मल मूतर एक चाम एक गूदा।'' पर इस भाव के द्वारा व्यक्त कवि का मूल भाव है, ''एक बूँद तैं सृष्टि रची है कौन ब्राह्मन कौन सूदा''। बात को खरे ढंग से कहने की शैली में भी इस प्रकार के भाव का उपयोग किया गया है, 'अगर तू ब्राह्मण ब्राह्मणी का जन्मा है तो दूसरे रास्ते इस संसार में क्यों नहीं आया। और जो तुरुक तुरुकिनी का जन्मा है तो पेट के अन्दर ही खतना क्यों नहीं कराया।'' यहाँ स्थिति और भाषा दोनों से इस प्रकार की अभिव्यक्ति हो सकी है। भाषा के संरचनात्मक रूप-विधान पर विचार करते समय कवि की अभिव्यक्ति के इस पक्ष पर विशेष प्रकाश डाला जा सकेगा। यहाँ यह कहना अपेक्षित है कि इस प्रकार की भावाभिव्यक्ति बीच-बीच में रचना की पूरी व्यंजना में सहायक रूप में ही हुई है।

(7 : 20) विस्मय भाव अद्‌भुत रस का स्थायी माना गया है। कबीर में इस भाव की व्यापक अभिव्यक्ति हुई है और उसकी व्यंजना के कई रूप देखे जा सकते हैं, जिनमें उनकी साधना के आयाम को लक्षित कर पाना सम्भव है। यह काव्यशास्त्रीय अद्‌भुत रस का कहीं-कहीं आभास देता है अथवा उसके द्वारा परम तत्त्व के अनुभव की व्यंजना करता है। इस पर आगे विचार किया जायगा, पहले भक्ति भावना में स्वीकृत रसों की चर्चा करनी है। कबीर अनेक भाव-स्थितियों में अपने आराध्य में प्रेम को व्यक्त करते हैं। ''हरि जननी मैं बालक तेरा'' पद में वात्सल्य की मार्मिक व्यंजना हुई है—'सुत कितने अपराध करता है, पर जननी के मन में वे सब कहाँ रहते हैं। बालक माता के केश पकड़ कर चोट भी करता है, पर उसके मन से अपने बच्चे का हित नहीं उतरता, वह उसके दुःख से दुःखी होती है।' जिस प्रकार शृंगार रस का स्थायी भाव रति माना गया है, भक्ति रसों में माधुर्य का मधुर भाव स्वीकार किया गया है। कबीर में जैसा कहा गया है इस प्रकार शास्त्रीय दृष्टि से माधुर्य रस का विचार करना सम्भव नहीं है। प्रेम की अभिव्यक्ति में आराध्य को प्रिय रूप में मान कर भी निरन्तर भाव-व्यंजना को आध्यात्मिक आयाम देने का उपक्रम देखा जा सकता है। प्रिय के आगमन में उल्लसित होकर 'दुलहनी गावहु मंगलचार' होने की कल्पना के साथ तन-मन के अनुरक्त होने में पाँचों तत्त्वों के बराती होने का सन्दर्भ वस्तुतः इस आयाम का है। वह प्रिय-प्रिया का परिणय इसी भूमिका पर घटित होता है, 'यौवन से मदमाती मेरे पाहुन रामदेव पधारे हैं। शरीर के सरोवर पर विवाह की वेदी बनायी है और ब्रह्म वेद-मन्त्रों से विवाह सम्पन्न करा रहे हैं। इस प्रकार रामदेव के साथ भाँवर घूमूँगी और यह मेरा धन्य भाग्य है।' कवि इस भाव को केन्द्रित कर देता है, ''हम ब्याहि चले हैं पुरिख एक अबिनासी।'' परन्तु इतना स्पष्ट उल्लेख सभी पदों में नहीं है। अनेक में सहज प्रेम-भाव के चित्र हैं, जिनमें अभिव्यक्ति के स्तर पर ऐसे संकेत संयोजित हैं अथवा भाव-व्यंजना की मार्मिकता ही स्वतः अलौकिक हो सकी है। 'बहुत दिनों की प्रतीक्षा के बाद प्रियतम बड़े भाग्य से घर लौटे हैं। विरहिणी का मन मंगलाचार में लगा है और आनन्द गान करती है। उस मन्दिर में प्रकाश हो गया है और अपने प्यारे प्रिय को साथ लेकर सोती है। इस मिलने के लिए वह अपने प्रिय को बड़ाई देते हुए अपना सहज सौभाग्य मानती है। यह विरह के बाद की मिलन उत्कण्ठा, आनन्दोल्लास और समर्पण भाव की अभिव्यक्ति है, जिसमें 'राम रसाइन', 'नौनिधि' और 'सहज सुहाग' जैसे संकेत

निहित हैं। पर दूसरे पद में 'भाग बड़े घर बैठे आए' अपने 'बहुत दिनन के बिछुरे' प्रिय के प्रति नितान्त स्वाभाविक भाव-व्यंजना है, उसकी रचनात्मक अभिव्यक्ति की मार्मिकता ही लोकोत्तर है। उच्छ्वसित होकर प्रिया कह रही है, 'प्यारे अब तुम्हें जाने नहीं दूँगी। जैसा भावे वैसे ही अपनाऊँगी। चरणों की सेवकाई करूँगी, प्रेम-प्रीति में उलझा कर रखूँगी। भली तरह मेरे मन मन्दिर में बास करो और किसी (प्रेमिका) के धोखे में न पड़ो।' यहाँ अन्तिम उल्लेख से कवि संसार के मायापरक भ्रम की व्यंजना के साथ प्रेम की भूमिका को रूपान्तरित कर रहा है अन्यथा खास वर्णन सहज है। प्रेम-विरह के इन पदों में सूरदास जैसे सगुण भक्त कवि की माधुर्य भावना की अभिव्यक्ति की समता एवं विभिन्नता को लक्षित किया जा सकता है। सूर की प्रेमिकाएँ व्यक्तित्व ग्रहण करती हैं, चाहे राधा हों जो प्रमुख हैं अथवा अन्य गोपिकाएँ। उसी तरह प्रेमी कृष्ण का व्यक्तित्व सुनियोजित रूप में अभिव्यक्त हुआ है। पर कबीर का प्रेमी अव्यक्त, निर्गुण, निराकार ही बना रहता है और इसी प्रकार प्रेमिका निरन्तर उस सीमातीत, परात्पर, निर्विकल्प प्रेमी के साथ व्यक्तित्वविहीन होकर खो जाती है। फिर प्रेम अपनी अभिव्यक्ति में एकरस और परम अनुभव हो जाता है।

(7 : 21) कबीर राम-भक्ति के 'अनियारे तीर' की कल्पना सूर के प्रेम-बाण के समान करते हैं, जिसकी पीड़ा वही जानता है जिसे वह लगा हो। औषधि-जड़ी कहाँ घिस कर लगायी जाय, तन में खोजने से चोट कहीं मिलती नहीं। इस समान भावाव्यक्ति में यह भी आ जाता है कि सभी गोपियाँ समान हैं, न जाने कृष्ण की कौन प्यारी है। यहाँ कबीर इस कथन को सामान्य करके सारी व्यंजना व्यापक कर देते हैं, "जाके मस्तकि भाग। सभ परिहहि ताकौ मिलै सुहाग।" यह मिलन, यह सुहाग प्रेम की सारी भूमिका को बदल देता है। इसी प्रकार पद सामान्य लोक-गीतों की अभिव्यक्ति के स्तर से शुरू होता है, "हरि मोरा पिउ मैं हरि की बहुरिया। राम बड़े मैं तनिक लहुरिया।" फिर शृंगार, सेज, मिलन के चित्र की पूर्णता इस संकेत के साथ होती है, 'धन्नि सुहागिनि जो पिय भावै। कह कबीर फिरि जनमि न आवै।।" कभी किसी पद की अभिव्यक्ति में लोक-जीवन का वातावरण अन्त तक बना रहता है, "बालम आउ हमारे गेह रे। तुम्ह बिन दुखिया देह रे।।" इस प्रकार शुरू करके क्रम चलता रहता है,—"सब कोई तुम्हारी नारी कहते हैं, पर मुझे अन्देसा है। जब तक सेज पर एकमेक होकर नहीं सोये, तब तक यह नेह ही कैसा! वियोग में न अन्न भाता है, न नींद आती है। घर हो या वन कहीं धीरज नहीं बँधता।...है कोई ऐसा उपकारी जो प्रिय (हरि) से सुना कर कहे कि अब तो बेहाल हूँ, देखे बिना जी जा रहा है।" यहाँ केवल 'तुम्हारी नारी', 'एकमेक' और 'हरि' जैसे संकेत हैं जो सहज अभिव्यक्त के साथ भी एक रस हैं। वस्तुतः कबीर की साधना में 'रति' और 'मधुर' स्थायी भावों का अतिक्रमण कर शुद्ध प्रेम उच्च भूमिका पर प्रतिष्ठित हुआ है, "प्रेम मगन होई नाच सभा में रीझै सिरजनहारा"। उनकी शैली में कभी सहज लौकिक जीवन के स्तर पर प्रेमी के प्रति प्रेमिका की मनोभावनाओं का, उत्कण्ठा, विकलता, उद्वेजना जैसे संचारी भावों की अभिव्यक्ति का क्रम अन्त में अलौकिक भूमिका पर समाप्त होता है। फिर कभी पहले यह भूमिका प्रस्तुत करके उस पर सामान्य जीवन के प्रेम की अभिव्यक्ति हुई है। प्रारम्भ कबीर अविनाशी पुरुष की 'दुलहा' रूप में कल्पना करके 'कब मिलिहौ' की आकांक्षा के साथ करते हैं। आगे इस स्थापना का विस्तार प्रेम की

निरन्तरता के दृष्टान्त के साथ किया गया है, ''जल उपजी जल ही सौ नेहा रटत पियास पियास।'' फिर विरहिणी का चित्र अनुभाव-विभावों के संयोजन से प्रस्तुत किया जाता है, मैं विरहिणी अपने प्रिय की आशा में खड़ी मार्ग देख रही हूँ। हे प्रिय, तुम्हारे चरणों से आसक्त होकर घर का नेह छोड़ चुकी हूँ। 'शरीर के अन्दर मन में ऐसी छटपटाहट हो रही है, जैसे बिना पानी के मछली की दशा होती है। दिन में भूख नहीं लगती, रात में नींद नहीं आती, घर आँगन कुछ भी नहीं सुहाता। शय्या मेरी बैरिन हो गयी है, जागते रैन बीत जाती है।'' आगे अपने स्वामी से प्रार्थना करती हुई कहती है, 'हे साजन, मैं तुम्हारी दासी हूँ और तुम मेरे स्वामी हो। हे दीनदयाल, सिरजनहार, तुम सब भाँति समर्थ हो। दया करके आओ। यहाँ प्रिय को सर्वशक्तिमान् और सृष्टिकर्त्ता के रूप में कहा गया है, पर विरह की भावाभिव्यक्ति में यह व्यंजना समरस हो गयी है और आगे फिर उसका रूप सहज हो गया है, ''अब प्यारे तो अपनी बना लो या हम प्राण तज रहे हैं। विरह बहुत बढ़ चुका है अब तो दर्शन दो।' ऐसे पद अनेक हैं, जिनमें प्रेम के वियोग-मिलन की झाँकियों के साथ परात्पर ब्रह्म के साथ आत्मा के इस प्रकार के अनुभवों की व्यापक अभिव्यक्ति हुई है। कवि शुरू में कहता है, ''हरि रंग लागा हरि रंग लागा। मेरे मन का संसै भागा।'', ''पिया मोरा मिलिया सत्त गियानी।'' आगे प्रेम-प्रसंगों के साथ आध्यात्मिक जीवन के स्पष्ट सन्दर्भ जुड़े हुए हैं।

(7 : 22) ''भक्तिरसों में प्रीति स्थायी के आधार पर दास्य भक्ति का निरूपण किया गया है। इसमें स्वामी-सेवक सम्बन्ध के विविध पक्षों की भावाभिव्यक्ति को स्वीकार किया गया है। इस भक्ति के क्षेत्र में साधक हंस के समान मुक्ता रूपी निर्मल नाम चुनता है और यश-गान करता है। मानसरोवर के तट का वासी भक्त राम के चरणों में चित्त लगा कर संसार के प्रति उपेक्षा भाव रखता है। वह मौन रहता है या हरि गुण-गान करता है।'' कबीर ने भक्त-साधक को ज्ञानी और विवेकी माना है। नाम-स्मरण को गुण-गान के रूप में यहाँ महत्त्व मिला है। अपने आराध्य पर पूर्णतः निर्भर रहने पर साधक के मन को सांसारिक जीवन के आकर्षण नहीं घेरते। उसका यश-गान तो आठों सिद्धियाँ और नवों निधियाँ सहज भाव से करती हैं। पर इस प्रकार के वर्णन मुख्यतः दास्य भाव के भक्त के गुण-गान के रूप में हैं। यह भक्त एक आध कोई प्रभु का जन ही होता है, जो काम-क्रोध, लोभ-मोह से मुक्त मान-अभिमान को त्याग देता है।...जो चिन्तामणि माधव का चिन्तन करनेवाला संसार के प्रति उदासीन रहकर हरि-पद में रमता है, ऐसा 'चिन्ता अरु अभिमान रहित है कहै कबीर सो दासा'। कबीर के 'करुन बीनती अंग के पदों में इस भक्ति (विनय) का भाव मार्मिकता से व्यंजित हुआ है। कवि प्रार्थना करता है, ''माधौ कब करिहौं दाया।'' इस क्रम में वह संसार की काम-क्रोध-अहंकार के रूप में व्याप्त माया से छूटने की विनती कर रहा है। 'सांसारिक जीवन में इन्द्रियों के आकर्षण मनुष्य को भटकाते रहते हैं। काम के भुजंग ने डस लिया है, बिना गुरु-गारुड़ी के उसका विष फैलता जा रहा है। इस दर्द को कौन जान सकेगा! केवल प्रभु-स्वामी के दर्शन की कामना है, जिससे सब विकार दूर हो सकेंगे।' आगे आश्वासन के भाव की मार्मिक व्यंजना हुई है, ''अब मोहि राम भरोसा तोरा।' तब काहू का कवन निहोरा।'' एक ओर स्वामी की महानता है, वह तीन लोक का भार धारण करनेवाला स्वामी है, तो दूसरी ओर उसके प्रति भक्त का पूर्ण समर्पण भाव है, ''जाकै हरि सा ठाकुर। सो कत अनत

पुकारत जाई।" संसार में अपनी स्थिति का अनुभव इस प्रणत भाव की प्रेरणा देनेवाला है, "माधव दारुण दुःख सहा नहीं जाता...मैं अनाथ हूँ, प्रभु और किससे कहूँ जाकर। कौन-कौन यहाँ छला नहीं गया, मेरी क्या बिसात! तू अथाह है और मुझे थाह लेना आता नहीं। हे प्रभु दीनानाथ, दुःख किससे कहूँ जाकर। मेरे जनम-मरण, दुःख-सुख के सहारे सुखसागर गुणाकर तुम्हीं प्रभु हो।' यह शरणागत भाव इस भक्ति-रस का केन्द्रीय भाव है, जिसके अन्तर्गत अपनी हीनता-दीनता का निरन्तर स्वीकार है, "राखि लेहु हम तै बिगरी।" इसके साथ अपनी मिथ्या अभिमान, मिथ्या जगत् को सत्य मान कर चलने के आग्रह और साधु-संगति के त्याग का वर्णन किया गया है। अन्त में यह भाव-व्यंजित होता है, "कहै कबीर इक बिनती सुनिए कत घालौ जम की खबरी।" इस भाव-भक्ति के अन्तर्गत प्रभु-दर्शन की आन्तरिक कामना का वर्णन किया गया है। निरन्तर दर्शन की कामना से भक्त का मन अधीर है। यहाँ कवि भक्त और भगवान् की अभिन्नता की व्यंजना करता हुआ कहता है, "हमहि कुसेवग कि तुमहिं अयाना। दुह मैं कहेसि काहि भगवाना।" परन्तु आगे इस संकेत के साथ यह भाव प्रमुख है, "कहै कबीर हरि दरस दिखावौ। हमहि बुलावौ के तुम चलि आवौ।" साखियों के कई अंगों की अनेक साखियों में संसार की असारता, माया के मोहाकर्षण, मन की चंचलता, सम्बन्धों की स्वार्थपरता और अहंकार का वर्णन दास्य भावना के लिए प्रेरक हैं और शान्त रस की व्यंजना के लिए अनेक बार भूमिका प्रस्तुत करते हैं। परन्तु स्मरणीय है कि कबीर की इस प्रकार की सारी काव्याभिव्यक्ति में रसानुभव का अतिक्रमण अलौकिक भूमिका पर होता है अथवा उसके संकेत या सन्दर्भ मिलते रहते हैं। उनका काव्य-कौशल इस स्तर पर देखा जा सकता है कि वह इस प्रकार विविध अभिव्यक्ति के रूपों को बहुत सहज तथा लौकिक जीवन के बीच संयोजित करते हैं।

(7 : 23) काव्य का शृंगार रस भक्ति परक रसाभिव्यक्ति में माधुर्य माना गया है और हमने देखा कि कबीर ने अपनी अभिव्यक्ति में भी भिन्न आयाम पर स्वीकार किया है। इसी प्रकार शान्त रस की अभिव्यक्ति कबीर की साधना के स्तर पर देखी जा सकती है। 'नाट्यशास्त्र' में आठ रसों की गिनती की गयी है। पर उसमें शान्त रस की परिकल्पना स्वीकार की गयी है। वहाँ मोक्ष और अध्यात्म की भावना से शान्त रस की सम्भावना मानी गयी है। 'नाट्यशास्त्र' में एक स्थान पर शान्त रस से ही रति आदि आठ स्थायी भावों की उत्पत्ति कही गयी है और उसी में उनका विलय माना गया है। इस दृष्टि से शान्त रस की महत्ता सिद्ध होती है, जबकि भावशून्यता की स्थिति के रूप में कुछ आचार्य इसे रस कोटि में स्वीकार नहीं करते। उनके अनुसार यह मानसिक स्थिति रस-व्यंजना की कैसे मानी जा सकती है। परन्तु अभिनवगुप्त के अनुसार रसानुभूति की मनःस्थिति भावों के संयोजन से व्यंजित होती है, पर स्वतः अनिवार्यतः भावदशा नहीं है। शान्त रस के स्थायी भाव के रूप में शम, निर्वेद और तत्त्वज्ञान पर विचार किया है। 'अभिनवभारती' में चर्चित एक मत के अनुसार उसका शम स्थायी भाव है। इसके अनुसार साधना और ज्ञान प्राप्त करना विभाव, काम, क्रोध आदि के अभाव का अनुभाव और धृति, मति आदि को संचारी माना गया है। पर अभिनव ने 'तत्त्वज्ञान' को शान्त रस का स्थायी माना है। इसी से निर्वेद उत्पन्न होता है और यह भाव अन्य सभी स्थायियों को दबा देनेवाला है, उनकी अपेक्षा अधिक स्थायी है।

पर बाद के आचार्यों ने इस मत को स्वीकार नहीं किया, 'तत्त्व-ज्ञान' भाव दशा नहीं माना जा सकता। उनके अनुसार शम शान्त-रस का स्थायी माना जा सकता है, क्योंकि हास्य का हास भी स्थायी माना गया है। वस्तुतः यहाँ स्पष्ट करना अपेक्षित है कि रस-निष्पत्ति की प्रक्रिया में भाव-विभाव की स्थितियाँ मनोविज्ञान के समान नहीं मानी जानी चाहिए। रचनात्मक अभिव्यक्ति में मानवीय जीवन की हर मानसिक परिस्थिति का अनुभव भाषा के रूप-विधान में ही सम्भव है, अतः उसकी अभिव्यक्ति रूपात्मक या वस्तुपरक ही सम्भव है। अतः काव्य में शम को स्थायी भाव रूप में स्वीकार किया गया है। उसके साथ जैसा हम भक्ति साहित्य में देखते हैं अनेक संचारी भाव स्थितियाँ आ जाती हैं। यहाँ काम, क्रोध, मद, मोह, आदि का वर्णन उनसे मुक्त होने की दृष्टि से, जड़ता, शंका, सन्त्रास, लज्जा, विषाद, ग्लानि जैसे संचारियों का वर्णन सांसारिक जीवन को प्रस्तुत करने के लिए, चिन्ता, शंका, ग्लानि, वितर्क, मति आदि भावों की अभिव्यक्ति मायामय सांसारिक जीवन से विमुख होने के भाव से और दैन्य, औत्सुक्त, स्मृति, हर्ष, धृति आदि भावों की अभिव्यक्ति भक्ति की भावभूमि पर की गयी है। इस प्रकार शान्त रस के विस्तार में विभाव, अनुभाव तथा संचारी भावों की अभिव्यक्ति कबीर के काव्य में हुई है। पर यह सारी भावाभिव्यक्ति सहज और स्वच्छन्द रूप में है, अतः उसको किसी शास्त्रीय विधान के निश्चित प्रतिरूपों में देखना या खोजना निरर्थक है। वस्तुतः यह शान्त भाव की भक्ति से उनकी साधना के अन्तर को लक्षित करना सम्भव है और अपेक्षित है। यह अन्तर कबीर स्वतः निरन्तर रेखांकित करते चलते हैं कि वह उनका आराध्य राम, दशरथ-सुत नहीं है, वह साकार अवतारी नहीं है, वह निर्गुण-निर्विकार परात्पर ब्रह्म-स्वरूप राम है। उनकी यह सजगता निरन्तर लक्षित की जा सकती है कि उनको परम तत्त्व को रूप की रेखाओं में , गुणों में, तत्त्वों के आधार पर और भाषिक अभिव्यक्ति में ग्रहण नहीं किया जा सकता।

(7 : 24) हम देखते हैं कि 'उपदेस चितावनी' के अंग के अन्तर्गत शान्त रस की भूमिका से लेकर उसके अनुभव के आयाम तक की व्यंजना को ग्रहण किया जा सकता है। 'प्राणी लोभ के कारण अपने रत्न रूप जन्म (मानव) को क्यों खो रहा है?' इस सांसारिक मोहाकर्षण का वर्णन करते हुए कवि उससे सचेत कर आध्यात्मिक जीवन की ओर उन्मुख होने की बात कहता है, "जीवनैं की आस नाहीं जम निहारै साँसा। बाजगिरी, संसार कबीरा चेति ढारि पासा।। सांसारिक जीवन में शरीर का गर्व निरर्थक है। अहंकार से फूले-फूले फिरना निरर्थक है, शरीर जल कर भस्म होनेवाला ही है, अन्त में सब-कुछ त्यागना है। मोहवश मनुष्य अन्धा हो जाता है, उसको हृदय से कुछ भी समझ में नहीं आता मतिभ्रष्ट हो जाती हैं। बालू के घर में रहकर आदमी चेतता नहीं कि राम-भजन बिना बहुत सयाने भी डूब जानेवाले हैं। कवि सचेत करता है, "राम सुमिरि पछिताइगा। पापी जियरा लोभ करत है आजु कालि उठि जाइगा।" माया में भ्रमा हुआ जीव लालच में जन्म गँवा रहा है। धन-यौवन का गर्व क्या करना, कागज के समान गल जानेवाला है। यहाँ कवि उस साधना की ओर प्रेरित करता है जो शान्त रस के अनुभव की है "सुमिरन भजन दया नहिं कीन्हीं तौ मुख चोटा खाइगा।" इस भक्ति परक शान्त रस की अवतारणा कवि "चलि चलि रे भँवरा कँवल पास" के प्रतीक-विधान के माध्यम से करता है। संसार के मोहाकर्षणों के बीच भ्रामर रूपी जीव को आत्मबोध होता

है। इस संसार के विभ्रम और आकर्षणों में भटकते हुए "झूठा लोग कहैं घर मेरा", पर 'जा घर माँहीं भूला डोलै सो घर नाहीं तेरा।" पर इस जीवन की उलझनों-प्रपंचों के बीच "कहै कबीर एक राम भजहु ज्यौं सहज होइ सुरझेरा।" इस स्तर पर कबीर की भावाभिव्यक्ति को शान्त रस के अन्तर्गत माना जायगा। 'जतन बिनु मिरगनि खेत उजारे' पद में लोभ, मोह अहंकार जैसे भावों के बीच संसार में फँसे जीव के उद्धार का वर्णन गुरु के प्रेरणा से विवेक के स्तर पर किया गया है, जो शान्त रस की भावभूमि है। कबीर राम से प्रेम के लिए अपना प्रबोध करते हैं, उसके बिना मानव-जीवन की निरर्थकता की अभिव्यक्ति करते हुए सम्पूर्णतः समर्पण की स्थिति व्यंजित कर सके हैं, "जाइ रे दिन ही दिन देहा। करि ले बौरी राम सनेहा।...कहै कबीर तिन सरबस हार्‌यौ। राम नाम जिन मनहुँ बिसार्‌यौ। इस शान्त रस की भावभूमि की अभिव्यक्ति अधिकतर सांसारिक जीवन के मोहाकर्षणों एवं आसक्तियों के विस्तृत वर्णनों के साथ हुई है। "हम न मरैं मरिहै संसारा। हम कूँ मिल्या जियावनहारा' कबीर इस आत्म- विश्वास के साथ व्यक्त करते हैं, "... मन मनहिं मिलावा। असर भए सुखसागर पावा।" और "अब हम सकल कुसल करि माना। सांति भई जब गोविन्द जाना' फिर "कहैं कबीर सुख सहजि समावउ। आपन डरउ न और डरावउ।।" इस शान्त भाव-स्थिति का वर्णन साखी के 'परचा कौ अंग', "सूषिम मारग कौ अंग", 'रस कौ अंग' और 'सजीवनी कौ अंग' में विशेष रूप से किया गया है। परमब्रह्म का तेज आत्मसाक्षात्कार का विषय है, आत्मतत्त्व उसमें पाला के समान गल कर पानी होकर ढुलककर मिल जाता है, पानी ही हिम हुआ और फिर विलीन होकर एकरूप हो गया। प्रस्तुत साखी का अनुभव इस स्थिति की व्यंजना है, "हरि रस पीया जानिए, लै उतरै नाहिं खुमार। मैमंता घूमत फिरै, नाहीं तन की सारि।।" ब्रह्म के ज्ञान को पाने पर मन शीतल हो गया है, जिस दावाग्नि से संसार जल रहा है, इस भूमि पर साधक को पानी के समान लग रही है। इस अनुभव की व्यंजना कवि करता है, "सीतलता तब जानिए, जौं समता रहै समाइ। पख छाड़ै निरपख रहै, सबद न दूखा जाइ।।" कबीर इस अंग के अन्तर्गत इस शान्त अनुभव की अनेक प्रकार से अभिव्यंजना करते हैं; घनी छाया का तरुवर इस शान्त-रस का बिम्ब है, जो बारह मास एक रस भाव से छाया और फल देता है।

(7 : 25) हमारे मान्य आलोचकों ने भी कबीर की कवि-प्रतिभा की सही पहचान करने में चूक की है। उसका महत्त्वपूर्ण कारण है कि उनकी दृष्टि प्रायः शास्त्रीय सिद्धान्तों की रही है। वस्तुतः जैसे उल्लेख किया गया है, भारतीय काव्य-चिन्तन में भाषिक अभिव्यक्ति को केन्द्र में स्वीकार किया गया था और आधुनिक संरचना की शैली के रूप में भाषिक अभिव्यक्ति को पुनः केन्द्रीय माना गया है। भाषिक अभिव्यक्ति की क्षमता की दृष्टि से कबीर का मूल्यांकन उनके कवि-व्यक्तित्व के बारे में हमको सही परिप्रेक्ष्य देता है। कबीर में हम बोलचाल की सामान्य भाषा का स्वीकार पाते हैं, जो मानवीय जीवन के विभिन्न स्तरों पर अभिव्यक्ति ग्रहण करती है। वस्तुतः भाषा में निहित मूल प्रकृति पर तर्क और काव्य दोनों भाषा रूप आधारित है। विज्ञान और काव्य दोनों इससे अपना प्रतीक-विधान विकसित करने का प्रयास करते हैं। दोनों के प्रतीक-प्रक्रिया में संहिता एवं सन्देश सापेक्षता का अन्तर है। कबीर ने सामान्य भाषा में इन दोनों प्रतीक-विधानों के आन्तरिक अतिक्रमण के माध्यम से अभिव्यक्ति

की संघटना के रूप में काव्य-भाषा की खोज की है। आन्तरिक संघटना पर बल होने के कारण उनकी काव्य-भाषा उद्देश्यपूर्ण है, यह अवश्य है कि उसमें व्यंजित अर्थवत्ता प्रत्यक्ष व्यावहारिक संसार से अलग होने के कारण साधारण अर्थ में निरुद्देश्य हो गयी है। भाषिक संरचना में यहाँ 'सन्देश' की संघटना अंगभूत हैं। यहाँ प्रतीक और व्यंजित वस्तु एक होकर भी एक नहीं हैं। यह दृष्टि भारतीय काव्यशास्त्र की शब्द-शक्तियों में निहित है। इस प्रकार कबीर अपनी भाषिक अभिव्यक्ति में व्यावहारिक जीवन की स्थिति तथा विजड़ित संवेदनाओं की बंजर भूमि के परे तरल एवं गतिमान् संसार रचते हैं, यहाँ सहज व्यवहार की भाषा काव्य की अभिव्यक्ति में बहुस्तरीय भाव-व्यंजना में विशिष्ट अर्थ ग्रहण करती है। कबीर के काव्य में प्रतीक और 'सांकेतिक वस्तु' में उसके सम एवं असम भाव के अन्तर्विरोध का निराकरण इस व्यंजना के रूप में हुआ है। हम देखते हैं कि इस काव्य की रचना प्रक्रिया में सामान्य भाषिक विधान की क्रमबद्ध रूप में अपने-अपने स्तरों पर स्थित स्वायत्त इकाइयाँ रूपान्तरित होकर बहुस्तरीय एवं बहुआयामी हो गयी है। भिन्न अर्थ सन्दर्भों में ये इकाइयाँ स्वायत्त नहीं रह गयी हैं, इस विशिष्ट अर्थ की संश्लिष्ट रूप में व्यंजित होने की सामान्य भाषा की अर्थ व्यक्त करने की इकाइयाँ अपनी क्रमबद्धता में टूट-बिखरकर केन्द्रीभूत हो गयी हैं। हम देखते हैं कि लक्षणा-व्यंजना की अर्थप्रक्रिया के रूप में शब्द-प्रतीक अपनी सीधी प्रकृति को छोड़कर इस प्रक्रिया से अलौकिक तर्कातीत इकाइयाँ बन गये हैं। इस प्रकार उनकी रचनात्मक संघटना काव्य-वस्तु के बहुस्तरीय पक्ष की अभिव्यक्ति में उसके विविध पक्षों की विषमता को समाप्त न कर उसमें आन्तरिक अन्विति स्थापित करती है और इस रूप में व्यावहारिक रूप में असंगत लगनेवाला अर्थ संगत तथा विशिष्ट हो गया है। कबीर जैसे साधक की काव्य-भाषा एक विशिष्ट रूप-विधान में लोकोत्तर एवं असामान्य अर्थ की व्यंजक है, सामान्य के अतिक्रम की बात यही है। भाषा की इस रचना-प्रक्रिया को दृष्टि में न रखने के कारण प्रायः साहित्य-चिन्तकों ने कबीर की भाषा का सही रचनात्मक स्वरूप नहीं समझा-परखा है और उसे काव्य की सक्षम भाषा नहीं स्वीकार किया है। जबकि व्यवहार के स्तर पर साधारण, अस्त-व्यस्त और संस्कारविहीन लगनेवाली उनकी काव्य भाषा अपनी अभिव्यक्ति में रचना के विभिन्न आयामों-स्तरों पर भावाभिव्यक्ति करने में सक्षम है।

(7 : 26) हम देख चुके हैं कि कबीर की सारी काव्याभिव्यक्ति में अर्थ की गहनता महत्त्वपूर्ण है, और यह अर्थ की प्रक्रिया भाषा की संरचना अथवा शब्द-शक्तियों के रूप में कई स्तरों पर गतिशील रही हैं। उनकी उपमान-योजना, प्रतीकों का विधान, बिम्बों की संकल्पना सभी इस पर ही आधारित हैं और उनकी रस-दृष्टि इसी अनुभव की व्यंजकता पर रही है। पर हम यह भी देख सकते हैं कि जहाँ कवि साधारण कथन जैसा कर रहा है, वहाँ भाषा की व्यंजक अर्थ-प्रक्रिया की संरचना है। ''बोलना का कहिए रे भाई। बोलत बोलत तत्त नसाई।'' प्रत्यक्षतः यह कथन मात्र है, पर इसके संयोजन में सघन अर्थ-व्यंजना निहित है। यह सांसारिक जीवन के बारे में सामान्य कथन कितने व्यापक अनुभव को व्यक्त कर रहा है, ''झूठा लोग कहैं घर मेरा। जा घर माँही भूला डोलै सो घर नाहीं तेरा।'' इस कथन के क्रम में जीवन के व्यवहार का वर्णन भी गहरी अनुभूति से सम्पृक्त हो गया है। जीवन के सम्बन्धों की असारता की व्यंजना को इसी सहज रूप में किया जा रहा है, ''का माँगूँ कुछ

थिर न रहाई, देखत नैन चल्या जग जाई।।...आवत संग न जात सँगाती, कहा भयौ दरि बाँधै हाथी।।'' यहाँ भाषा का रूप-विधान अपनी सहजता में अर्थ-व्यंजनाओं को ध्वनित-प्रतिध्वनित कर रहा है। 'चारि दिन अपनी नौबति चले बजाइ' पद में व्यक्ति की मृत्यु के समय का यथार्थ चित्र लोक-जीवन से लिया गया है और 'हंसा अकेला जाइ' का प्रतीकात्मक सन्दर्भ अनुभव को सघन बनाता हुआ इस कथन की मार्मिकता में समाहित हो जाता है, ''वहि सुत वहि वित वहि पुर पाटन बहुरि न देखै आइ।।'' इसी प्रकार की व्यंजना इस पद के भाषिक विधान में निहित है, ''काया बौरी चलत प्रान काहे रोई। कहत हंस सुन काया बौरी मोर तोर संग न होई।।'' इस प्रकार सहज कथनों, जीवन की स्थितियों और पात्रों की भाषिक अभिव्यक्ति के अतिरिक्त इस प्रकार के पद हैं जिनमें इनके अन्तर्गत दार्शनिक अथवा साधनापरक प्रतीक अथवा परिकल्पनाएँ भी आ गयी हैं और व्यंजकता का सन्दर्भ किंचित् भिन्न हो गया है, ''रैनि गई मत दिनु भी जाइ। भँवर उड़े बग बैठे आइ। थरहर कँपै बाला जीउ। न जानीं क्या करिहै पीउ।।'' यहाँ प्रतीक रूप में विरहिणी की स्थिति को व्यंजित किया गया है। इस वर्णन शैली में तत्त्व-चिन्तन की अनुभवपरक अभिव्यक्ति की गयी है, ''आकासि गगनु पातालि गगनु है छह दिसि गगनु रहाई रे।...हरि महि तनु है तन महिं हरि है सरब निरंतरि सोई रे।।'' फिर इसी प्रकार पौराणिक सन्दर्भों के प्रयोग के साथ कवि व्यंजित करता है, ''साधौ करता करम तैं न्यारा। आवै न जाइ मरै नहिं जनमैं ताका करौ विचारा।।'' माया रूप में संसार के वर्णन में इसी प्रकार पण्डितों-शास्त्रियों साधकों का चित्र उपयोग में लाया गया है, ''यहु माया रघुनाथ की खेलनु चढ़ी अहेरी। चतुर चिकनिया चुनि चुनि मारे कोई न छाँड़ा नैरै।।'' यहाँ तक कि कबीर जब पण्डित, शास्त्री, मुल्ला को व्यंग्य के साथ सम्बोधित करते हैं, उनकी भाषा व्यंजक और प्रभावी है, ''पडिपा कवन कुमति तुम लागे। बडहुगे परिवार सकल सिउ राम न जपहु अभागे।'' साखियों में इस प्रकार के चित्र रेखाओं में व्यंजित हो जाते हैं, जो दुहरे स्तर पर अभिव्यक्ति के सौन्दर्य को प्रस्तुत करते हैं, ''पिंजर प्रेम प्रकासिया जाया जोगि अनंत। संग खूटा सुख भया, मिल्या पियारा कंत।'' जीवन के भाव को अध्यात्म-बोध में अनुगुंजित किया गया है। योग-साधना के प्रतीकों को सहज अनुभव में रूपान्तरित कर दिया गया है, ''कबीर तेज अनंत का, मानो ऊगी सूरज सेनि। पति संग जागी सुन्दरी, कौतिक दीठा तेनि।।''

(7 : 27) हम कह चुके हैं कि कबीर की उलटवाँसियों की शैली परम परात्पर सत्य को अभिव्यक्त करने की भाषिक संरचना है। शास्त्र के पण्डित और सम्प्रदाय के आचार्य इनमें प्रयुक्त प्रतीकों को अपने-अपने ढंग से व्याख्या करते हैं और उनमें निहित गुह्य अर्थ की मीमांसा करते हैं। पर काव्य में अर्थ स्वतः व्यंजित होता है, शर्त पाण्डित्य की नहीं सहृदय भावज्ञ की है और हम मानते हैं कि कवि कबीर इसी भावशील व्यक्ति को अपना अनुभव सम्प्रेषित कर रहे हैं। इस दृष्टि से उनकी उलटवाँसियों में प्रयुक्त अद्भुत, चमत्कारी और उलटा-पलटा स्थितियों का संयोजन रचनात्मक स्तर पर अनुभव को सहज ही सम्प्रेषित करता है। जब वह कहते हैं कि 'जीतनेवाला डूबता है और हारनेवाला तिर जाता है, गुरु की कृपा से जीवित ही प्राणी मर जाता है, तब इस भाव-व्यंजना के साथ प्रकृति का यह उलटा क्रम स्वतः अर्थवान् हो जाता है, ''जब लग सिंघ रहै बन माहिं। तब लगि यह बन फूले नाहिं।

उलटि सियार सिंघ कौ खाई। तब यह फूलै सभ बनराई।।'' जीवात्मा, परमात्मा, माया आदि के प्रतीकों के आधार पर अर्थ की व्याख्या की जा सकती है, पर इसके बिना अभिव्यक्ति के सहज स्तर पर सारी विसंगतियाँ इस अर्थ की व्यंजना कर रही हैं। और काव्य में अनेक अर्थ की सम्भावना होती है। 'अनभई भेद बानी' के अंग में ऐसे अनेक पद हैं जिनमें इस प्रकार उलटवाँसियों के माध्यम से कई स्तरों पर अर्थ व्यंजना हुई है। एक ओर तो अवधू को चुनौती देने का स्वर है, ''अवधू सो जोगी गुर मेरा। जौ या पद का करै नबेरा।।'' और दूसरी ओर सहज रूप में अलौकिक परात्पर की अभिव्यक्ति है जिस स्तर पर सामाजिक अनुभव को ग्रहण कर सकता है, ''तरुवर एक पेड़ बिन ठाढ़ा, बिन फूलाँ फल लागा। साखा पत्र कछू नहिं वाकै अष्ट गगन मुख बागा। पग बिनु निरति कराँ बिनु बाजे जिभ्या हीणाँ गावै।।'' अवधू अपने ज्ञान के आधार पर इस पद में अटक सकता है, क्योंकि कबीर भिन्न स्तर की बात कह रहे हैं। परन्तु हमारे लिये तर्कवाद में बिना पड़े इसकी अर्थ-व्यंजना सहज है। इसी प्रकार 'राजाराम की कहानी' जिस 'अंतरि जोति परकासे' वह अपने रहस्य में अनुभव के एक स्तर की व्यंजना कर रही है, ''तरुवर एक अनन्त डार साखा पहुँच पत्र रस भरिया।'' और आगे ''सोरह मंझै पवन झकोरै आकासै फरु फरिया।'' इस भाषिक अभिव्यक्ति को एक स्तर पर हम बिना प्रतीकों की व्याख्या के अलौकिक अनुभव से सम्पृक्त हो जाते हैं। जहाँ इन उलटवाँसियों के प्रतीक गूढ़ अर्थ के हैं, उन पदों का प्रभाव ग्रहण करना वैचित्र्य संयोजन के आधार पर सम्भव होता है, ''हरि के खारे बरे पकाए। जिन जानें तिन खाए।। धौल मँदलिया बैल रबाबी बऊवा ताल बजावै। पहिरि चोलना गादह नाचै भैसा निरति करावै।।'' इसी प्रकार 'ठाढ़ा सिंघ चरावै गाई' का अचम्भा ही रचना के स्तर पर संसार की मायिक कल्पना में सत्य का साक्षात्कार है, शास्त्रीय स्तर पर व्याख्या से अर्थ-ग्रहण बाद की बात है। इस सृष्टि क्रम में 'पहले पूत फिर माई हुई। जल की मछली तरु पर चढ़ गयी और कुत्ता को बिलार ले गयी।' कबीर की यह बहुत प्रिय शैली है, जिसके माध्यम से एक ओर संसार की असारता, नश्वरता और परिवर्तनशीलता की व्यंजना हुई है, तो दूसरी ओर परम सत्य के परात्पर परम और मानवीय ज्ञान के परे का अनुभव सम्प्रेषित हुआ है। महत्त्व की बात है, यह सारा रचना-विधान बहुत सामान्य और परिचित स्थितियाँ, पात्रों और सन्दर्भों के माध्यम से किया गया है, ''अपनैं रूप कौं आपहिं जानैं आपे रहै अकेला, जैसे—संकेतों से यह समझना सरल है, ''बाँझ का पूत बाप बिन्दु जाया बिना पाँउ तखर चढ़िया।''

सन्दर्भ

प्रकरण सप्तम : भाषिक अभिव्यक्ति का रूप-विधान
(पद टिप्पणी एवं सन्दर्भ)

(1) सन्दर्भ-ग्रन्थ

प्रेसकॉट, एफ. सी. : पोयट्री एण्ड मिथ

सेपिर, ई. : लैंग्वेज

वेन्द्रियाज : दि लैंग्वेज

केसिटर, ए. : फिलासफी ऑफ सिम्बालिक फार्म भाग 1 लैंग्वेज

: एन एसे ऑन मैन

संवायना	: दि सेंस ऑफ ब्यूटी
पार्कर, डब्लू. एच.	: दि प्रिन्सिपल्स ऑफ एस्थेटिक्स
कालिंग उड़, आर. जी.	: दि प्रिन्सिपल्स ऑफ आर्ट
सोल स्पोर्स	: दि ऐप्लीकेशन ऑफ लिंग्विस्टिक टु दि स्टडी
	: ऑफ पोयटिक लैंग्वेज
ह्वाइट हॉल	: फाम लिंग्विस्टिक टु पोयट्री
स्टेंकविक्ज ई.	: लिंग्विस्टिक एण्ड दि स्टडी ऑफ पोयटिक लैंग्वेज
रोमन याकोब्सन	: लिंग्विस्टिक्स एण्ड पोयटिक्स

(2) हजारीप्रसाद द्विवेदी—कबीर :

उन्होंने कुछ प्रतीकों का संग्रह दिया है। चित्त—भ्रमर, अग्नि। मन—मत्त गजेन्द्र, खग, पारद अन्तःकरण (अन्तरंग)—भुजंग, हरिण। वायु—सिंह, गज, व्याघ्र। ब्रह्मनाड़ी—बिल। नाद—शिकारी, गन्धक, काष्ठ। उनमनी—कल्पलता। इड़ा—सूर्यअंग, वरुण, गंगा। पिंगला—चन्द्र-अंग, यमुना, असी। सुषुम्ना—शून्य पदवी (शून्य मार्ग), राजपथ, महापथ, श्मशान, शाम्भवी, मध्य मार्ग, ब्रह्मनाड़ी, सरस्वती। कुण्डलिनी—कुटलांगी, भुजंगी, शक्ति, ईश्वरी, कुण्डली, अरुन्धनी, बालरण्डा। मूलधार पद्म (नाभि के ऊपर)—सूर्य। चन्द्र का रस—सोम रस, अमर-बारुणी। ब्रह्मरन्ध—(तालु के नीचे)—चन्द्र, त्रिवेणी, शून्य, कमल, कूप। टि.—प्रायः हठयोग दीपिका, शिव-संहिता के आधार पर है।

विचारदास के द्वारा संकलित—कबीर से :

मन—मच्छ, माक्ष, मीन, जुलाहा, साउज, सियार, रीझ, हस्ती, मतंग, निरंजन आदि।

जीवात्मा—पुत्र, पारध, जुलाहा, दुलहा, सिंह, मूसा, भौंरा, योगी आदि।

माया—माता, नारी, छेरी, मैया, बिलैया।

संसार—सागर, वन, सीकस।

नरातन—यौवन, दिवस, दिन।

इन्द्रिय—सखी, सहचरी, इत्यादि।

अनु 11 : (पा. क. ग्र. पद 1, 2 3, 4, 5, 6 और 8) पद 1 : बंध तैं निर्बंध कीया तोरि सब तंगी। कहै कबीर अगम किया गम राम रंग रँगी।। पद 2 : डाँइन एक सकल जग खायौ सो भी देखि डरी। कहै कबीर भया घट निरमल सकल बियाधि टरी। पद 3 : अन्त में कवि अपनी अभिव्यक्ति के स्तर को व्यक्त करता है—कहै कबीर भूलै। कहा कहूँ ढूँढ़त डोलै। बिन सतगुर नहिं पाइए घट ही मैं बोलै। पद 4 : सारे रूपक-विधान के अन्त में अपने कथन से भाव-व्यंजना के स्तर को निर्दिष्ट किया गया है—कहै कबीर मेरे सिर परि साहेब मैं वाकों सीस नवाऊँ जी। पद 5 : दुलहनी गावहु मंगलचार। ... सरीर सरोवर बेदी करिहूँ ब्रह्मा वेद उचार। रामदेव सँगि भाँवरि लैहूँ, धंनि धंनि भाग हमार।। अन्त में इस आध्यात्मिक अनुभव का रूपक चरम की व्यंजना करता है, 'काहै कबीर हम ब्याहि चले हैं पुरिख एक अविनासी।।' पद 6 : प्रेम की अन्तिम निष्पत्ति कबीर के लिए सहज है—'कहै कबीर मैं कछू न कीन्हा। सहज सुहाग राम मोहि दीन्हा।।' पद 8 : राम भगति अनियारे तीर। जैहि लागै सो जानै पीर।।

अनु. 12 : (पा. क. ग्र. पद 9, 14, 17, 18, 25)

अनु. 13 : (पा. क. ग्र. पद 34, 36, 41, 50, 51, 56) पद 14 : नाचु रे मन मोरो नट होइ।...प्रेम मगन होइ नाचु सभा में रीझै सिरजनहारा। जौ तू कूदि जाउ भवसागर कला बदौ मैं तेरी। पद 17 : सब मैं व्यापा स को जानै ऐसा अंतरजामी। सहज सिंगार प्रेम का चोलना सुरति निरति भरि आनी।। पद 25 : अन्त में कवि अपने अभिव्यक्ति के स्तर का आधार प्रस्तुत करता है–भगवंत भीरि सकति सुमिरन की काटि काल की फाँसी। पद 36 : कहै कबीर दुख कासौ कहिए कोई दरद न जानै। देहु दीदार बिकार दुति करि तब मेरा मन मानैं।। पद 50 : अब मोहि नाचिबौ न आवै। मेरौ मन मंदरिया न बजावै।।...जे थे सचल अचल ह्वै थाके वाद विवादा। कहै कबीर मैं पूरा पाया राम परसादा।। मद 51 : इस रूपक में काया लाहन और गुरु का शब्द गुड़ है। जिसमें तृष्णा, काम, क्रोध, मद और मत्सर काट-काट कर कसा गया है, यहाँ इन कुप्रवृत्तियों को इस प्रक्रिया में मिलायी जानेवाली सामग्री के रूप में माना गया है। चौदह भुवन की भट्ठी बनायी गयी है जिसे ब्रह्म अग्नि रूप में प्रज्वलित किया गया है। इसमें योग की मुद्रा मदक और सुषुम्ना 'पोतन-हारी' के संयोग से 'सहज धुनि लगी' है। पद 56 : इस रूपक में भी मदिरा निकालने की प्रक्रिया का उपयोग किया गया है। इसमें ज्ञान-ध्यान गुड़ और महुआ कहा गया है। मन रूपी भट्ठी पर जिसे चढ़ाया गया है। 'सुखमन नारी' की सहज-समाधि की चर्चा की गयी है। फिर भट्ठी बनाने 'महारस चुआने' की प्रक्रिया का उल्लेख है और काम-क्रोधादि को पलीता जलाने के रूप में कहा गया है।

अनु. 14 : (पा. क. ग्र. पद 72, 75, 91, 196) पद 72 : प्रारम्भ होता है आत्म-प्रबोध से, जो प्रस्तावना रूप में है। फिर गढ़ के रूपक से बिम्ब-योजना का क्रम चलता है, उसके बाद क्रमशः दीपक और दर्पण के प्रतीकों से उसका संयोजन हुआ है। इस अनुभव की व्यंजना के सन्दर्भ देने के लिए वेद-शास्त्र के पाण्डित्य पर कटाक्ष के साथ उसके सहज का स्वीकार है और अन्त में पूरे विधान की निष्पत्ति है। पद 91 : खेत की पशुओं से रखवाली के लिए उसके बीच जो आकार बनाया जाता है अथवा जो उन्हें भगाने के लिए इस्तेमाल किया जाता है–'किरखी' और 'विभुका'। पद 196 : इस पद के शुरू में कवि प्रश्न करते हुए प्रस्तुत होता है–'कौन मरे कौन जनमैं भाई। सरग नरक कौनैं गति पाई।' और फिर अन्त में समाहार किया गया है–'कहैं कबीर करम किस लागै झूठी संक उपाई।।'

अनु. 15 : पा. क. ग्र. साखी 1 : 10, 21, 34। 2 : 3, 20, 48। 4 : 34, 37। 7 : 1, 2। साखी 1 : 10–यहाँ सांसारिक माया में डूबना, गुरु से ज्ञान का प्रकाश मिलना, जीवन का बेड़ा रूप और मुक्त भाव की व्यंजना हुई। साखी 1 : 21 : सतगुर लई कमान करि, वाहन लागा तीर। एकज लाहा प्रीति सौं, भीतर भिदा सरीर।। साखी 1 : 48 नैना नीझर लाइया, रहट बहै निसि घाम। पपिहा ज्यौं पिउ पिउ करौं, कब रे मिलहुगे राम।। साखी 7 : 1, 2 : कबीर यहाँ दृष्टान्तों के माध्यम से परम ब्रह्म की सर्वव्यापकता की व्यंजना करते हैं और साथ ही सांसारिक लोगों के अज्ञान की बात कहते हैं–कस्तूरी कुंडल बसै, मृग ढूँढ़ै बन माहिं। ऐसे घटि घटि राम हैं, दुनिया देखै नाहिं।। ज्यौं नैननि मैं पूतरी, त्यौं खालिक घट माहिं। मूरख लोग न जानहीं बाहरि ढूँढ़न जाहिं।।

अनु. 16 : पा. क. ग्र. साखी 8 : 6, 7। 9: 1, 3, 9, 34। 11 : 1। 12 : 6। 15 : 27। 16 : 2, 3, 36, 34। 17 : 3। 18 : 5। 19 : 6-9। साखी 9 : 9—पानी ही ते हिम भया, हिम ही गया विलाइ। जो कुछ था सोई भया, अब कछु कहा न जाइ।। 16—कबीर मन मधुकर भया, करै निरन्तर बास। कमल ज फूला नारि बिनु, बिरलै कोइ निज दास।। 34-मानसरोवर सुभग जल हंसा केलि कराहिं। मुक्ताहल मुक्ता चुगैं, अब उड़ि अनत न जाहिं 11 : 1—आस एक जु राम की, दूजा आस निरास। जैसे सीच समंद की, नहीं स्वाति बिन प्यास। 12 : 6—सुरति ढींकुला लेज लौ, मन नित ढालनहार। कँवल कुवाँ मैं प्रेम रस पीवै बारम्बार।

अनु. 17 : आनन्दवर्द्धन : ध्वन्यालोक अभिनवगुप्त : ध्वन्यालोकलोचन, अभिनव भारती। शाण्डिल्य 'भक्तिसूत्र'—परानुरक्तिरीश्वरे; द्वेपप्रतिपक्षभावाद्रसशब्दाच्चरागः। नारद 'भक्तिसूत्र'—परमप्रेमरूपा मधुसूदन सरस्वती, भक्तिरसायन।

अनु. 18 : रूपगोस्वामी : हरिभक्तिरसामृतसिन्धु; उज्ज्वलनीलमणि।

अनु. 19 : पा. क. ग्र. पद 25, 58, 59, 160, 161, 164, 165, 181-183

अनु. 20 : (पा. क. ग्र. पद 37, 5, 6, 7) पद 5 : यहाँ कबीर अन्त में स्पष्ट कह देते हैं। पद 3 : इस पद में संकेत ग्रहण किये जा सकते हैं। पद 7 : यहाँ भाव-व्यंजना के स्तर पर लोकोत्तर अनुभव है।

अनु. 21 : पा. क. ग्र. पद 8, 11, 13, 15। इसके अतिरिक्त 'प्रेम अंग' के अन्तर्गत अन्य पद।

अनु. 22 : पा. क. ग्र. पद 28, 30-32, 36, 38, 43, 44, 47। साखी के इन अंगों में अनेक साखियाँ इस प्रसंग की दृष्टि से मिलती हैं—संप्रथाई, परचा, सूषिम मारग, रस।

अनु. 23 : नाट्यशास्त्र (गायकवाड़ संस्करण, पृ. 324-33)। नाट्यशास्त्र 6 : 108। पा. क. ग्र. पद 61—बोलना का काहिए रे भाई। बोलत बोलत तत्त नसाई।।

अनु. 24 : पा. क. ग्र. पद 60, 68, 69, 74, 75, 89, 91, 98, 106, 107। साखी 9 : 2, 3, 9 । 12 : 5। 17 : 1, 2, 3।

अनु. 25 : पा. क. ग्र. पद 61, 89, 94, 100, 70, 104, 156, 158, 161 और 191। साखी 9 : 7, 15।

अनु. 26 : पा. क. ग्र. पद 71, 108, 112, 114, 116 और 119।

अनु. 27 : पा. क. ग्र. पद 71, 108, 110, 114, 70।

—————